高等院校品牌管理系列教材

品牌案例实务 （一）

Brand Cases

（第二版）

徐莉莉◎主编　　焦树民◎副主编

经济管理出版社

ECONOMY & MANAGEMENT PUBLISHING HOUSE

图书在版编目（CIP）数据

品牌案例实务（一）/ 徐莉莉主编. -- 2 版. —北京：经济管理出版社，2017.1
ISBN 978-7-5096-4874-2

Ⅰ.①品… Ⅱ.①徐… Ⅲ.①品牌—企业管理—案例—高等教育—自学考试—教材
Ⅳ.①F273.2

中国版本图书馆 CIP 数据核字（2016）第 323545 号

组稿编辑：勇　生
责任编辑：杨国强
责任印制：黄章平
责任校对：陈　颖

出版发行：经济管理出版社
　　　　　（北京市海淀区北蜂窝 8 号中雅大厦 A 座 11 层　100038）
网　　址：www. E-mp. com. cn
电　　话：（010）51915602
印　　刷：玉田县昊达印刷有限公司
经　　销：新华书店
开　　本：720mm×1000mm/16
印　　张：17.25
字　　数：310 千字
版　　次：2017 年 4 月第 2 版　2017 年 4 月第 1 次印刷
书　　号：ISBN 978-7-5096-4874-2
定　　价：34.00 元

编委会

专家指导委员会

张世贤	中国社会科学院研究生院教授、博士生导师
张永平	中国铁通集团有限公司总经理
张昭珩	威海蓝星玻璃股份有限公司董事长
张树庭	中国传媒大学 MBA 学院院长，BBI 商务品牌战略研究所所长、教授
张梦霞	对外经济贸易大学国际经济贸易学院教授、博士生导师
李 飞	清华大学中国零售研究中心副主任、教授
李 蔚	四川大学工商管理学院教授
李天飞	云南红塔集团常务副总裁
李先国	中国人民大学商学院教授、管理学博士
李易洲	南京大学 MBA 导师，中国品牌营销学会副会长
李桂华	南开大学商学院教授
杨世伟	中国社会科学院工业经济研究所编审、经济学博士
杨学成	北京邮电大学经济管理学院副院长、教授
汪 涛	武汉大学经济与管理学院教授、博士生导师
沈志渔	中国社会科学院研究生院教授、博士生导师
周 赤	上海航空股份有限公司董事长、党委书记
周 南	香港城市大学商学院教授
周勇江	中国第一汽车集团公司副总工程师
周济谱	北京城乡建设集团有限责任公司董事长
周小虎	南京理工大学创业教育学院副院长、教授、博士生导师
周 云	北京农学院副教授、经济学博士
洪 涛	北京工商大学经济学院贸易系主任、教授、经济学博士
荆林波	中国社会科学院财经战略研究院副院长、研究员、博士生导师
赵顺龙	南京工业大学经济与管理学院院长、教授、博士生导师
赵 晶	中国人民大学商学院副教授、管理学博士后
徐 源	江苏小天鹅集团有限公司原副总经理
徐二明	国务院学位委员会工商管理学科评议组成员，中国人民大学研究生院副院长、教授、博士生导师
徐从才	南京财经大学校长、教授、博士生导师
徐莉莉	中国计量学院人文社会科学学院副教授
晁钢令	上海财经大学现代市场营销研究中心教授
涂 平	北京大学光华管理学院教授
贾宝军	武汉钢铁（集团）公司总经理助理
郭国庆	中国人民大学商学院教授、博士生导师

高　闯　国务院学位委员会工商管理学科评议组成员，首都经济贸易大学校长助理、教授、博士生导师

高德康　波司登股份有限公司董事长

黄升民　中国传媒大学广告学院教授

彭星闾　中南财经政法大学教授、博士生导师

焦树民　中国计量学院人文社会科学学院副教授

蒋青云　复旦大学管理学院市场营销系主任、教授、博士生导师

谢贵枝　香港大学商学院教授

薛　旭　北京大学经济学院教授

魏中龙　北京工商大学教授

前　言

　　随着经济增速的逐步下滑，中国经济进入了新常态！结构调整和产业升级成为供给侧结构性改革的主要方向。从宏观层面看，产业升级需要品牌战略的引领；从微观层面看，自主品牌成为企业获得市场竞争优势的必然选择。面对日益激烈的国内外市场竞争格局，中国企业是否拥有自主品牌已经关系到企业的生存和可持续发展。品牌越来越成为企业竞争力的集中表现。但是，目前的中国企业，绝大多数面临着有产品（服务）、没品牌，有品牌、没品牌战略，有品牌战略、没品牌管理的尴尬局面。其根源在于专业人才的匮乏！中国企业普遍存在品牌管理专业人员的巨大需求和人才匮乏的突出矛盾。从供给侧结构性改革的现实需求出发，我国急需培育出大批既懂得品牌内涵，又擅长品牌管理的专业人才，才能满足企业品牌管理和市场竞争的高端需求。

　　为解决这一现实中的突出矛盾，多层次、多渠道、全方位加快培养复合型品牌管理人才，促进企业健康可持续发展，中国企业管理研究会品牌专业委员会专门组织国内一流品牌专家和学者编写了这一套既符合国际品牌管理通则，又有国内特殊案例特征的大型系列教材。

　　本套教材不仅涵盖了品牌管理所需要的全部系统知识和理论基础，也包括了品牌管理的实际操作技能训练。其中，《品牌管理学》属于基础性通识教材；《品牌质量管理》、《品牌营销管理》、《品牌服务管理》、《品牌传播管理》属于专业性基础教材；《品牌形象与设计》、《品牌价值管理》、《品牌公共关系与法律实务》属于中高级管理人员必读教材；《品牌战略管理》、《品牌国际化管理》、《品牌危机管理》属于高级管理人员必修教材；《品牌案例实务》属于辅助教材。真正有志于品牌管理的各类人员，都应该全面学习、深入理解这些系统教材所包含的知识、理论，并掌握品牌发展的内在规律，运用相关知识和理论在实际的管理实践中不断提升自己的专业技能，使自己成为企业不可替代的品牌专家和高级管理人才。

　　本套教材的编写者虽然大都是在高校从事品牌教学与研究的学者，或是有着丰富实战经验的企业品牌管理与咨询专家，但是由于时间仓促，难免会有诸多不妥之处，敬请读者批评指正！

杨世伟
中国企业管理研究会品牌专业委员会主任

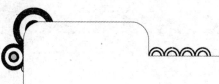

目　录

第一部分　品牌管理学 ·· 1

导语 ·· 2

案例1　左岸咖啡：法国左岸的味道 ···················· 3

案例2　"中国客车专家"是怎样炼成的？ ··············· 12

案例3　百事可乐：新一代的选择 ······················ 21

案例4　回力：老品牌的新定位 ························· 29

案例5　珠江纯生啤酒：品牌命名的伤痛 ··············· 38

案例6　ZIPPO：彰显男人真我个性 ··················· 46

案例7　芝华士文化：深入消费者的心 ················· 55

案例8　水井坊："雅文化"的演绎 ····················· 63

案例9　万科：房地产行业领跑者的品牌资产 ·········· 73

案例10　北京名牌资产评估有限公司的中国品牌评估 ······ 82

案例11　张裕："解百纳"的商标保卫战 ··············· 91

案例12　王老吉："药茶王"的品牌资产增值 ··········· 99

第二部分　品牌质量管理 ······························· 109

导语 ··· 110

案例13　红旗：昔日尊荣，今日尴尬 ·················· 111

案例14　天语手机："山寨机"的品牌创新 ············· 119

案例15　霸王洗发水品牌做凉茶：险棋还是捷径 ······· 127

案例16　丰田汽车深陷召回门 ························· 136

第三部分　品牌营销管理 ······························· 145

导语 ··· 146

案例 17　维珍：打造没有边界的品牌 …………………………………… 147

案例 18　娃哈哈的品牌营销之路 …………………………………………… 154

案例 19　欧普照明：用心创造光明 ………………………………………… 162

案例 20　杜邦：工业品牌的发展之路 ……………………………………… 170

案例 21　可口可乐多次位居全球品牌价值的榜首 ……………………… 178

第四部分　服务品牌管理 ………………………………………………… 187

导语 …………………………………………………………………………… 188

案例 22　麦当劳：打造卓越服务品牌 ……………………………………… 189

案例 23　全聚德："老"字号焕发"新"活力 …………………………… 198

案例 24　招商银行：品牌服务与文化联姻 ……………………………… 205

第五部分　品牌传播管理 ………………………………………………… 215

导语 …………………………………………………………………………… 216

案例 25　我为宜家狂：品牌传播，精彩之极 …………………………… 217

案例 26　绝对伏特加：创意无处不在，广告成就精彩 ………………… 225

案例 27　联想：人类失去联想，世界将会怎样 ………………………… 234

案例 28　星巴克：创造咖啡宗教 ………………………………………… 243

参考文献 ………………………………………………………………………… 253

目
录

2

第一部分

品牌管理学

学习目标
★★★★

知识要求 通过本章的学习，掌握：

● 品牌定位的概念、目的、需考虑的因素

● 品牌定位的实施步骤、方法分类、误区及原则

● 品牌命名的原则和方法

● 品牌个性的概念及内涵

● 品牌文化的概念及构成要素

● 品牌保护概念及基本方法

● 品牌资产增值的基本策略与途径

技能要求 通过本章的学习，能够：

● 用学到的品牌定位法，给新品牌或定位失误的品牌重新定位

● 利用品牌命名的技巧为新产品命名

● 能够撰写品牌规划书，包含从命名到形象和个性塑造的一系列活动，具有操作性

● 为一个品牌文化涣散的企业重塑强势品牌文化

● 为一个品牌进行品牌文化传播制定传播策略

● 实施创造性的营销策略，提升品牌资产

● 为处于困境中的某一中华老字号品牌提供复兴规划蓝图

第一部分 品牌管理学

2

1. 本章内容包括：品牌定位的概念、目的、方法及原则，品牌个性的概念及内涵，品牌命名技巧及误区，品牌个性的概念及内涵，品牌文化的概念、构成要素及塑造品牌文化的方式，品牌保护的概念与策略，品牌资产概念及品牌资产提升的策略和途径。

2. 学习方法：研究成功和失败的品牌定位案例，用 SWOT 分析法分析具体品牌以获得实际经验。阅读和研究品牌重新定位的案例；按行业分类，选择某个或某几个行业内的品牌，比较其品牌命名的特点；选择某行业内最著名的两三个品牌，研究其品牌个性和品牌形象是如何在行业内突出重围的；通过媒体报道和亲身接触，掌握品牌文化传播的技巧；深入学习理论，研读案例，梳理中华老字号品牌，选择感兴趣的一两个，为其品牌复兴撰写品牌管理和保护的建议书。

3. 建议学时：12 学时。

导　语
品牌管理：企业制胜未来的核心

按照奥美的定义，品牌是一种错综复杂的象征。它是品牌属性、名称、包装、价格、历史、信誉、广告方式的无形总称。同时也是消费者对其使用者的印象，以其自身的经验而有所界定。在营销中，品牌是唤起消费者重复消费的原始动力，产品容易过时、被模仿，但品牌则是独一无二的，其价值能长期影响企业。因此，企业需要关注对品牌的管理。所谓品牌管理，是指企业管理者以提升品牌资产为核心，针对消费者展开的定位、传播、保护和评估等一系列的战略决策活动。

企业的品牌管理一般由品牌定位、品牌命名、品牌文化建设和品牌保护等环节构成。品牌定位是指企业在产品和市场定位的基础上，通过一系列的传播活动，使品牌在消费者心目中确定企业的位置。它是品牌管理的基础，也是品牌经营的首要任务。常见的品牌定位方法有：观念定位、是非定位、比附定位等。品牌定位的过程可分为市场细分、选择目标市场和具体定位三个步骤。

品牌名称是指品牌的文化符号形式，它是品牌构成中可以用文字表达并能用语言进行传递与交流的部分。品牌名称是品牌最重要的信息来源之一，它是品牌显著特征的浓缩，是形成品牌概念的基础。企业在对品牌命名时，要遵循如下原则：能暗示产品利益，与产品有清晰的关联性；具有促销、广告和说服的作用；具有时代感；在使用中具有法律效应；容易发言；语形简单；具备一定的文化内涵。

品牌个性是品牌形象组成的一个重要维度，它体现着品牌所特有的人格特征，是消费者所感知和联想到的品牌的特点。

品牌文化是品牌在经营中逐步形成的文化积淀，它代表了企业和消费者的利益认知、情感归属，是品牌与传统文化以及企业个性形象的总和。在品牌建设与管理中，品牌文化的作用：增加品牌效力，承载企业的社会功能；满足消费者更多的精神追求；培养忠实的目标消费群。

品牌保护就是品牌所有者对品牌实行资格保护措施，以防范来自各方面的侵害和侵权行为。进行有效的品牌保护，首先需要注册合法的商标，必要的时候也可以对相近商标进行注册，甚至是对相近行业乃至所有行业进行注册。其次是要防止竞争者复制、模仿或假冒，对副品牌和包装、品牌吉祥物进行注册，以避免不必要的伤害。

通过对本章案例的学习，你可以进一步理解品牌管理的流程及其对企业发展的重要意义。左岸咖啡、大金龙客车、百事可乐和回力球鞋体现的是准确的定位术；而珠江啤酒则告诉你品牌命名不可随意而为，好的名字是成功的开始；ZIPPO 打火机在彰显品牌个性方面成绩卓然；芝华士和水井坊的成功与其精心打造的品牌文化息息相关；张裕的"解百纳"商标保卫战则敲响了品牌保护的警钟。

案例1　左岸咖啡：法国左岸的味道

考生角色

假设你是余先生，大学毕业后在社会上历练多年，终于完成了资金的积累，工作经验也具备了，你想要自己创业，开一家别具特色的咖啡厅，干一番属于自己的红火事业。雄心壮志让你内心激昂澎湃，不过严酷的现实摆在你的面前：创业并不简单，你有太多的路要走，有太多的障碍需要翻越。

首先摆在你面前的问题，就是品牌定位问题：该给自己的咖啡厅取个什么名字？格调是优雅的，还是亲切的，或是活泼的？目标消费者又是哪些人，他们有什么特别的爱好，我们的咖啡厅能带给他们什么呢？

我们且来看左岸咖啡是如何进行品牌定位的。

案例介绍

宁静的小树林里，黄叶满地，意境温暖宁谧，一位年轻女性坐在长椅上，背影从容美好，面前的桌上放着一杯左岸咖啡。宁静的近乎空明的小树林，却并不幽深萧索，反而亲切得像自家的庭院。

这样的一个创意和这样的一个画面或许并不神奇，但却让观众很感动：在浮华喧嚣的尘世中，如此涤荡心灵的空间，多么让人心仪。"追求一种宁静，追求一种心灵。"这是左岸咖啡的广告语，让消费者油然而生这样的情怀：喝一杯左岸咖啡，闻其香，品其味，心已怡然，为人为己的烦心琐事，暂时都搁在一旁了。"左岸"这个品牌中，便有了一种独特的馨香，萦绕在都市男女的心头。

我们都知道，品牌就像人，如果你赋予它性格、情感、意念，塑造一些真挚动人的故事，它就不再是冷冰冰的产品，而像风情万种、活生生的人来打动你。

我们处在一个产品日益同质化的年代，发展品牌有着千难万险。每个品牌的背后都会有一个产品，但并非每个产品都可能成为一个真正的品牌。我们看到：太多的产品被遗忘在角落，无人问津，而品牌却大行其道，让你掏尽腰包仍心甘情愿。

品牌到底是什么？品牌为什么这样炙手可热？从无到有，建立一个品牌到底有多难？让我们看看台湾统一企业创建"左岸咖啡"的品牌历程。

中国台湾统一企业的乳类食品都是以"统一"牌子出售，在市场上长期以来无法突破二、三线产品的形象。究其原因，是"统一"品牌旗下的产品过于复杂，不仅包括饮食，还有保险甚至娱乐场。这导致了品牌形象的混乱，直接影响了其长久的发展。它们需要一个新鲜和专业的清晰形象。

为此，"统一"希望它的乳类食品建立一个新品牌，并利用其在台湾极具竞争力的冷冻设施及分配系统，突破发展的瓶颈。

而当时在中国台湾市面上，以 Tetra Pak 包装的饮料，不论是高价的咖啡还是低价的豆奶，价钱大都是 10~15 元新台币，罐头包装饮料则卖 20 元，市场竞争非常激烈。"统一"希望能将同样类别、相同容量的饮料卖到 25 元。这可能吗？所有人都表示怀疑。

于是，"统一"创品牌的故事从一个塑料杯开始。

他们开发了一种白色塑料杯，它看起来像一般麦当劳外卖咖啡的杯子，差别是快餐店用的是纸杯。这个没有真空密闭的杯子只有在5℃冷藏柜才能让内容物保存一段短暂的时间。这本应是一个缺点，但反过来看，这却也是一个机会：保存期短使消费者相信饮料新鲜，没有防腐剂，品质更为健康。由此说看去，一杯新鲜无防腐剂的饮品卖得贵一些，也是理所当然。

于是，所有的策略思考集中在一个主要目的上：如何让消费者接受25元一杯的高价？在这杯子里放进什么商品才能卖到最高价，以确保能创造出一个高级品牌？在考虑过很多商品：葡萄汁、果汁、牛奶等之后，最后选取了咖啡。因为咖啡不易变质，被认为是高质饮品，并因牛奶成分而得到优惠税率。

但是，从什么地方运来寄售的咖啡最有高级感？策划人员为此组织了八个讨论小组，最后想出四个高级场所作为尝试的概念：

（1）空中厨房。专门为头等舱准备的咖啡。

（2）日式高级咖啡馆。来自优雅、精致的日式咖啡馆的咖啡。

（3）左岸咖啡馆。来自巴黎塞纳河左岸一家充满人文气息的咖啡馆的咖啡，一个诗人、哲学家喜欢的地方。

（4）唐宁街10号。来自英国首相官邸厨房的咖啡，平日用来招待贵宾。

经过市场调研，"统一"的工作人员发现人们觉得来自左岸咖啡馆的咖啡价值最高，他们愿为此支付最高价钱。与此同时，他们细细翻阅法国针对160个美国观光客的调查，结果意外地发现，观光客心目中巴黎最迷人的地方，不是巴黎的铁塔，不是巴黎圣母院，也不是巴黎的凯旋门，而是巴黎的咖啡馆。

此外，随着当时中国台湾经济的迅猛发展，咖啡种植和消费的发展越来越为世界所瞩目。麦斯威尔、雀巢、哥伦比亚等国际咖啡公司纷纷在中国台湾设立分公司或工厂，为台湾市场提供各种各样的咖啡产品。美国星巴克、西雅图咖啡、日本真锅、加拿大百怡、加拿大第二杯咖啡（Second Cup）等著名咖啡品牌也大举入住，引发了一场咖啡旋风，并且大有所为。

据此，他们锁定富有人文气息的"巴黎咖啡馆"，而后经过勘察，发现塞纳河左岸为文人雅士聚集之处，遂以"左岸"作为品牌名称。

所谓"左岸"，其实是法国巴黎塞纳河的南岸，这里聚集着众多的咖啡馆。其中著名的咖啡馆有"地牢的墓穴"、"小桥咖啡"、"选择"、"丁香庄园"、"花季咖啡"、"双偶"等。咖啡馆里有温文尔雅的店主人，亲切地站在吧台后方向进来的熟客们问好，灰白的发丝中充满优雅与从容。忙碌的侍者干练且优雅地穿梭在座位间，修长的手指托着镂花的银盘。巴黎人文鼎盛，名家辈出，他们时常出没于这些咖啡馆，或共论时事，或评点艺术，一派高贵典雅的气息。这里曾经是莎士比亚书屋的"第二编辑部"；海明威在这里构思他的《太阳照样升起》；毕加索在这里与朵拉·玛尔小姐一见钟情；俄罗斯的夏加尔来了，美国的亨利·米勒来了，爱尔兰的詹姆斯·乔伊斯来了……他们中还有萨特和一名叫做西蒙波娃的女子在咖啡馆里酝酿存在主义，也酝酿爱情；有加缪，坐在窗边透光的那一张桌子上，手持一杯咖啡，看着窗外静静流水，构思着最新的作品。塞纳河左岸的咖啡馆里，就是如此这般的忙碌，无数的他和她，思潮交错在时空里，丰富了整个河岸。

那些咖啡馆也因为这些文人而变得个性起来。不管是通往自由之路的花神，历史斑斑的波寇柏，还是海明威曾经驻足的圆顶，它们超越了建筑本身，进化为形而上的文化意识。

这就是"左岸"的独特气息，令人遐想，并且迷醉。这也赋予了"左岸"咖啡这一名牌以独特的灵魂。

大卫·奥格威认为，价值主张是主导品牌与消费者关系的效益。消费者所获效益是价值主张的一部分，是品牌与消费者关系的基础，更可作为品牌定位中另一个主要的衡量。"厂商制造的是有物理属性的产品，消费者购买的是有感情寄托的品牌。"每个消费者都有被重视的心理需求，必须让消费者感觉到是买到了物超所值的产品，这样才能和消费者建立长期的联系。一个产品制造出来，是有自己的价值的，这个价值体现在可以提供某一方面的功能，而提供何种功能是由产品的物理属性决定的。比如说，咖啡是一种饮品，可以解渴、提神、提供一定营养和热量，并带来口味上的满足——这就是咖啡的产品价值。而消费者在购买产品的时候却都带着自己的心理期待，这就是消费者价值的体现。作为消费者，特有的生活状态和心理期待是什么样的呢？"统一"在挖掘"左岸咖啡"品牌的文化内涵的过程中，明确回答了这个问题。

确立了品牌之后，"统一"决定选择 17~22 岁的年轻女士作为目标对象，她们诚实、多愁善感、喜爱文学艺术，但生活经验不多，不太成熟，她们喜欢跟着感觉走。相对于产品质量而言，她们更寻求产品以外的东西，寻求情感回报、寻找使她们更感成熟的东西，寻求了解、表达内心需求的品牌。

经过对这一群体的调研，"统一"发现，她们最欣赏的作家是村上春树，尤其是《挪威的森林》。众所周知，他的作品忧郁、超现实、冷峻，能唤起城市人的共鸣。因此"统一"决定，左岸咖啡馆的广告视觉应该非常法国化，有雍容典雅之美，但其文本却应是很有日本文学的风格，充满精致的感伤。

所以，第一步，左岸咖啡要营造出法国的味道。

"让我们忘记是在为包装饮料做广告，假想是在为一家远在法国的咖啡馆做广告！""统一"的策划师们一直秉承这样的理念。他们从法国收集来许多咖啡馆的资料，包括图片、菜单，并且加以细致的模仿。而后，策划人员进一步想到：既然我们的品牌是咖啡馆，那么它不仅卖咖啡，它可以延伸到咖啡馆餐单上的所有东西。因此，现在的中国台湾人从便利店的冷藏柜里，还能找到左岸咖啡馆牌子的奶茶、牛奶冻和其他法式甜品。

第二步，左岸咖啡馆推出了自己的广告。

广告应促使消费者在脑海里建造一个自己最喜欢的法国咖啡馆、一个理想的咖啡馆、一个历史悠久、文化艺术气息浓厚的咖啡馆。左岸咖啡馆有能力刺激消费者在想象中产生一种真实、强烈的反应，它和消费者的关系，就像一本喜爱的书、一册旅游摘记，在你享受一片独处空间时，它随手可得，带你到想去的地方。就好比你身在中国台湾，忙碌中偶尔想要到欧洲度过浪漫之旅，左岸咖啡馆能够满足你随时可能冒出的一点精神欲望。

于是左岸咖啡馆的电视广告是一位女孩的旅行摘记，平面广告是一系列发生在咖啡馆的短篇故事，电台则在深夜播放着诗般的咖啡馆故事。如果我们细心去看，会发现左岸咖啡的广告主要是经营品牌，很少谈及商品本身。比如以下几则广告文案便是经典案例：

他带着微笑离开

在巴黎

微笑可以用法语发音

他说微笑的名字叫做

蒙娜丽莎

即使在安静的咖啡馆中

那笑

是无声的

一杯昂列

让周边有了热络的氛围

足以让歌手们、乐师门、丑角们

都为这一刻活了

我看着他

与他相视一笑

这是 1516 年

他带着蒙娜丽莎的微笑来到法国

他是达·芬奇

我们都是旅人

相遇在左岸咖啡馆

　　　　　——《左岸咖啡·达·芬奇篇》

巴黎，塞纳河，左岸

他，是一位艺术家

每天他来左岸都是准准的三次

上午，他坐在东边靠窗的位置

中午，他坐在中间的位置

下午，他又坐在西边的位置

不变的服饰，语调，表情

周围悠扬的乐曲缓缓流动

他似深醉其中

他的举动勾起服务员的好奇

于是问："你在……做什么？"

他抬起头：

"哦，我在……"

一阵长长的寂静

"我在追随光的步伐"

他是一位艺术家

左岸里，每个人都知道

　　　　　——《左岸咖啡·艺术家篇》

　　这些文案都写得精致、优雅，对比一下这段文字，你就会发现，这些文案很有村上春树的味道：

　　然而，现在率先浮现在我的脑海里的，却是那一片草原风光。草香挟着些微寒意的风、山的线、狗吠声，率先浮现的正是这些，清清楚楚的。也因为实在太清楚了，让人觉得仿佛只要一伸手，便能用手指将它们一一描绘出来。但草原上不见人影。一个人也没有。没有直子，也没有我。我不知道我们究竟上哪儿去了。为什么会突然发生这种事呢？曾经那么在意的，她、我、我的世界，究竟都上哪儿去了？对了，我现在甚至无法立即记忆起直子的脸来，我能想到的，就是一幕不见人影的背景而已。

　　这些文字优雅、惆怅，仿佛大提琴在缓缓奏响，让人看到夕阳，看到塞纳河的水波荡漾，看到沉醉于当中的画家、哲人，自然极具感染力。因为人们喝咖啡，不仅是品尝其味道，更是为了品味咖啡以外的愉悦、轻松、从容、优雅，从咖啡里寻找心里的缺口。咖啡是实质的形体，但是咖啡隐含的精神，无形，却铿锵有力。一杯朴实单纯的咖啡，不用昂贵，不用过分讲究，但是一定要有人文气质的氛围。而左岸咖啡的品牌形象，满足了这份对人文思潮的渴求。

为使消费者相信咖啡馆的存在，策划人员又计划了一连串节目让幻想变成现实。在法国咖啡馆摄影展期间，台湾最豪华的书店外布置着左岸咖啡馆，还制作了 15 分钟题为"左岸咖啡馆之旅"的有线电视节目，介绍塞纳河左岸 20 家咖啡馆。法国国庆期间，左岸咖啡馆是庆宴和法国电影节的赞助商之一。与雷诺、标致、香奈儿、Christian Dior 等法国品牌同在赞助商之列。左岸咖啡馆的电视广告有一种愉快的孤独感，八成被访者相信有左岸咖啡馆的存在，其中一位说"宁愿相信有"。

左岸咖啡馆广告如一阵旋风刮过台湾，在一批年轻女士的心中产生很大反响，她们说"广告太棒了，我们去买吧！"头一年，左岸咖啡馆就卖了 400 万美元，品牌继续得到巩固。1998 年上半年营业额比 1997 年同期增长 15%，直到今天，这一增长速度仍在继续保持。左岸咖啡馆成为名副其实的高级品牌。

资料来源：曾朝晖：《左岸咖啡馆款款情深的故事——奥美策划左岸咖啡馆品牌纪实》，《中国广告》，1999 年 1 月，第 23 页。

案例分析

在谈左岸咖啡馆成功的品牌定位之前，我们有必要知道，为什么要进行品牌定位？

品牌定位的目的是将产品转化为品牌，以利于潜在顾客的正确认识。成功的品牌都有一个特征，就是以一种始终如一的形式将品牌的功能与消费者的心理需要连接起来，通过这种方式将品牌定位信息准确传达给消费者。

一、品牌定位的目的

（一）以独特的品牌定位开拓市场

准确的品牌定位能凝结品牌的核心价值，既务实，又独特，可以从众多同类或同行业的品牌中脱颖而出，在消费者心目中形成一定的地位。例如五谷道场方便面，它把自己定位为"非油炸"方便面，把自己与传统的油炸方便面区隔开，迅速占据消费者的心智模式，从而很快成为非油炸类方便面的第一品牌。试想，如果五谷道场按传统的方便面去定位，它无论怎么做都很难改变康师傅在消费者心目中是第一品牌地位，更不能占据消费者的心智。另如百事可乐，"新一代选择"的品牌定位让它与老对手可口可乐区分开来，以经典自诩的可口可乐，在百事可乐的口号下成了"老一代的选择"，一时间百般狼狈。

（二）以清晰的品牌定位沟通受众

品牌定位就是让企业弄明白"我是谁、我该怎么做、我能做什么"的过程。要想与消费者沟通，取得消费者的认可，首先要告诉消费者"我是谁、我能为你做什么"——这就是品牌定位。只有说清楚你是谁，消费者才能根据自己的情况，看看是不是需要你，要不要接触你，了解你。例如佳洁士告诉消费者"它是防蛀牙专家"又通过做试验的广告画面传播和证明自己能做什么，从而达到与消费者有效的沟通。品牌定位必须通过品牌的传播才能实现定位的目的，即在消费者心中占据一个独特的有价值的位置。如果不能及时准确地将企业设计的品牌形象传递给消费者并求得认同的话，那么该定位就是无效的。

（三）以富有个性的品牌定位塑造品牌形象

品牌定位不但有利于向消费者提供个性化的需求，而且也有利于塑造品牌的个性。奥格威曾说："最终决定品牌市场地位的是品牌本身的性格，而不是产品间微不足道的差异。"他所说的品牌性格就是品牌个性，是品牌核心价值的外在表现，具有个性的品牌更容易识别和接受。品牌定位的不同所体现的个性也不相同，如万宝路香烟开始定位是女性香烟，它所体现的品牌个性是"前卫的、时尚的、有女人味的"，遭遇了普遍的冷落。后来它又定位为男性香烟，所体现出的个性是"男子气概的、自由自在的、驰骋无限的"，获得了男性的青睐。具有个性的品牌，能够触发消费者内心的自我价值体验，引起消费者的共鸣，从而常驻于消费者的内心，赢得品牌忠诚度。

而左岸咖啡成功的品牌定位，的确实现了这些目的。我们在这个案例中可以总结出品牌定位需要考虑的三个因素。

二、品牌定位需要考虑的因素

（一）保证您的品牌是质量好的产品，并且此产品有发展前景

在中国，人们越来越爱喝咖啡，随之而来的"咖啡文化"充满生活的每个时刻。无论在家里还是在办公室，或是各种社交场合，人们都在品着咖啡：它逐渐与时尚、现代生活联系在一起。遍布各地的咖啡屋成为人们交谈、听音乐、休息的好地方，咖啡逐渐发展为一种文化。无论是新鲜研磨咖啡豆，还是刚刚冲好的热咖啡，都散发出馥郁的香气，令人陶然。与此同时，成千上万的咖啡馆也仿佛在一夜之间布满了各个城市。法国《费加罗杂志》周刊声称："中国的中产阶级正在各大城市里迅速扩大。他们多数人都喜欢采用法国式的生活方式、生活艺术、室内装饰乃至发型。"中国改革开放之后，西方文化的迅速渗透、中国经济的迅猛发展以及都市生活质量的提高和生活节奏的加快，咖啡休闲这种高雅、时尚、浪漫的休闲生活方式越来越受到人们的青睐。根据国家权威机构调查表明，在国内许多大中城市咖啡专业场所数量每年在以 25% 左右的速度增长。无数独具慧眼的投资者看到了其中隐藏的巨大商机，咖啡连锁加盟备受追捧，但是形成规模且富有深厚文化底蕴的咖啡店却非常少。这意味着一个巨大的机遇已经降临，意味着有更多的机会，更大的利润回报空间。

（二）品牌要在人们的生活中扮演一定角色

现代人的特点：讲究生活品位；注重精神需求；对工作、对生活的质量的要求都很高；生活、工作状态完全投入。左岸咖啡之所以如此打动和吸引消费者，可以说它已经通过自己的核心价值主张"追求一种宁静，追求一种心灵"和消费者建立了一种亲密关系，达到心灵的契合。这是一个品牌和一个消费者的良好关系的基础。

此外，有人总结说，青涩年代的新人类是"哈日族"、"哈韩族"，接下来就是沉迷于爵士乐、好莱坞大片、星巴克咖啡和 Levi's 牛仔裤的"哈美族"，然后，如果一个人的品位、见识以及财富能够上升到一定的高度，他的目光就会转向欧洲，具体的位置就是——法国。按照某位资深时尚人士的研究，一个"哈法族"的经历是这样的：他或她开始喜欢喝法国红酒、看法国电影、读杜拉斯或者罗兰·巴特；她深入地迷恋 Chanel 香水、LV 手袋、Dior 时装；他持久地向往巴黎圣母院的钟声、普罗旺斯的薰衣草；他或她路过星巴克越多，就越渴望去左岸咖啡馆喝一杯咖啡，因为这里可以满足他或她的一种情怀。

（三）超越价格因素探究品牌在人们心目中产生"价值"的要素

我们细细研究左岸咖啡产品价值、消费者价值以及品牌核心价值主张之间的关系，从中可以发现产品的价值是如何被转换成消费者的价值，以及品牌的核心价值主张是如何和目标消费者进行沟通的。

对于现代都市人来说，每天花在工作上的时间，比父母那一代长了好几个小时，再加上科技的发展，现在整个社会都承受着比过去更大的压力，每个人都需要一个第三空间——人们在家庭和工作之外放松心情的理想场所。美国社会学家欧登·伯格在《伟大的场所》中指出，大众需要有非正式的公共场所，供他们交友、聊天、聚集、解脱，暂时抛开家庭和工作的压力。因此德国有啤酒屋，英国有小酒吧，法国、意大利和奥地利有咖啡馆，它们提供了一个人人平等的中性场所，让大家尽情畅谈。

"左岸咖啡"就是努力打造心灵栖息的氛围，让大家小聚一刻，喝杯咖啡，感到放松、有归属感，用独特的价值主张"追求一种宁静，追求一种心灵"锁定消费者，同时和目标消费者进行直面陈述式的一对一沟通："我是这个样子的，是你所要的吗？"这让消费者感觉到情感上的强烈共鸣。所以说品牌用自己的核心价值主张来赢取尊重、信任、亲和力和爱意。这是成就一个品牌的各种不断完善的技术操作的基础和核心！从这个意义上说，左岸咖啡的广告创意不仅仅是传播咖啡，还向消费者传达：在紧张的工作以外享用左岸咖啡，放松心情，品味休闲，给自己一个独自的空间，往日的浪漫情怀不禁涌上心间。并且在此基础上左岸咖啡消费者暗示了其实际上很了解你和你的生活状态、心理价值，而且可以和你共同分享对生活的感受。

总之，左岸咖啡致力于品牌定位，经营多年，深入人心，令人一看，便觉其中有一种优雅的韵味，一种浪漫的情调，一种享受生活的写意，并油然而生"偷得浮生半日闲"之意，重拾遗失的浪漫情怀。若是配上一盘特色点心，随手翻开一册图书，那就更好了。就算什么也没有，单单是闲看窗外行人，远处高楼，或是湖山烟云，也能享受到久违的从容与宁静。

问题：

1. 为什么要进行品牌定位？
2. 概括一下左岸咖啡品牌的特点。

案例 2 "中国客车专家"是怎样炼成的？
——大金龙品牌新定位诞生记

考生角色

假如你是某大型客车公司的品牌经理助理。该公司创办多年，但一直效益平平，公司计划进行重新的品牌定位，而你则要负责制定相关的方案。

为此，你一直在寻找相关的成功案例，并对大金龙及其在客车业中的地位做了广泛的调查。现在你已经搜集到了许多该公司及客车行业的背景资料，并开始着手撰写自己公司的品牌定位方案。

在接下来召开的会议上，你将要把你的方案汇报给品牌经理，以帮助他制定新的品牌发展方案。

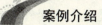
案例介绍

多年以后，当叶剑锋再次回忆与大金龙携手合作的这段历程时，能够让他牢记心中的可能还是那次"出丑"经历。

叶剑锋是奥美（福建）的客户总监。他很清楚地记得2007年3月13日上海光大会展中心酒店，大金龙新品牌战略定位的交流会上，当他演示完PPT文档后，新出笼的"中国客车专家"品牌定位立即引发了台下十几位行业媒体资深人士的热议。两个多月前，他所在的公司刚与大金龙签订年度合作协议。

形势变得对叶剑锋极为不利。观点被旗帜鲜明地划分为两派，但不管是赞成者还是反对者，向他抛出的问题却毫不含糊，且一针见血。甚至有好几次，他被反驳得哑口无言，有些被动地站在那里。

事情显然按照主角大金龙预料的方向推进，他们太需要听到不同的声音了——在此之前，大金龙主动向行业媒体放话：这次会议纯属内部讨论，无须采写任何稿件，大家只需暂时联合起来，充当一次大金龙的品牌顾问——对于奥美的提案，要毫不留情地进行反击。

"要是驳得体无完肤，而奥美还能够给出解释，那说明新品牌主张就立得住，否则就经不起推敲。"大金龙企划部经理兼新闻发言人戴永佳后来告诉《汽车商业评论》。

戴永佳是当天控制会场气氛和节奏的主持人。两个多小时后，他把话题引回关键点：大金龙到底能不能称其为"中国客车专家"？一圈媒体问下来，得出来的结论是：绝对可以讲，如果大金龙和宇通客车尚不能称为专家，客车业还有谁够得上这个称号？第二天，上海客博会开幕。大金龙展台中央的立柱上，在其人字形LOGO下方，"中国客车专家"几个大字赫然入目。行业内却鲜有人关注大金龙的悄然变化。

一、新定位

大金龙意识并着手解决品牌定位问题，并非一个漫长的过程。

2006年12月31日，大金龙公布新的干部聘任名单，戴永佳任企划部经理。在他的提议下，罗剑担任品牌管理课课长。新团队还来不及磨合，2007年的品牌工作已迫在眉睫，首当其冲的就是解决大金龙品牌如何定位的问题。

最近几年，大金龙的品牌主张始终给人摇摆不定之虞：2004年前沿用的是"时时领先、处处关怀"；2004年后改为"技术创新、服务领先"；2006年则变成了"金龙客车　通行世界"——以至于有好事者戏曰"不知道大金龙究竟想表达什么"。

姑且不论如此频繁变换主张对品牌战略会造成多大的伤害，单是大金龙内部也对此争议颇多。以"通行世界"为例，按照大金龙的构想，如果海外市场开拓得不错，他们完全可用海外业绩来支撑国内市场的品牌推广。但这种一相情愿的想法很快就撞在血淋淋的现实的墙壁上。"通行世界"更像是企业愿景，如果强加它为品牌主张，这个定位是否恰当？它能否表达大金龙的全部内涵？这样一个局部市场的定义能否支撑品牌的核心价值？

更重要的是，2006 年大金龙的国际市场表现并不让人满意，不仅其海外市场开拓并无值得嘉奖之处，而且区区 790 辆的销量与宇通客车、苏州金龙和小金龙相比落差较大，难以担当烘托国内市场的重任。当时正值中国客车企业塑造品牌形象风生水起之际，宇通客车和苏州金龙被称为行业典范，前者惯用大手笔，将"耐用"推广得尽人皆知；后者紧抓"安全"不放松，媒体纷纷聚集这两个企业，称其"主张鲜明、策略得当、传播得法"，这让大金龙相形见绌。大金龙的压力可想而知。

2007 年 1 月的一天，厦门温暖如春，大金龙灌南基地三楼会议室里，企划部内部会议正在举行。会上，罗剑首次抛出"中国客车制造专家"的概念。据说这个概念是他思考了约一个月后"创造发明"的，并希望以此作为大金龙的新品牌主张，而非品牌定位。

让罗剑意想不到的是，概念刚一提出，在部门内部就通不过。反对者们将概念层层分解。

14

他们的观点之一是地域性太浓，只局限在"中国"。赞成者则认为，中国已成为世界客车制造大国，世界客车产量的 1/3 来自中国，该命题倒也无可厚非。

他们的观点之二是概念突出的是"制造"两字，而根据台湾宏基公司董事长施振荣提出的微笑曲线理论，产品的高附加值一端在研发，一端在销售，制造只位于价值链的最低端，也就是微笑曲线的下方部分，这跟大金龙之前一直宣称的技术领先互为矛盾。

他们的观点之三是在其他行业"专家"的提法已屡见不鲜。在此视角下，大金龙提出"专家"则创新性不够。

争执持续了很久，双方唇枪舌剑，谁也说服不了谁，企划部一筹莫展。一边争议频仍，一边新思路陆续登场。2006 年与大金龙合作的厦门前线广告公司在给大金龙关于 2007 年品牌工作的建议中，提出了两个设想：要么主打服务；要么主打品质。

对于这两个建议，戴永佳并不满意："这其实没有跳出行业套路，我们跟在其他企业后面，找个点硬套进去，有什么意思？"他反问。

转机终于出现了。有一天企划部开例会，会上戴永佳提了个问题，似在问自己又似在问大家："大金龙的产品一般都比竞品贵一两万元，业务员是如何说服客户接受的？"这个问题的实质其实就是品牌的溢价，他说，这个问题解释清楚了，品牌根源就能厘清。

企划部员工陈瑾回忆说，2006年她带广告公司人员做内部调查时，就曾向公司销售人员提过相同的问题。业务员的回答是："首先，大金龙用的材料好，导致成本高；其次，大金龙的工艺先进，一般要经过100多道工艺和严格品质检验才能过关；最后，大金龙做工精细，比如同样是做客车，大金龙的车身工艺接缝非常匀称。"

企划部终于有柳暗花明之感，寻找已久的答案越来越接近现实——无论是工艺、做工，还是选材方面，其实都发生在制造环节，这一点与中国客车制造专家的定位是如此吻合。

企划部内部终于达成共识。但内部共识并不能为大金龙新品牌战略画上句号，他们还需进一步验证这个定位：别人是否认可，它有没有说服力？

二、比稿招标

两个月后，在上海客博会上，大金龙迎来了首次展示新品牌定位的机会，于是出现了本文开头的一幕。

大金龙选择与奥美合作，其实背地里挨了不少其他企业的骂。奥美尽管是全球广告翘楚，但它同时还有一个不太光彩的名字——"傲慢臭美"，因此，在客车企业看来，这种阳春白雪的广告公司并非他们的目标。寻找奥美是戴永佳的想法。他之所以关注这家广告公司，是因为一直想解开两个谜底：一是奥美在2003年曾与宇通客车合作，而宇通客车品牌发力正是在这之后的2004年和2005年，这是巧合还是另有其因；二是奥美在北京、上海和广州三个一线城市设立了分公司，但在二线城市设分公司还只有福建，这又是为何？

联系奥美（福建）并非难事。戴永佳通过自己的一个从事广告经营的校友拿到了奥美（福建）总经理的手机号码，两人当天就在电话中约好见面。2007年1月初，大金龙邀请7家有实力的广告公司比稿招标，奥美（福建）也在其中。大金龙给他们出的考题中，笔稿部分其实是个命题作文：围绕"中国客车制造专家"进行品牌创意。"我只给他们一个结论，他们需要用独特的视角把整个逻辑过程演绎出来。"戴永佳说。

戴永佳不忘给这些创意再留一条退路："不接受这个题目的广告公司可以设想一个全新的命题，但前提是你们要有特别的创意。"

据说，大金龙给这7家广告公司的条件还算不错：不但尽全力提供相关背景资料，并且承诺：在做提案的过程中，只要有任何问题，都会有一次机会与大金龙面谈。

20多天后，大金龙收到了正式提案：3家广告公司另辟蹊径，4家广告公司交了答卷——其中一家建议将品牌定位改为"世界客车研制专家"——这句话因为过于绕口而被否定。

第一轮招标下来，在入围的3家广告公司中，奥美（福建）排在第一。第二轮之后，奥美（福建）仍排在第一，福建本地一家广告公司名列第二，两者得分基本接近。"有点小差距，主要是我们内部评审小组对这两家广告公司各有偏好所致。"一位参与评审的大金龙企划部员工说。

据《汽车商业评论》调查，评审小组最大的担心是在合作中受气。尽管奥美（福建）规模不大，它在福州和厦门各有一间办公室，两边加起来也不过30多人。但它毕竟有奥美的背景，在内部会议上，大金龙人多次提出"我们能否与这种国际4A广告公司合作，这种国际大牌公司能否跟得上我们要求的服务节奏"等疑问。

鉴于此，大金龙决定对奥美（福建）先试用3个月。"如果3个月内大家都觉得没问题，合约就自动延续；如果3个月都维持不下去，那就自动'离婚'。"签约时，戴永佳对叶剑锋说："你们是大品牌，但却是小公司。你们是奥美，这是你们头顶上的一棵大树，但实际上以你们目前团队的实力，你们只能算小公司。小公司跟我们合作，就必须有小公司的姿态，否则我们可能请你出局。"

上海客博会后，戴永佳仍然觉得有些底气不足，这也是大金龙试探性低调发布的主要原因。在他看来，正如前文所提及的那样，"专家"这种提法并非大金龙独创，很容易成为竞争对手的攻击点。

之前，大金龙企划团队已经最终决定去掉"制造"二字，将新品牌定位为"中国客车专家"。

3天的展览会，戴永佳可以说没有一天不是在担心中度过的。"如果有人较真，我们也会想办法解释，在客车行业中大金龙就是制造专家、营销专家和服务专家，但这种解释又有些牵强。"他说。

让他颇感欣慰又有些失望的是，并没有人来找他较真。

之后，大金龙内部思想趋于一致：中国客车专家并非仅代表抽象的文字，它更像是一个图形，是大金龙LOGO的一部分。

解决了品牌定位问题，大金龙还需要解决品牌主张问题。前者针对公司层面，后者针对的业务层面。由奥美提议，在中国客车专家基础上延伸出三句话：一是"领先之道，尽在细节"；二是"细微之处见领先工艺"；三是"细微之处，专业之道"。

大金龙选用了第三句话。戴永佳解释说，首先，这句话比较对称，符合中国人一贯的审美习惯和标准。其次，这句话还表达了两个重要的含义：一是大金龙追求产品的细节完美；二是大金龙做事精益求精。反过来，这又与中国客车专家的定位相互支撑。1个月后，在北京客车展上，不管是展台物料，还是平面资料以及广告画面，大金龙新品牌定位和主张都展现得淋漓尽致。

三、一段旅程

2007 年 8 月 18 日，大金龙年度品牌活动的重头戏——"发现之旅"在北京拉开序幕。近 300 人参加了那次会议，大多数人对活动留下的印象是"形式不错，很有创新"。

此后，大金龙品牌活动通过不同途径被媒体争相报道。

"发现之旅"是奥美参加招标比稿提案中的一个构想。据说奥美在关于2007 年品牌公关活动部分里，向大金龙提出了"一组活动、两个方案"：一个是发现之旅，另一个是公众开放日。前者意在让大金龙主动走出去跟客户沟通；后者专门设一日邀请社会公众走进企业参观。

实际上，当大金龙在 1997 年首创客车巡展方式时，可能连它自己都想不到会有这么好的效果——其受客户欢迎的程度超乎想象。之后直到 2004 年，惯于求新求异的大金龙一方面未找到更好的突破手段；另一方面又渐渐疲于这种简单直接的 BOB 模式，于是弃之不用。

这样又过了 3 年。这 3 年中，巡展已被其他客车企业运用得技艺娴熟。2007 年初，大金龙销售人员针对客户做了个调查，发现各个市场对巡展的呼声都很热烈。他们把客户的意见反馈给企划部，希望再续巡展前缘。

对于奥美关于巡展的提案，一开始罗剑并不满意。"发现之旅是厦门当地的一个楼盘名称。"他透露说，包括宝马也做过类似"发现之旅"这样的活动。销售公司大部分员工也不买账。他们担心的是：我们的客户看到发现之旅会不会联想到楼盘？但这种顾虑很快就被其他声音打消："厦门有这个楼盘没关系，全国可能还不知道。"

接受"发现之旅"用了很长时间。据说大金龙销售公司多次坐下来与企划部探讨，看还有无更适合巡展的名字。

但是没有。

根据奥美的提案，"发现之旅"本该在 2007 年上半年启动，为何延缓到 8月份？《汽车商业评论》在采访中得知，作为大金龙年度贡献车型龙威，大金龙希望在启动发现之旅的同时，宣布龙威上市并接受订单——这就意味着，届时龙威的采购、物流、技术、工艺等都已准备就绪。

选择北京作为首发站也是销售公司与企划部讨论后决定的。"当时有个契机，北京北汽集团要订一批龙威车。"戴永佳回忆说："我们原想增加与北汽集团签约交车的环节，后来因时间关系作罢。"在设置站点时，大金龙也颇具匠心。比如北京、沈阳、成都、南京、杭州等城市，归属于大金龙的战略重要市场，乃不得不考虑的重要着眼点；而像广州市场，大金龙并无先天优势，但却是购买力强的大市场；至于济南和南宁，尽管市场不大，并且其他强势竞争对手已先入为主，大金龙是有意识去设置站点——他们的另一个动机是，借助南宁辐射到越南，后者正是大金龙的优势市场。

8个站点，77天的行程，大金龙的收获是直接参与的客户达到2500人。最让他们津津乐道的是，这一趟旅程下来，只花费了200万元。他们当然愿意将发现之旅与3月份的上海客博会相比较——后者只有3天，烧钱远远不止200万元，参与客户不及前者一半。此外，中国客车网关于上海客博会上大金龙的专题只能挂3天，而"发现之旅"一直挂了77天。重拾巡展的大金龙尝到了甜头，但是显然，发生在销售市场上的影响并不能立竿见影地显现。不过，这个小小遗憾并不影响大金龙的决心。对于"发现之旅"，客车行业分析人士也褒贬不一。

有人大加赞叹——借助耳目一新的方式，大金龙花钱不多，却达到了事半功倍的效果，其一举一动牵扯着媒体的神经。

也有人直泼冷水——花了钱不说，大金龙在奥美那里究竟买了些什么？一方面，奥美与宇通客车的合作经历仍然像埋在饭粒中的一粒沙子，时不时会跳出来刺人眼目；另一方面，他们担心那些在轿车上面华而不实的推广方式会通过奥美渗透到大金龙，使之过于注重形式，而缺乏内容。

在采访过程中，《汽车商业评论》问了罗剑这样一个问题："发现之旅究竟发现了什么？"沉默半晌后，他摇头作答。

也许，这就是现在大金龙下工夫寻找的答案。

资料来源：葛帮宁：《大金龙品牌新定位诞生记》，《汽车商业评论》，2008年第5期，第52页。

案例分析

如果我们仔细看大金龙在2007年初推出的"中国客车专家"的新定位，确实振聋发聩，"细微之处，专业之道"的新主张令人耳目一新，而名为"发现之旅"的年度品牌活动暨新产品上市活动影响深远，以360°传播为核心的整合传播计划周密、执行到位，以上种种迹象无不明证了大金龙品牌建设思路的巨大改变和品牌实践能力的大幅提升。

究其根源，大金龙品牌成功转型的灵魂在于其新定位——"中国客车专家"

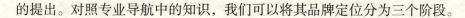

的提出。对照专业导航中的知识，我们可以将其品牌定位分为三个阶段。

一、发现优势

品牌定位是系统有序的工程，必须按科学流程来细致地开展。应结合企业的战略目标，从分析品牌的优势开始，经过市场细分、目标市场的选择、品牌的具体定位等一系列的环节，并通过长期的策划与维护，才能确立起来。

一般来说，每种产品都有四个层次：

（1）核心利益，也就是顾客真正要购买的服务和利益。

（2）产品的基本形式，即将核心利益转化为一般产品，这是消费者能直观接触的。

（3）期望产品。这是购买者购买产品时期望的一整套属性和条件。

（4）附加产品。所谓附加产品，其实是产品包含的特殊卖点，也可以说是差异性。它主要体现在：产品的口感、生产工艺、产品包装、产品市场定位及消费者群体的选择。

在这四个层次当中，企业可以通过 SWOT 分析法，发现品牌的独特优势。SWOT 分别代表：Strengths（优势）、Weaknesses（劣势）、Opportunities（机会）、Threats（威胁）。所谓 SWOT 分析法，是通过对优势、劣势、机会和威胁的加以综合评估与分析得出结论，然后再调整企业资源及企业策略，来达成企业的目标。

2007 年初，大金龙新组成的品牌管理团队在反思以前年度品牌工作的基础上，对大金龙品牌进行了"SWOT"分析。

首先，对大金龙品牌的优势和劣势进行了分析，分析结果为：

S（优势）：最早的国产豪华客车；中高档产品的品牌形象；市场保有量最大；旅游客车市场的霸主；高档公交客车的新龙头；市场表现多年稳健。

W（劣势）：没有进入高端品牌行列；品牌核心价值模糊；主打产品不够强势；传播手段单一；相似品牌混同复杂。

根据大金龙品牌的优势和劣势分析结果，内部团队认为大金龙品牌的竞争优势（Competitive Advantage）为：专注于中高档客车研发、制造的"经典"品牌。

接下来，对大金龙品牌所面临的机遇和威胁进行了分析，分析结果为：

O（机遇）：国家鼓励自主品牌发展；服务成为下一个竞争重点；新兴市场不断呈现；地方政府的大力支持。

T（威胁）：主流竞争对手强势进攻；后起之秀蓬勃发展。

根据上述分析，得到对于行业品牌竞争环境的结论即产出关键议题（Key Issue）为：客车行业的品牌"战国时代"尚未出现霸主。那么，就应该利用大金龙的现有优势资产打造中国客车的领导品牌。经过反复沟通，团队逐渐形成共识，方向进一步聚焦在"中国客车专家"的定位上。

二、细分市场，并确定目标市场

"市场细分"的营销理论是 1950 年代由美国市场营销学家温德尔·史密斯提出的，成为营销学继"消费者为中心观念"之后的又一次革命。所谓市场细分，就是企业的经营管理者按照细分变数，即影响市场上消费者的欲望、需要、购买习惯和行为等因素，把整个市场细分为若干需要不同的产品和市场营销组合的市场部分或亚市场。其中任何一个市场部分或亚市场都是一个有相似的欲望和需要的购买群，都可能被企业选为目标市场。

大金龙团队委托全球第四大市场调查公司——GFK 公司在全国范围展开市场调查。经过和 GFK 公司的讨论，他们决定分别展开定性和定量两个调查项目，重点对"中国客车专家"需要什么样的特质、大金龙与"中国客车专家"的符合程度、未来改进方向进行调查。

三、品牌定位正式应用

选择好目标市场后，我们还要正视这样的实际：目标市场内顾客价值观并不一样，不同个体的消费者即使有统一的需求，也还存在着需求心理上的强度差异。所以，此时要进行具体的定位，凝练品牌的核心价值。

核心价值是品牌资产的主体部分，它让消费者明确、清晰地识别并记住品牌的利益点与个性，是驱动消费者认同、喜欢乃至爱上一个品牌的主要力量。核心价值也是品牌的终极追求，是一个品牌营销传播活动的原点。企业的一切营销活动都是对品牌核心价值的体现与演绎，并不断丰满和强化品牌核心价值。品牌的核心价值一旦提炼成功，在以后的品牌建设过程中，就要始终不渝地坚持这个核心价值。这样，核心价值就会在消费者大脑中烙下深深的烙印，并成为品牌对消费者最有感染力的内涵。

大金龙通过市场调查，进一步确认了大部分受访客户接受大金龙的"中国客车专家"的品牌新定位。经过缜密思考、严谨验证之后，大金龙完成了具体品牌定位。而后，他们以豪华阵容出击数次全国车展，全面贯彻新的品牌理念，赢得了世人的瞩目。

中国公路学会客车分会理事长邹虎啸对大金龙新的品牌定位、品牌主张和实施策略给予了高度评价。他说："当前客车企业的品牌理念，大多数落实在产品层面，而大金龙的'中国客车专家'所重点考量的却是过程，包括产品研发过程、生产制造过程和营销与服务过程等，这正是大金龙品牌定位的与众不同之处。我认为，这是客车行业的大品牌构架。"

问题：

1. 分析一下，大金龙的品牌优势在哪里？
2. 结合大金龙品牌定位之路，简述品牌定位的过程。

案例3　百事可乐：新一代的选择

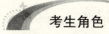

考生角色

假如你现在是某公司的品牌经理助理。公司计划开展新的品牌定位活动，你要协助品牌经理制定方案。

品牌经理告诉你，品牌定位是有章可循的。众多公司通过自身努力，已经总结了许多行之有效的方法，以供后来者学习效仿。所以你接下来的任务就是，整理总结这些方法，并结合相关案例，为公司品牌定位提供借鉴。

案例介绍

世界上第一瓶可口可乐于1886年诞生于美国，距今已有113年的历史。这种神奇的饮料以它不可抗拒的魅力征服了全世界数以亿计的消费者，成为"世界饮料之王"，甚至享有"饮料日不落帝国"的赞誉。但是，就在可口可乐如日中天之时，竟然有另外一家同样高举"可乐"大旗，敢于向其挑战的企业，它宣称要成为"全世界顾客最喜欢的公司"，并且在与可口可乐的交锋中越战越强，最终形成分庭抗礼之势，这就是百事可乐公司。

一、新可乐挑战老可乐

世界上第一瓶百事可乐同样诞生于美国，那是在1898年，比可口可乐的问世晚了12年。它的味道同配方绝密的可口可乐相近，于是便借可口可乐之势取名为百事可乐。

由于可口可乐早在10多年前就已经开始大力开拓市场，此时早已声名远扬，控制了绝大部分碳酸饮料市场，在人们心目中形成了定势，一提起可乐，就非可口可乐莫属。百事可乐在第二次世界大战以前一直不见起色，曾两度处于破产边缘，饮料市场仍然是可口可乐一统天下。1929年开始的大危机和第二次世界大战期间，百事可乐为了生存，不惜将价格降至 5 美分/磅，是可口可乐价格的一半，以至于差不多每个美国人都知道"5 分镍币可以多买 1 倍的百事可乐"的口头禅，百事可乐仍然未能摆脱困境。

在饮料行业，可口可乐是市场领导者，百事可乐是市场追随者（挑战者）。作为市场追随者，有两种战略可供选择：向市场领导者发起攻击以夺取更多的市场份额；或者是参与竞争，但不让市场份额发生重大改变。显然，经过近半个世纪的实践，百事可乐公司发现，后一种选择连公司的生存都不能保障，是行不通的。于是，百事可乐开始采取前一种战略，向可口可乐发出强有力的挑战，这正是第二次世界大战以后斯蒂尔、肯特、卡拉维等"百事英才"所做的。

二、百事可乐的一代

这时有一个对百事可乐的发展非常有利的环境。第二次世界大战后，美国诞生了一大批年轻人，他们没有经过大危机和战争洗礼，他们自信乐观，与他们的前辈们有很大的不同。这些年轻人正在成长，逐步会成为美国的主要力量。他们对一切事务的胃口既大且新，这为百事可乐针对"新一代"的营销活动提供了基础。

但是，这一切都是在 1960 年百事可乐把它的广告业务交给 BBDO（巴腾·巴顿·德斯廷和奥斯本）广告公司以后才明白过来的。当时，可口可乐以 5∶1 的绝对优势压倒百事可乐。BBDO 公司分析了消费者构成和消费心理的变化，将火力对准了可口可乐"传统"的形象，做出种种努力来把百事可乐描绘成年轻人的饮料。经过 4 年的酝酿，"百事可乐新一代"的口号正式面市，并一直沿用了 20 多年。10 年后，可口可乐试图对百事可乐俘获下一代的广告做出反应时，它对百事可乐的优势已经减至 2∶1 了。而此时，BBDO 又协助百事可乐制定了进一步的战略，向可口可乐发起全面进攻，被世人称为"百事可乐的挑战"。其中两仗打得十分出色。

第一个漂亮仗是品尝实验和其后的宣传活动。1975 年，百事可乐在达拉斯进行了品尝实验，将百事可乐和可口可乐都去掉商标，分别以字母 M 和 Q 做上暗记，结果表明，百事可乐比可口可乐更受欢迎。随后，BBDO 公司对此大肆宣扬，在广告中表现的是，可口可乐的忠实主顾选择标有字母 M 的百事可乐，而标有字母 Q 的可口可乐却无人问津。广告宣传完全达到了百事可乐和 BBDO 公司所预期的目的：让消费者重新考虑他们对"老"可乐的忠诚，并把它与"新"可乐相比较。可口可乐对此束手无策，除了指责这种比较不道德，并且吹毛求疵地认为人们对字母 M 有天生的偏爱之外，毫无办法。结果，百事可乐的销售量猛增，与可口可乐的差距为 2∶3。

1983 年底，BBDO 广告公司又以 500 万美元的代价，聘请迈克尔·杰克逊拍摄了两部广告片，并组织杰克逊兄弟进行广告旅行。这位红极一时的摇滚乐歌星为百事可乐赢得了年青一代狂热的心，广告播出仅一个月，百事可乐的销量就直线上升。据百事可乐公司自己统计，在广告播出的一年中，大约97%的美国人收看过，每人达 12 次。

几乎与此同时，百事可乐利用可口可乐和包装商们的利益纷争，以及联邦贸易委员会对饮料行业特许包装体制的反对，争取过来数家包装商，并且让可口可乐公司遭受了一次非常公开的挫折。1984 年 5 月，负责官方饮料供应的快餐联号伯格·金公司因不满可口可乐转向其竞争对手麦当劳公司，于是交给百事可乐一纸合同，让它为全美 2300 家伯格·金快餐店提供 3000 万升饮料，仅此一项每年为百事可乐增加 3000 万美元的收入。伯格·金的"倒戈"，令百事可乐获益匪浅。

只有 30 多岁的百事可乐经理约翰·斯卡利坚信："基于口味和销售两个原因，百事可乐终将战胜可口可乐"。这一预言现在终于变成了现实。在百事可乐发起挑战之后不到 3 年，美国《商业周刊》就开始怀疑可口可乐是否有足够的防卫技巧和销售手段来抵御百事可乐的猛烈进攻。1978 年 6 月 12 日，《商业周刊》的封面赫然印着"百事可乐荣膺冠军"。尼尔森关于商店里饮料销售情况的每月调查报告也表明：百事可乐第一次夺走了可口可乐的领先地位。

三、色彩：红与蓝

实际上，可口可乐和百事可乐的商标设计可能最能反映二者的特色和定位。

可口可乐选用的是红色，在鲜红的底色上印着白色的斯宾塞体草书"Coca-Cola"字样，白字在红底的衬托下，有一种悠然的跳动之态，草书则给人以连贯、流线和飘逸之感。红白相间，用色传统，显得古朴、典雅而又不失活力。

百事可乐则选择了蓝色，在纯白的底色上是近似中国行书的蓝色字体"PepsiCola"，蓝字在白底的衬托下十分醒目，呈活跃、进取之态。众所周知，蓝色是精致、创新和年轻的标志，高科技行业的排头兵 IBM 公司就选用蓝色为公司的主色调，被称为"蓝色巨人"。百事可乐的颜色与它的公司形象和定位达到了完美的统一。

四、从真空地带着手

百事可乐不仅在美国国内市场上向可口可乐发起了最有力的挑战，还在世界各国市场上向可口可乐挑战。

与国内市场完全一样，百事可乐因为可口可乐的先入优势已经没有多少空间。百事可乐的战略就是进入可口可乐公司尚未进入或进入失败的"真空地带"。当时公司的董事长唐纳德·肯特经过深入考察调研，发现前苏联、中国以及亚洲、非洲还有大片空白地区可以有所作为。

肯特的至交，美国总统尼克松帮了大忙。1959 年，美国展览会在莫斯科召开，肯特利用他与当时的美国副总统尼克松之间的特殊关系，要求尼克松"想办法让苏联领导人喝一杯百事可乐"。尼克松显然同赫鲁晓夫通过气，于是在各国记者的镜头前，赫鲁晓夫手举百事可乐，露出一脸心满意足的表情。这是最特殊的广告，百事可乐从此在前苏联站稳了脚跟，这对百事可乐打入前苏联国家和地区也起了很大的推动作用。但是，百事可乐虽然进入了前苏联市场，却未能实现在前苏联建立工厂，垄断可乐在前苏联销售的计划。于是，1975 年，百事可乐公司以帮助前苏联销售伏特加酒为条件，取得了在前苏联建立生产工厂并垄断其销售的权力，成为美国闯进前苏联市场的第一家民间企业。这一事件立即在美国引起轰动，各家主要报刊均以头条报道了这条消息。

在以色列，可口可乐抢占了先机，先行设立了分厂。但是，此举引起了阿拉伯各国的联合抵制。百事可乐见有机可乘，立即放弃本来得不到好处的以色列，一举取得中东其他市场，占领了阿拉伯海周围的每一个角落，使百事可乐成了阿拉伯语中的日常词汇。

20 世纪 70 年代末，印度政府宣布，只有可口可乐公布其配方，它才能在印度经销，结果双方无法达成一致，可口可乐撤出了印度。百事可乐的配方没有什么秘密，因此它乘机以建立粮食加工厂、增加农产品出口等作为交换条件，打入了这个重要的市场。

百事可乐在拓展国际市场时，一直将尼克松视为它的秘密武器。20 世纪 60 年代尼克松竞选惨败后，百事仍然积极对其给予支持，肯特先生以年薪 10 万美金的报酬，聘请尼克松为百事公司的顾问和律师。尼克松则利用自己的关系周游列国，兜售百事可乐，并且在竞选美国总统成功后，任命肯特为总统经济政策顾问，使其有机会影响经济政策，借以创造百事可乐在世界市场与可口可乐竞争的有利地位。

在与可口可乐角逐国际市场时，百事可乐很善于依靠政界，抓住特殊机会，利用独特的手段从可口可乐手中抢夺市场。

五、另一种多元化

由于饮料行业的激烈竞争，为了规避风险，可口可乐和百事可乐不约而同地选择了多元化经营。但是，多元化为两家公司带来的收益大相径庭，百事可乐在这场特殊的角逐中再次战胜了可口可乐。

自20世纪70年代开始，可口可乐公司大举进军与饮料无关的其他行业，在水净化、葡萄酒酿造、养虾、水果生产、影视等行业大量投资，并购和新建这些行业的企业，其中包括1982年1月，公司斥资7.5亿美元收购哥伦比亚制片厂的巨额交易。但是，这些投资给公司股东的回报少得可怜，其资本收益率仅1%。直到20世纪80年代中期，可口可乐公司才集中精力于主营业务，结果是利润出现直线上升。

百事可乐就幸运多了。它从20世纪60年代起就试图打破单一的业务种类，迅速发展其他行业，使公司成为多元化企业。从1977年开始，百事可乐进军快餐业，它先后将肯德基食品公司（KFC）、必胜客（Pizza-Hut）、意大利比萨饼和特柯贝尔（TacoBell）墨西哥餐厅收归麾下。百事可乐这次的对手是快餐大王麦当劳公司。肯德基、必胜客和特柯贝尔在被百事可乐兼并前，都只是一些忽冷忽热的餐馆，仅仅在自己狭小的市场内略有优势。百事可乐兼并它们之后，立即提出：目标和对手"不应再是城里另一家炸鸡店、馅饼店，而应是伟大的麦当劳！"于是，百事可乐又在快餐业向强手发起了挑战。

当时正是美国通货膨胀不断高涨的年代，麦当劳的食品价格也随着物价不断上涨，百事可乐看准时机，以此为突破口，开始了它的攻势。公司不断设法降低成本，制定了"简化、简化、再简化"的原则（这不是指食品的制作和质量，而是指尽量减少非食品经营支出）。如预先做好部分食品，在店外烧烤牛肉，尽量减少厨房用地；降低人工成本；修改菜单，将制作快的菜放在前面，以加快流通速度等。结果销售额很快达到以前的两倍，而员工只有以前的一半。由于收入迅速增加，成本大大降低，利润猛增，已经能够与麦当劳抗衡，并且带动了百事可乐饮料的销售。

百事可乐还首创快餐业"送货上门"的新型营销方式。当时百事可乐公司的总裁韦恩·卡拉维说："如果只等着忙碌的人们到餐厅来，我们是繁荣不起来的。我们要使炸鸡、馅饼的供应像看时间那样方便。"

百事可乐质优、价廉的食品以及高效、多样的服务赢得了顾客的青睐，销售额年年创纪录，很快成为世界上最赚钱的餐饮公司。许多老牌快餐公司在百事可乐咄咄逼人的攻势下败下阵来，甚至麦当劳也受到了巨大的威胁。20世纪70年代末80年代初，麦当劳公司的年利润率为8%，而百事快餐公司的年利润率却高达20%。

百事可乐终于在它诞生92周年的时候赶上了竞争对手。1990年，两种可乐平分市场，在零售方面百事可乐甚至超出了1亿多美元。该年度A.C.尼尔森公司对美国、欧洲和日本的9000名消费者进行了调查，排出了世界上最有影响的 10 大名牌，百事可乐和可口可乐均获此殊荣，分列第 6 和第 8 位。百事可乐已经实现了成为全世界顾客最喜欢的公司的梦想。1997 年，百事可乐公司全球销售额为 292.92 亿美元，位列《财富》98 世界 500 强第 92 位，荣登饮料行业企业世界冠军，可口可乐只能屈居亚军，销售额只有 188.68 亿美元，排名在 201 位。

资料来源：邓世发：《可口可乐与百事可乐发展史》，http：//www.21food.cn，2006 年 4 月 6 日。

案例分析

在评价百事可乐的新定位之前，我们先回顾一下当时的历史背景。

随着 1945 年第二次世界大战结束，返回家园的美国大兵纷纷建立自己的家庭，理所当然美国也迎来了历史上的人口增长高峰。1946~1964 年，美国增加了 7800 万人口，这段时期在历史上被称之为"婴儿潮"。1963 年，战争的阴影渐渐从人们心中消散，战争给可口可乐带来的无比荣耀也开始渐渐式微。百事可乐在可口可乐的强大品牌压力下蛰伏多年，终于找到了自己的市场机遇，百事可乐将目标受众瞄准第二次世界大战后生育高峰期出生的一代人，BBDO 广告公司和百事可乐合作，并为其提出了"百事可乐，新一代的选择"的广告策略。

在这一广告策略中，百事可乐采用了六种定位方法：

一、价值定位

价值定位源于对消费者的洞察：什么是他们想要的，什么是他们力求避免的，品牌能给他们带来什么。而后，将品牌的核心价值与消费者内心深处的需求、价值观、信念相联系。

比如"白加黑"感冒药将感冒药的颜色分为白、黑两种形式，"白天吃白片，不瞌睡；晚上吃黑片，睡得香"，以此为基础改革了传统感冒药的服用方式，与消费者的需求（白天要工作学习，晚上需要安稳睡眠）非常契合，获得了不错的市场反应。

而"新一代的选择"这一定位，使百事可乐立即以年轻、个性、时尚的独特价值，将可口可乐推到"老一代的选择"的尴尬处境。

二、逆向定位

所谓逆向定位，就是在进行品牌或产品定位时，与竞争对手反其道而行之。当一群人都往一个方向去，往往竞争过于激烈，若是反向而行，反而容易成为第一。逆向定位之所以能够取得成功的秘诀，就是在于其既能找到与众不同的切入点，又能迎合目标消费者的个性需求和独特喜好。

我们来看百事可乐当时的境遇。它的对手可口可乐拥有"本源正宗"、"经典"的品牌形象，第二次世界大战期间"美国大兵可以在任何地方喝到可口可乐"的企业口号更是将品牌美誉度提升到了无以复加的高度。这个时候如果和可口可乐正面竞争，百事可乐无异于以卵击石。所以它剑走偏锋，你经典，我就新潮；你正宗，我就另类，完全投合年轻人的喜好，因此取得了很好的成效。

三、消费者群体定位

以产品与某类消费者的生活形态和生活方式的关联作为定位的基础，深入了解目标消费者希望得到什么样的利益和结果，然后针对这一需求提供相对应的产品和利益。

百事可乐巧妙地运用了这一方法，它敏锐地看到，20世纪60年代"婴儿潮"渐渐成为社会主流，人生观和世界观渐渐成型，他们认为自己和父辈存在深深的代沟。百事可乐在此时因势利导，将自己的品牌定位为业已长大并不断增加的"婴儿潮"人口，强调着自己的品牌是属于年轻一代，并通过名人代言、广告设计等方式进一步强化自身的年轻形象。这一举动显然赢得了年青一代的心，可口可乐也因此成为老气、守旧的代名词。年青一代的很多举动都在力求和父辈不同，可乐当然也不例外。

随着符合百事可乐品牌定位的人口越来越多，百事可乐的核心竞争力也越来越强。

四、情感定位

所谓情感定位，就是运用产品冲击消费者的情感体验而进行定位，抓住消费者的兴趣，不断保持情感的转换。

市场营销专家菲利普·科特勒认为，人们的消费行为变化分为三个阶段：量的阶段；质的阶段；感情阶段。在第三个阶段，消费者所看重的已不是产品的数量和质量，而是与自己关系的密切程度，或是为了得到某种情感上的渴求满足，或是追求一种商品与理想自我概念的吻合。显然，情感定位是品牌诉求的重要支点，情感是维系品牌忠诚度的纽带。而百事可乐的新定位则响应了年轻人喜欢独立个性生活的情感需求。

此外，许多品牌也是采用了这种方法。比如"太太口服液"曾以"做女人真好"、"让女人更出色"、"滋润女人，让美丽飞扬"等诉求来满足女性精神需求，激起消费者的联想和情感共鸣，加之"太太"这一品牌本身所隐含的"高

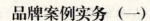
第一部分　品牌管理学

28

贵、典雅、迷人、温柔"的感情形象，十几年来在保健品市场占据着一席之地，获得国内消费者的普遍认可。

五、文化定位

所谓文化定位，就是将文化内涵融入到品牌建设之中，进而形成文化上的品牌识别。文化定位能大大提高品牌的品位和附加价值，使品牌形象更加独具特色。产品的功能与属性很容易被竞争对手模仿，而品牌的文化内涵却是竞争对手所模仿不来的。文化定位不仅可以大大提高品牌的品位，而且可以使品牌形象独具特色。比如我们在食用可口可乐、麦当劳、肯德基之时，不仅是在解渴求饱，同时也是在进行一种代表美国文化的消费，这种消费代表了一种文化的象征、一种身份、一种时尚、一种观念。

百事可乐的新定位，象征了一种新文化、新思潮的兴起，这自然是极具威力的。

我们国内也有许多品牌运用了这种定位法，比如"金六福——中国人的福酒"，这种定位已将品牌文化提升到一种民族的"福"；柒牌服饰以中国文化打动世界，情系"中国心、中国情、中国创"，认真谱写"立民族志气，创世界品牌"战略，并提出了"中国，才是美"的口号；"全聚德"烤鸭、"狗不理"包子等这些百年老字号，都是因为融入了中国传统的独特文化因子才获得如此巨大的影响力。

六、比附定位

比附定位就是攀附名牌，借名牌之光，使自己的品牌生辉。企业或品牌可以通过各种方法和同行中的领导品牌建立一种内在联系，使自己的品牌能够迅速进入到消费者的心智阶梯，并占领一个牢固的位置。

比如美国阿维斯出租汽车公司强调"我们是老二，我们要进一步努力"，让人感觉踏实可靠，同时第二与第一只是一步之遥，当然也是好品牌，于是赢得了消费者的认同。蒙牛作为后起之秀，承认同类中已有卓有成效的品牌（伊利），其广告语为"做内蒙古第二品牌"、"千里草原腾起伊利集团、蒙牛乳业……我们为内蒙古喝彩"，巧妙借助了比附定位，为蒙牛品牌迅速发展壮大赢得了先机。

由于大品牌市场地位根深蒂固，难以撼动，因此，将自己的品牌依附在这些大品牌的陪衬地位，则可以突出自己品牌局部的相对优势和个性差异，在消费者记住这些大品牌的同时，也让作为"绿叶"级别的自己品牌能得以顺利地进入到消费者的心智阶梯，从而抢占到第二把交椅。而百事可乐，号称"新一代的选择"，当中也有些比附定位的意味。

反观可口可乐，在面对百事可乐年轻化的品牌定位时几乎没有招架之力。可口可乐公司在 1985 年进行了口味试验，结果显示多数人喜欢较甜的口味，于是可口可乐公司废除了老配方，并在大肆宣传的情况下推出一种新配方。这一结果受到了可口可乐公司最忠实的顾客的激烈反对。仅仅三个月，可口可乐公司在消费者的愤怒反应中屈服，重新用上老配方。美国《纽约时报》曾称可口可乐修改配方是美国商界一百年来最重大的失误之一。由此可见品牌形象的准确定位才是百事可乐得以成功的根本。

面对百事可乐的咄咄逼人，可口可乐并没有想出更好的应对办法。在之后的 20 多年中，可口可乐除了塑造其经典、正宗的品牌形象之外，更多的是营造出欢乐的气氛。广告方面也采取了明星代言策略，可口可乐和百事可乐在世界范围内争夺着最红的娱乐、体育界明星。很显然 20 世纪下半叶的竞争中，在战略上，可口可乐和百事可乐相比已处于下风。2005 年 12 月 12 日，纽约证交所更是呈现了历史性的变化：百事可乐股价攀升，市值被推上了创纪录的 984 亿美元，一举超越了可口可乐。

可见，身处逆境的百事可乐没有放弃，坚持用差异化的产品定位不断累积实力，终于迎来了第二次世界大战"婴儿潮"这一重大历史契机，并以完美的品牌推广策略赢得了年青一代的喜爱，最终打造了自己的蓝色帝国。两大可乐交相辉映的营销战争，永远成为世界商业史上的经典案例。

问题：

1. 选一个你喜欢的品牌，分析它用了哪些品牌定位法。
2. 根据百事可乐的例子，简要分析它如何运用了情感定位法。

案例 4　回力：老品牌的新定位

考生角色

这次你是一位厂长，掌管着一家已有 50 年历史的老厂，生产的鞋子闻名遐迩，曾经是风靡一时的。不过你别高兴太早，因为你接收这个厂的时候，厂子已经走了下坡路了，你眼睁睁看着市场上各种洋品牌耀武扬威，各种国产品牌已开始争奇斗艳，可是你们的鞋子虽然物美价廉，已渐渐销不出去了。原因就是，许多年轻人认为你的牌子过于老旧，一点都不时尚，所以普遍有种抵制的心理。

面对这种情况，你该怎么办呢？我们先来看回力这个老品牌是如何进行新定位的，你可以从中总结出一套经验来。

案例介绍

出生在20世纪70年代的中国人对回力鞋一定不会陌生，它是中国最早的时尚胶底鞋，可以说是球鞋中真正的"大哥大"。当生活逐渐丰裕的时候，人们开始急于抛弃一切可能与那个年代有任何粘连的事物，回力鞋逐渐被耐克、阿迪达斯等名牌所取代。令人意外的是，如今这已淡出人们视线多年的"老古董"，却仿佛一夜间成为欧美潮人的新宠，就连最权威的时尚杂志《ELLE》法国版也为它"著书立说"，其身价扶摇直上。

透过回力的沉浮可以看出，其实国货回潮、新生并不难，关键要靠正确的品牌定位和有力的营销手段。

一、一统江湖，春风得意

回力做鞋是从胶鞋开始的，1927年，民族资本家刘永康和石芝珊等人集资创办了上海义昌橡皮物品制造厂，它是正泰橡胶厂的前身，当时生产的是"八吉"牌套鞋。后来胶鞋市场开始分化，套鞋逐渐遭市场冷落，取而代之的是雨天换穿的全胶鞋。同时，布面胶鞋（跑鞋）开始在大城市中流行。当时的正泰信仪橡胶厂，特别是大股东刘永康，敏锐地嗅出了市场需求，决定开发生产布面鞋，以求在商场竞争中脱颖而出。聘请的薛铭三到厂后办了两件大事：第一件事是创立"回力"牌商标；第二件事是首创胶鞋成型流水线作业。

回力商标的诞生放在今天看，也是十分重视市场反应和充分利用传播媒介的。当时的上海《申报》就刊登了由正泰信仪橡胶厂发布的"回力"球鞋征求改名的大幅广告，主要是让大家投稿、投票，看"回力"这个名字是否合适。这一做法让回力在社会上引起广泛关注，1935年正式注册了"回力"图案商标。

此外，作为中国运动球鞋的鼻祖，回力从新中国成立前的全运会开始就一路伴随着中国的体育运动发展。1948年，"全运会"在上海江湾体育场举行期间，正泰橡胶厂就精心设计了一场宣传大戏，除了在运动场内设置醒目的大型广告牌吸引观众的眼球外，更轰动的是，正泰橡胶厂还租了一架飞机撒广告单，用以宣传回力的新品，当时的情景蔚为壮观。1984年，中国女排就是穿着回力鞋参加洛杉矶奥运会，并夺得了冠军。

可见，回力早期不管是品牌定位、产品设计还是营销策划，都时刻走在时尚前沿。回力鞋也一度将上海市名牌产品、国家银质奖和西班牙国际奖等国内外质量大奖收入囊中。

二、峰回路转，柳暗花明

在计划经济制度下，国家统购统销，鞋厂只需完成上面布置的生产计划即可，不必也不得自寻销路。"闭门造鞋"式的生存，为回力的衰落埋下了伏笔。

随着市场大门的放开，国外品牌大量涌入，阿迪达斯、耐克等国际知名品牌走进人们的视野，它们用料考究、做工精良、花样繁多，轻易地俘获了众多追求新奇时尚的消费者。与此同时，国内民营企业也如雨后春笋般，许多制鞋企业仿佛一夜间遍地开花。据不完全统计，全国有3万多家制鞋企业，胶鞋企业大概1万多家，温州、广州和晋江都是鞋都、鞋城，广东东莞则专做高档鞋。国产的李宁、安踏等球鞋声名鹊起，使得回力不再是人们的首选。

回力失去往日的风光，实在令人扼腕叹息。可谁曾料到，这看似朴实无华的回力鞋，如今竟成为欧美潮人的抢手货。它的身价至少翻了25倍，达到让人惊愕的50欧元/双（约500元人民币）。它的"粉丝"横跨演艺圈和时尚圈，他们站在时尚前端，引领了这阵复古的中国风。"这绝对是挑战Converse在年轻人心目中的时尚主导地位！"最权威的时尚杂志 ELLE 法国版这样评论回力鞋。

这一切的辉煌要归功于一个叫派特斯·巴斯坦的法国人。2005年，他到上海参加武术学习班。派特斯喜欢搜集各个品牌的球鞋，他惊奇地发现，武术班上所有的同学都穿着回力鞋。鞋身简洁的红色条纹，让这双"功夫鞋"透着时尚感。派特斯嗅出回力身上浓郁的中国味道，他欣喜若狂，仿佛能够看到三年后这双鞋在欧美火得一塌糊涂的情形。

派特斯带着商业眼光，找到了回力鞋的生产厂商，希望能够取得回力鞋的海外经营权，几轮谈判下来，派特斯终于如愿以偿，直到签署协议时，中方代表仍对这位法国人投以质疑的眼光。这双在中国地摊上廉价到每双只卖12元的球鞋，这位老外竟然想到国外卖上50欧元，不是疯子就是痴人说梦。当时没人会想到，这一牵手，成为回力鞋"灰姑娘"式的华丽转身。

经过对面料、外形、标志和包装等一系列精心改良后，回力鞋俨然换上了时尚的装扮，跟随派特斯来到法国。这个富有异国情调的浪漫之都，成了回力重获新生的地方。回力的广告频繁地出现在 *Jeune & Jolie*、*Cosmopolitan* 上，*ELLE* 在2006~2007年对回力进行了四次报道，PLAYBOY女郎安娜·尼古拉·史密斯亲自为其代言；成功跻身巴黎香榭丽舍大街各大专业运动鞋店；回力在法国的零售代理商已经跃升到160多家。

回力品牌系列的命名多取自中国武术，有"螳螂"、"龙尘"、"猴爪"和"少林精神"等经典款。而面向欧美市场推出的经典限量版"回忆回力"，则出自17位国内外知名设计师之手，他们对老回力进行了再加工，原先只有帆布、条纹元素的"质朴回力"立马变成了"妖娆回力"。那些有着彩珠、图腾、铆钉甚至是轻纱的回力鞋，开始"旧貌换新颜"，成功跻身时尚运动鞋新贵。

也许，回力鞋最令人瞠目结舌的地方不是它的形式，也不是它的销售地或价格，而是派特斯所赋予回力鞋的眼光很独到，却也恰到好处。回力"麻雀变凤凰"的新生是一场"派特斯猜想"，这里最重要的部分莫过于对回力品牌文化的深度挖掘，它的素雅和简洁成为来自东方的一面旗帜，插在时尚圈潮流的阵地。

三、重整旗鼓，王者归来

欧美刮起复古时尚风，回力鞋在海外的一炮走红将会引发国内寻找和消费国货精品的热潮。回力公司党委书记桂成钢清醒地意识到这一点，回力因此顺应这波潮流，开始大打转型牌，生产多类型、多面料球鞋，注重个性化设计，以迎合年轻人的偏好。回力开始推设计师手绘限量版帆布球鞋，白净的球鞋上面，顾客喜欢什么图案，设计师就画什么图案，甚至顾客也可以自己用彩笔DIY一把。回力还在上海松江大学城举办竞赛，让学生来设计。回力希望借此改造回力鞋古板单调的形象，让更多的时尚元素融入设计当中，吸引处于消费主流的年轻人市场。

回力对于消费心理的判断无疑是正确的，经典国货不能只停留在经典传统上。这就像传统洋品牌来到中国后，绝非一成不变，他们每年推新款、变新样，借由持续的产品创新迎合消费者喜新厌旧的心理需求。

回力以往以低端市场为导向，若想往高端市场发展，必须在现有的客户群中做取舍。如果回力的主力商品是球鞋或运动鞋，它跳不出这个模式。它的市场应该是在年轻族群的身上，因此，回力更多关注品牌的重新定位。回力目前定位于专业的运动鞋，但是这是一个很大的市场，有诸多竞争对手。作为一个跟进者，必须有与对手明显区别的特色，寻找一个差异化的细分市场是站稳脚跟的关键。回力鞋业有限公司总经理周炜认为，作为专业运动鞋制造出身，回力鞋的未来应抓住全民健身的机会，继续朝着专业运动鞋的方向发展，只有这样，才能充分利用回力品牌原有的优势，最大化挖掘忠实客户群的价值。

制造变局，回力鞋开始学习耐克和阿迪达斯的道路，走虚拟化经营，把品牌、设计和营销握在手里，其他低价值环节外包出去。虽然总部仍在上海，但是已在中原和西南地区挑选质量好、成本低的制鞋厂由其代工。例如回力公司找到福建的运动鞋厂家，借用他们冷粘工艺的技术力量，授权他们开发"回力"品牌的高档运动鞋，每双价格可以卖到 100~300 元。通过整合其他企业的资源，"回力"系列已经包括了注塑雨鞋、皮鞋、拖鞋、休闲鞋等多种产品，公司不仅丰富了自身产品线，还可以从其他企业那里收取授权使用费。

这是一个国货品牌起死回生所走过的历程，对于那些已淡出人们视线、活得并不轻松的其他老品牌来说，却有着普适的价值参考。

资料来源：吴勇毅、陈渊源：《回力"麻雀变凤凰"的新生》，《进出口经理人》，2010 年第 3 期，第 41 页。

案例分析

对于回力鞋的老品牌新定位，不能被它目前表面上的繁荣所迷惑，以为回力自从海外镀金回来后，就凤凰涅槃了。

不可否认，回力是一个非常有价值的品牌。事实上，回力的品牌声誉在海外已做出了一定的成绩，同时它也借奥运营销专卖店的方式取得了不错的盈利。抛开回力目前所担负的包袱，若能好好包装品牌，回力还是非常有竞争力的。

不过我们要明确：时代已经发生巨变了。回力鞋最为红火的时候，是在改革开放之前，那时市场比较紧缺，没有太多的竞争因素。所以，回力鞋有它自身的一些吸引消费者的地方。

但现在回力面对的市场环境已经发生了巨大的变化。就算现在回力开了新店，大部分消费者也是抱着怀旧的心态来购买的，其品牌影响力主要产生在 40 岁以上的消费群体中。对于追求时尚的 80 后、90 后而言，则吸引力不大，因为他们基本上对那个时代没有记忆。

如果回力单单靠低价来吸引受众，那么只能沦为地摊货；如果仅仅将目标消费者锁定为怀旧的顾客，那么发展潜力极其有限。

中国经过 30 年的改革开放变化，市场变了，由计划经济转变为市场经济，商品由匮乏变为适度过度。大家的消费观念变了，消费者追求款式、追求名牌的消费观念是合理的。回力鞋能满足消费者不断变化的需求吗？能在市场中找到属于自己的位置吗？任何一个有"历史包袱"的品牌，都面临重新定位的问题。

因此，我们首先要知道，品牌定位有哪些误区。如果忽视市场的复杂性与民众微妙的消费者心理，再强大的营销军团出战市场也可能一败涂地。

一、品牌定位的误区

（一）品牌定位模糊

消费者仅能对品牌有个大概印象，但却无法区分它与其他品牌的差别。"七喜"在成为百事可乐公司的品牌之前，原是豪迪饮料公司在 1929 年上市的一种柠檬口味饮料。刚入市场时，给自己的定位是"消除胃部不舒服的良药"，"它能使你胃口舒适，并帮助你解除饭后压抑的感觉。在晚上，你发困打哈欠时，开一瓶 7Up，提提神"。结果这一定位极其模糊，是胃药？是提神功能饮料？消费者分辨不清，市场反应自然冷淡。进入 20 世纪 40 年代后，"七喜"相继定位为"清新的家庭饮料"、"不含酒精的清凉饮料"，但还是无法攻占消费者的心智。直到 1968 年，"七喜"采用比附定位，与百事可乐、可口可乐比附，再定位为"非可乐"，终于以清晰的定位，取得了巨大的成功。

（二）品牌定位错误

品牌定位是否成功，要看能否得到消费者的认可。大众卡是中国移动品牌细分的一个分支，是中国移动继全球通、动感地带、神州行之后推出的第四个业务品牌。从品牌塑造的角度看，中国移动旗下三大品牌的塑造很成功，全球通：尊贵、价值、高品质服务；动感地带：时尚、校园、特立独行；神州行：实惠、精打细算。以上三大业务品牌无论在定位、内涵丰富、外延扩展性上都有一定的弹性。而大众卡在推广之初，采用"渔夫"、"清洁工"、"缝纫工"、"外来工"等社会底层人物形象，作为大众卡品牌代言人进行宣传，但并没有得到消费者的认同。其原因有二：首先，客户往往不是底层人物，白领工作者也看中了它的便宜，从中可见，品牌的受众定位出现背离；其次，大众卡在品牌定位中，过分强调使用者的社会阶层及身份，这种定位不仅无法深入人心引起目标客户群的共鸣，反而激发起某些反感情绪。

（三）品牌定位不足或定位过分

所谓品牌定位不足，就是品牌面目不清，消费者不易将它从众多相似品牌中辨别出来。比如洗衣粉品牌都在笼统地强调去污力强，所以消费者在立白、熊猫、白猫等品牌中很难选择。这就需要品牌去挖掘独特性、差异性。

所谓定位过分，就是追求"多而全"，我们看一些电视导购广告，宣称一款手机同时具备电话、数码相机、摄像机、蓝牙、音乐等功能，待机时间长达10 天，并且坚不可摧，而价格仅仅 998 元。受众的第一反应就是：不可信！针对这个问题，在品牌定位中，要挖掘消费者感兴趣的一点，将好铁用在刀刃上，使之锋利突出。而一旦消费者产生这方面的需求，首先就会想到它。比如咳嗽，会想到急支糖浆；比如手割破，立即会想到邦迪。

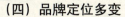

（四）品牌定位多变

要以战术眼光而不是战略眼光来经营定位。提出一个定位后，由于整个系统的不完善或是品牌经营者的本身策略失当，几个月或者是一年，又想出一个新定位，再过一年，又推出一个。定位是需要扎根消费者头脑的，需要坚持，持之以恒才能扎得进、扎得深、扎得稳。真正的定位必须是从消费者出发，参考竞争者，其通过提炼后，来指导整个品牌营销的体系，并持久坚持，方能建立起来。

品牌定位要想规避这些问题，应当遵循一定的原则。

二、品牌定位的原则

（一）核心价值原则

定位必须以品牌的真正实力为基础，这种实力直接反映着品牌的市场竞争优势，所以说采用何种定位策略，需要进行知己知彼的明智分析。品牌的典故、功能、属性、个性、风格都可能成为定位选择的依据。但通常一个品牌理论上只能有一种真正意义的定位。所以在决定定位策略时，或者说，在定位策略的海选时，应以策略能否体现品牌的核心价值为衡量基准。也就是说，应该在企业最擅长的领域找到品牌的价值核心，并通过定位加以强调。

（二）消费者导向原则

品牌定位需要指向一定范围的传播受众，而这些特定传播受众一般是该品牌所有潜在目标消费者中的具有代表性的一部分。品牌定位是从消费者的角度，借助各种传播媒体品牌在消费者心智中获得一个期望的位置。品牌定位的利益点选择，除了产品功能利益之外，还可以从心理需求、情感中、象征意义上挖掘出更多的利益。在进行品牌定位时，要善于将品牌的功能、利益与消费者心智中的渴求联系起来，通过这种方式将品牌的定位明确地传送给消费者，以满足目标受众的需要。

（三）差异化原则

差异化原则是指在现有品牌中，通过比较与研究，寻找产品之间可能存在的根本上的不同点。利用设计方法中的结合法，树立差异化理念，开发差异化产品及服务，体现出差异化竞争的特点。因为有比较成熟的参照对象，可以适度规避产品开发的市场风险。任何方面都可以纳入差异的内容，重点在于产品的不同风格和不同功能的定位差异。一旦找准方向，市场潜力不可估量。市场的成熟使差异点不易寻找，差异度难以控制，可能会流于为差异而差异的形式。概念性差异化卖点的市场推广需要时间和力度，必须做足宣传才能吸引人。

（四）个性化原则

品牌犹如人，唯有个性突出，才能给人留下深刻印象。在产品日益同质化的竞争环境中，个性化的品牌能吸引到具有相同价值观的消费者。品牌的个性与产品本身的特性与功能或许并无多大联系，而是通过品牌定位赋予产品鲜明的品牌个性，然后通过品牌传播，使得品牌个性深入人心。同时，品牌个性需要通过独特的品牌识别来展现。没有品牌识别，消费者无从了解该产品，即使消费后感觉满意，只能记住产品类型。只有品牌识别体现品牌个性时，在消费者的脑海中铭刻了牢固的影响，品牌个性才能够得到传播扩散，才能够具有系统品牌内涵和联想。

（五）动态调整结合原则

品牌定位不是一成不变的。随着市场状况的不断变化，技术发展一日千里，消费者需求千变万化，企业自身状况也不断变化，因此，品牌定位不能故步自封，而是要随之动态调整。比如麦当劳进入中国市场时，其品牌定位是合家团聚的地方，广告语是"更多选择，更多欢笑，就在麦当劳"。但随着社会的发展，麦当劳逐渐发现，来餐厅用餐的，大多是年轻人。于是他们重新进行了品牌定位，以"时尚、个性"的形象出现，广告语也换成"我就喜欢"，更为注重青年人这一群体，从而塑造其年轻化的全新品牌形象，赢得了消费者的青睐。

懂得了这些原理，我们再来看回力如何进行重新定位。

首先，挖掘宣传品牌的核心价值。回力作为响当当的经典品牌，应抓住品牌的核心价值，再通过整合传播的方式利用有影响力的人来做代言，以此来扩大品牌的形象。对于现有的顾客，可以让他们组织出一个专门的社群，从而创造品牌的精神令爱好者追随——这种精神不一定非要以大众媒体的方式出现，可以通过一些低成本的平台来体现。例如通过网络以及在年轻人聚集的地方进行品牌推广；将产品赠送给一些与品牌气质相契合的明星，抓住明星流行曝光的机会；网络上病毒式的营销方式，或是创造话题将品牌效益放大；等等。

其次，借助海外风潮，吸引国人眼球。正如案例中所说，在2008年，海外的复古风潮将回力推向海外，回力鞋几年前便悄然走出国门，名为"Warrior"（勇士），成为不少欧美"潮人"的宠儿。在欧洲，它的身价至少翻了25倍，达到50欧元，堪比耐克、阿迪达斯等一线品牌。此外在美国、马来西亚、中国香港都很受欢迎。在法国、荷兰等国家的鞋店中，有专门属于回力品牌的货架，售价折合人民币250~430元。

由于回力在欧洲的大红，一位从小移居国外、在芬兰赫尔辛基学习设计的中国人叶舒梦（音）更是出版了一本关于回力鞋的书，名叫 *Book of Warriors*，登载大量穿着回力鞋的中国人照片。叶舒梦表示："2006 年冬季，我在上海机场看到一位清新可人的女士穿着一双回力鞋。疯狂查询鞋的品牌之后，我才发现这是我父母曾经穿过的鞋子，而它还有个英文名字叫 Warrior。"叶舒梦对回力鞋推崇备至，在她看来，鞋本身的设计相当经典，而中国人穿着回力鞋的历史更是中国社会发展和"板鞋"文化的一个缩影。

而回力可以借助这股风潮，趁机而起。当然，还有一件事情要做，那就是吸引更多潮人。

最后，再定位，让品牌更年轻。正如前文所说，现在的消费者心理发生了变化。但是对于这一点，回力更多地归结于洋品牌的冲击和消费者对本土品牌产生审美疲劳。这是因素之一，但不是问题之全部。李光斗认为："本土运动品牌确实受到洋品牌的冲击，但我们也应该看到，洋品牌来到中国后，并不是一成不变的，他们每年推新款，变新样，不断地通过自身品牌及产品的创新去满足消费者喜新厌旧的心理需求。"

我们要明确地认识到，消费者是喜新厌旧的，就连大牌的可口可乐也通过研究消费者的喜好，改变了过去"传统、经典"的形象，喊出"要爽由自己"的口号。回力品牌的复兴之路，首先要解决的是与消费者沟通的问题。

此外，中国正在步入老龄化社会，但在品牌打造与营销趋势上，中国进入了年轻化时代。在这个时代，品牌出现了一个法则，叫做"年轻 15 岁"，成年人的消费品牌定位可以在形象上比实际消费者的真实年龄年轻 15 岁。在未来的竞争中，谁拥有年轻人，谁就拥有市场。从这个思路看，回力应该看清未来的市场来源，即使针对中老年的传统人群，也要找到他们真正关注的市场定位点；而针对年轻人市场，则既要看到他们当下的需求，也要准备好如何应对他们未来的潜在需求。

在市场不断变化的前提下，回力首先要学会根据消费需求的变化对品牌进行重新定位，做一些市场研究和消费者调查，在此基础上确定一个好的品牌定位，若能如此，回力定然大有作为。

行文至此，我们不免想到另外一些边缘化的老品牌，水仙洗衣机、红灯收音机、凯歌收音机、上海收音机、上海手表、宝石花手表、钻石手表、蝴蝶缝纫机、海鸥照相机、永久自行车、凤凰自行车、中华牙膏、白猫洗洁精、扇牌洗衣皂、上海药皂、百雀羚、美加净、海鸥洗发膏、六神花露水、光明啤酒、力波啤酒……它们能否起死回生，与洋品牌一决雌雄呢？

问题：
1. 简述品牌定位的误区有哪些，并寻找相关案例予以说明。
2. 结合回力的例子，谈谈如何规避品牌定位的误区？

案例5 珠江纯生啤酒：品牌命名的伤痛

考生角色

你所在的公司计划推出一款新的产品，假设你目前的职务是公司的品牌主管，请你根据新产品的定位，对目前的市场环境进行调查分析，就市场发展的情况预测该品牌未来两年的发展趋势，并以此为依据，拟定新产品命名的方向与具体命名策略，包括选用何种类型的名称，强调功能性抑或情感性等。

案例介绍

在目前的国内市场，啤酒绝对是竞争最激烈的行业之一，它已经步入资本时代。在青岛、燕京、华润三大啤酒集团的打压下，众多地方诸侯纷纷倒闭或被兼并。例外的是，以广东为根据地的珠江啤酒集团在啤酒行业近乎"肉搏"的竞争环境中，却实现了较大的发展。珠江啤酒集团是一家以啤酒为主体，以啤酒配套和相关产业为辅助的大型国有企业。珠啤集团实力雄厚，拥有人才、技术、品牌、市场和效益等优势，占据广东啤酒市场的大半壁江山。2004年，珠江啤酒集团产销总量106万吨，创利税8亿元，利润2.8亿元，人均创利税名列同行业第一，单一品牌销量雄居全国第二位，并携手世界最大啤酒巨头比利时英博集团，希望借助资本的力量与国内三大啤酒集团相抗衡。

从上述数据来看，珠江啤酒表面上十分风光，但与资本实力更为雄厚，市场基础更具优势的三大竞争对手相比，其发展前景并不光明。究其原因，在于珠江啤酒没有一个独特的品牌价值，即其在消费者心目中与竞争对手相比没有任何差异。

一、纯生啤酒奠定竞争优势

珠江啤酒于1997年底率先在国内市场推出纯生啤酒。该产品一经推出，就迅速从同质化产品中跳出来，与竞争对手形成了鲜明的产品差异。凭借纯生啤酒这把市场利剑，"珠江"在广东等优势市场横扫青岛、燕京等竞争对手，占据60%的市场份额，同时顺利进入了原有品牌认知度较低的劣势市场。即便其随后又推出如珠江白啤ALE酒、珠江啤酒、湛蓝啤酒、蓝醇啤酒等多种新产品，珠江纯生啤酒的年销量超过20多万吨，占据集团销量的1/5多，是集团最重要的利润来源。

表面上，纯生啤酒的推出对整个珠江啤酒集团的产品销量、企业利润及市场份额的提升至关重要。更深层次的是，这是一个市场细分的战略机会，"珠江"可以凭借第一个推出纯生啤酒，一举占据消费者心智中纯生啤酒阶梯，成为该市场的主宰，就像王老吉在预防上火的饮料市场、红牛在维生素饮料市场一样。

这一点在国外啤酒营销史上得到了证明。啤酒是一个同质化极其严重的行业，虽然市场上的新品层出不穷，但各自之间的差异很小，特别是对消费者影响较大的口味因素。然而纯生啤酒却不相同，它与其他品种的啤酒相比存在明显的口味差异，是一种消费者可以感知的产品。因此，纯生啤酒在国外推出不久就迅速改变了整个啤酒行业竞争格局（在国外啤酒营销史上仅有两次是因为产品而改变行业竞争格局，一次是淡啤酒，一次就是纯生啤酒）。随着市场的发展，如今纯生啤酒已成为世界啤酒市场的主打产品，其在日本市场占有率达95%以上，在欧洲也突破50%。

二、保护不利痛失强势品牌

珠江纯生啤酒的成功刺激了各大啤酒生产企业生产纯生啤酒的欲望，在国内啤酒市场引发了一场"纯生革命"。于是，众多品种的纯生啤酒争先恐后地问世，试图在纯生啤酒市场中分一杯羹。由于竞争对手的跟进，更主要是"珠江"对纯生啤酒市场没有建立任何竞争壁垒，导致自身的"蜜月期"十分短暂，该产品步其他产品的后尘，陷入了在渠道上你争我夺的残酷竞争中。结果，纯生啤酒市场依然是由当地强势品牌所主导，如华北是燕京纯生的天下，华东则以青岛纯生为主，而广东则被珠江纯生霸占等。

珠江啤酒最先进入纯生啤酒市场，虽然目前在同品种中领先，却无法真正实现品牌区隔，为竞争对手提供了极佳的市场跟进机会，使纯生啤酒市场发展成"百家齐放"的局面，不可避免地陷入痛苦的渠道战中。

三、珠江啤酒落败"纯生"命名

珠江啤酒将纯生啤酒命名为"珠江纯生啤酒"，虽然它拥有一个巨大的优势——它是第一个进入人们头脑的纯生啤酒品牌，可是这个通用性名字最后却成了其雄霸纯生市场的一个巨大的劣势。

通过"指名购物测试"，可以看出珠江纯生啤酒这个新品牌的尴尬。

"老板，来支纯生。"

"纯生有青岛、珠江、燕京……请问你要什么？"

青岛的消费者："来青岛吧。"

北京的消费者："来燕京吧。"

广州的消费者："来珠江吧。"

通过"指名购物测试"很明显地发现，该品牌名重点落在纯生啤酒这个产品信息上，品牌自身的信息十分弱小，以致消费者最终留下记忆的是纯生啤酒这个品类，而不是珠江纯生啤酒这个品牌本身。

这就导致虽然珠江最先进入纯生啤酒市场，并做了大量的营销努力，但却没有为自身积累任何品牌价值，也没有建立任何竞争壁垒，反而作为一个开路先锋为竞争对手开拓了市场。这也是在纯生啤酒市场风起后，各路啤酒厂家能迅速跟进，并在各自强势区域迅速做大的原因。

资料来源：舒熊：《品牌命名："珠啤"永远的伤痛》，《大市场·广告导报》，2005年第6期，第40～41页。

丁松丽：《对企业品牌名称命名的思考》，《企业研究》，2008年第5期，第21～22页。

案例分析

品牌名称是品牌与外界沟通与交流的工具，作为品牌的代表，体现了品牌的个性与特色。品牌名称和品牌的无形资产有着紧密的关联，命名的成功与否甚至会导致品牌的兴衰。日本学者山上定边指出："现在销售商品的条件是什么？一是命名，二是宣传，三是经营，四是技术。"他把命名列为畅销商品的第一条件。利用巧妙的命名，日本人为自己的汽车业带来了可观的利润。他们在这方面大显身手。最突出的做法是他们为许多已想好的汽车名字申请了专利，以备将来之用，仅丰田公司就有储备名字4000多个。美孚石油公司商品名称先后花费了40万美元，曾调查了55个国家的语言，编写了一万多个用罗马字组成的商标后才最终确定下来。

企业之所以不惜成本地让设计师来进行企业品牌名称的命名，正是因为他们已经深深意识到，名称表达着一定的商品质量与特征，是企业经营信誉的象征和标志，是企业能够得到良好发展的开端。对消费者而言，品牌名称是引起其心理活动的刺激信号，它的基本心理功能是帮助消费者识别和记忆商品。名称设计得好与坏，对消费者的视觉刺激感受程度和心理上引起的联想差别很大，从而直接影响到人们对生产企业的认知感。一个好的品牌名称能够准确反映产品的特点，激发消费者对于品牌的联想，刺激消费者的心理，增强其购买产品的欲望，对于提高品牌的知名度、扩大品牌的市场占有率、加强消费者对于品牌的认同感，有很大的促进作用。

品牌名称是把品牌吊在潜在顾客心智中产品阶梯的挂钩，一个恰当的名称是获得长期成功的基本保证。企业在为品牌进行命名时，应该考虑到产品属性、品牌定位、品牌联想等各方面因素。珠江纯生啤酒作为国内啤酒行业内纯生啤酒领域的先行者，本应具备了建立强势品牌的先天优势。然而，由于战略眼光不够长远，对品牌建设的规划不足，珠啤以"纯生"这个具有通用意义的名称作为自己产品的命名，这一举措非但没能将具有技术优势的产品打造成为自身的独特卖点，迅速提升其品牌价值，反而成了"为他人作嫁衣裳"，对自身发展造成了无法弥补的损失，失去了一次有可能改写中国啤酒业格局的绝佳机会。

一、命名不利

品牌名称是品牌的第一张名片，它能通过文字符号第一时间向别人传达自己的信息，留下第一印象。第一印象十分重要，它能决定品牌在人们心中"存储"的时间。假设珠江纯生啤酒在最初不使用品类通称，而是用一个能够暗示产品特性的其他词语作为品牌名称，那么其大力的推广宣传就不会成为其他品牌啤酒进入纯生类市场的铺垫，更有可能一举攻占市场，让品牌成为该类型产品的象征。回顾珠江纯生啤酒的命名，不难发现其触犯了品牌命名中的三个禁忌：

（一）对名称保护不力

能否在法律上得到保护，这是品牌命名首先要考虑的问题。如果无法获得《商标法》的认可，这个品牌名称就不能算是真正属于企业，而草率使用未被保护的名称，最终的结果就很可能是"为他人作嫁衣裳"。

我国的《商标法》第十一条中有明确规定：下列标志不得作为商标注册：①仅有本商品的通用名称、图形、型号的；②仅仅直接表示商品的质量、主要原料、功能、用途、重量、数量及其他特点的；③缺乏显著特征的。前款所列标志经过使用取得显著特征，并便于识别的，可以作为商标注册。

在珠江纯生啤酒的命名案例中，"纯生"为啤酒种类的通用名称，原本珠江啤酒运用"纯生"作为品牌名称是希望直白地向消费者描述产品特点，但在命名过程中却没有考虑到能否通过法律手段保障"纯生啤酒"这一命名在市场上的唯一性。最终导致了各种品牌的纯生啤酒相继进入市场，白白浪费了珠江啤酒在此类市场中的先行者优势。

这里有一个与珠江纯生啤酒命名相似的例子。2001年初，济南东风制药厂生产的扬帆牌新肤螨灵霜在进入市场初期，由于它是国内第一个提出"杀螨益肤"概念的产品，加之其广告宣传到位，销售形势很好。然而，好景不长，在看到扬帆牌新肤螨灵霜热销的市场现象之后，广州的部分化妆品厂也相继向市场推出了与扬帆牌新肤螨灵霜外包装相似，但价格却便宜得多的妆字号新肤螨灵霜，进行终端拦截。而消费者大都只知道新肤螨灵霜，而对什么品牌却知之甚少，一时间，扬帆牌新肤螨灵霜受到了巨大的冲击，销量一路下滑。由于济南东风制药厂在给产品命名时采用的是注册商标+通用名的方式，因此从法律意义上来讲，受保护的只有注册商标扬帆牌，而通用名新肤螨灵霜是不受保护的。因此，济南东风制药厂也只能是哑巴吃黄连有苦说不出了。

（二）与其他品牌太过相似

将品类名称直接用做品牌的名称，是珠江纯生啤酒品牌命名最大的败笔。因为它忽视了一个关键因素，那就是一个名称不应"超越界限"以至于同产品本身密不可分，最终成为此类产品全体的通称，而非为了某一品牌的商标名称。美国啤酒营销史上有一个极为类似的案例：当年，米勒啤酒集团最先推出淡啤酒，取名为莱特啤酒。从这个品牌名称可以看出，为更好地传达产品给消费者的独特利益——淡，米勒公司选择了一种取巧的方法，那就是以Lite（莱特）作为品牌名称，希望利用它与Light（淡）的谐音迅速进入消费者心智，成为该品类的代名词。弄巧成拙的是，正是这个与品类名称发音相同的品牌名称，使消费者迅速知道淡啤酒这个口味好的新产品，却不知道有一个莱特啤酒，更不知道它是第一个淡啤酒品牌。这直接导致米勒的巨额推广变为替啤酒行业开拓新品类（淡啤酒）的义务活动，以致市场上出现百威淡啤酒、蓝带淡啤酒，以及许多其他品牌的淡啤酒。

反观珠江纯生啤酒的命名，非但没有吸取前车之鉴，比米勒更为失策的是，它直接用品类名称纯生作为品牌名称。通过珠江纯生啤酒的外包装，我们可以发现，代表通用名称的"纯生"二字远比强调品牌差异性的"珠江"二字要明显，在这种具有误导性的视觉冲击下，消费者更加倾向于记住"纯生"这一个好喝的啤酒种类，而不是为啤酒市场带来了纯生革命的"珠江"啤酒品牌，如图1-1所示。于是，当"青岛纯生"、"燕京纯生"、"珠江纯生"同时出现在市场的时候，由于品牌的名称太过类似，消费者常常分不清几种产品的区别。在这种同类产品充斥市场，而消费者对品牌知之不清的情况下，企业往往会面临两难的困境：当企业的品牌出名时，往往会让竞争对手沾光，而当竞争对手的品牌出现不良情况（如质量问题）时，企业自身的品牌也会由于消费者的混淆而受到伤害。

图 1-1　产品包装

假若最初珠江不使用纯生这个品类通称，而是用另一个能表达纯生概念的词语作为品牌名称，由于珠啤是第一个进入纯生市场并大力推广的品牌，也许它将在占据消费者心智中通向纯生啤酒的阶梯，这种先入为主的优势将有力阻止模仿者侵入该领域，使消费者一想到喝纯生啤酒就想到珠江，而使之自然而然成为纯生啤酒市场的绝对领导者。与此同时，随着纯生啤酒市场的逐步增大，珠江啤酒极有可能因抢占了纯生啤酒这一细分市场而改变整个啤酒行业的格局，成为一个真正具有核心竞争力，依靠品牌来带动竞争的啤酒企业。

（三）名称地域性太强

我国的啤酒行业十分习惯于以产品的产地来命名，除了珠江啤酒以外，许多公众熟悉的啤酒品牌，如青岛啤酒、燕京啤酒等都在此列。以地名名称命名是在品牌命名中一种十分常见的手段，在品牌发展之初，由于地名的普适性与地名所在区域的群众对于名称的特殊感情，此类品牌由于其易读、易记忆的特性和强烈的区域特点很容易获得当地消费者的认同与好感。然而，区域特色过于明显的品牌却很难在全国市场上顺利推广，做大做强，一味抱着企业立足的根据地来定制品牌，无异于画地为牢。如果企业要实现长远的发展与扩张，地域性太强的名称在企业品牌的延伸以及实现多方面、多层次的发展上无异于一道"紧箍咒"。前文提到，珠江纯生啤酒虽然作为纯生啤酒的领头羊，却很难迈出广东市场，"珠江"这一命名的地域化太强或许也是原因之一。

二、定位不清

在定位为王的时代，企业所寻求的名称，一定要能启动定位的过程。反观珠江啤酒命名失误的深层次原因，在于其一直缺乏明确的市场定位与独特的形象策略。由于廓清品牌的定位与构建品牌文化上的不足，使得珠啤虽然在产品

43

同质化极高的啤酒行业里率先开发了纯生这一具有差异性的产品，最终却未能将其转为自身的品牌优势。

啤酒品牌是一个需要个性的品牌，从国外一些著名的啤酒品牌来看，无不是将各种情感、个性灌注到品牌中，消费者接受某品牌的啤酒更多还是接受了一种主张，一种个性甚至某种生活方式。例如国外著名啤酒品牌蓓蕾轻啤，广告保持轻松、幽默性的诉求风格，非常受年轻人喜欢，而国内的青岛啤酒，在诉求历史悠久的同时，品牌也向年轻时尚发展。珠啤集团旗下有 100 多个子品牌，却一直缺乏能够带动市场的明星产品，其品牌建设的薄弱可见一斑。假设珠啤集团在为"纯生"命名之初就有清晰的产品定位与形象设计，就不会简单地以一个品类名称来完成品牌命名的重要工作。假设珠江纯生啤酒推出市场后能结合珠江啤酒品牌 20 多年来的发展积累和当地文化因素，形成独特的品牌个性与品牌联想，将珠江和纯生紧密联系起来，形成独特的"纯生文化"，迅速为消费者所接受，那么纯生这个概念就不会被其他品牌如此轻松地"偷袭"。珠江纯生啤酒命名的失利，最终可以追溯到品牌定位的失利。

三、珠江啤酒案例对品牌命名的启示

珠江纯生啤酒因为品牌命名的失误，错失了构建强势品牌成为纯生啤酒市场领导者，改写啤酒业格局的大好机会，其问题具有一定的典型性，值得企业引以为戒。一个好的商品名字可以将产品名推向成功之路，获得广大消费者的青睐。因此命名是产品开发成功的第一步。而反观珠江啤酒的例子，由于对于产品的发展缺乏战略眼光，导致命名不利，定位不清，错失了抢占市场的机遇。以珠江啤酒的失误为鉴，列出企业命名时需要关注的三个方面：

（一）品牌命名应具有易识别性

品牌的名称要有助于使品牌区别于同类竞争者。选择名称时，应避免使用在同类产品上已经使用过的或音义相同、相近的名称。如果不注意这点，难免会使消费者对品牌认识不清而使其认识模糊，鲜明的品牌形象的建立更是无从说起。在历史上，以好的产品名称取胜的例子并不少见。以我国北宋年间济南刘家功夫针铺为例，"白兔"是细针商标的名称，在其商标下配有一段告白，上方书："济南刘家功夫针铺"，左右书"门前白兔为记"，下方还有其他文字。其名称具有较强的识别性。而"珠江纯生啤酒"在易识别性上无疑是个失败的例子，在"青岛纯生"、"燕京纯生"等各种同类品牌充斥市场的环境下，消费者对于品牌很难留下深刻印象。故新产品在进入市场时，必须运用一定的方法与手段选取富有特色的创意来凸显名称的"个性"，避免无特征的品牌名称，强化品牌名称的标志性和识别性。

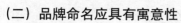

（二）品牌命名应具有寓意性

1. 内涵深刻

好的品牌名称应富有深刻的内涵，其内涵可以体现在多个方面，如揭示产品的性能特点，明确产品的服务定位，传递品牌文化，建立消费者的情感认同，激发消费者联想等。Keller、Heckler、Houston（1998）在"品牌名称暗示"理论中指出：品牌名称中如果含有暗示产品功能或利益的词汇，则可以直接促使消费者产生相关联想。因此，我们在对主题进行命名时，名称应符合购买对象的消费心理、审美心理，与它的形象质量紧密相连，从而激发消费者的购买动机，使品牌形象的树立有一个立足点。如女性用品的命名应秀美小巧，男性用品应雄健粗犷，儿童用品就应活泼可爱，而老年用品则应吉祥稳重等。珠江纯生啤酒虽然体现了产品"纯"与"生"的特点，却由于背后没有丰富的品牌文化做支撑，而最终导致了命名的失利。

2. 文化寓意

文化消费心理含义的感召力量是无形的，企业虽以经济利益为目的，意在推广自己的产品，但必须考虑其社会因素，否则就容易无意中引起消极作用。与此同时，企业或产品的名称还应注意民族习惯的差异性，这样树立企业形象才更有效，更具针对性。国内外各地区的喜好、禁忌不同，品牌的命名更应慎之又慎。如"山羊"牌羊毛衫，含义很明显，意在向消费者说明这种产品的毛质纯度很高，但在英语里，山羊（Goat）还有"色鬼"的意思，这就注定这种产品在以英语为母语的国家销售起来会遇到极大的障碍。总的来讲，命名时应把人们的文化消费心理与产品或企业的信息组合起来，以具有感情色彩的吉祥词或褒义词命名，以引起人们对商品的好感。例如可以用形象美好的动物、花卉等名称命名来引起人们对商品的注意与好感，并追求某种象征意义。如"宝马"牌汽车、"万宝路香烟"等。

（三）品牌命名应具有易传播性

1. 简约易记

易于传播原则是品牌命名的核心，品牌名称的信息传播，与简短易记有很大关系。品牌名称在语音和拼写上应做到易说、易拼、易读、易懂。一般来说，中文品牌名称以 2~4 个字节为宜，英文品牌名称以 4~7 个字母为宜，而易于发音也是品牌名称被传播的重要保证。越难传播的名称，其宣传成本越高，宣传效果越差。所以，为了适应信息传达的需要，国际上部分著名的大公司，在成功前后都不同程度地对企业全称或产品名称给予简化、简称、缩写处理。目的是达到简练易记、瞬间识别，易于传播。如惠普缩写为 HP；宝洁公司简称为 P&G。完整的合法名称只有在涉及法律问题时使用，而在一般的商业活动中都使用简称。这些使公司或产品名称抽象化、英文化的做法，加强了企业的时代感，适应于信息快速传达和给予国际市场开拓的需求。

2. 便于延伸

此前提到珠江纯生啤酒因为采取地名名称在一定程度上限制了其在全国范围内的发展，这是品牌命名不利于延伸的反映。在全球一体化进程加速与跨国营销大行其道的现在，品牌命名要具有国际化视野。企业为品牌命名时应注意赋予品牌一定的延伸空间，使品牌能够扩展到其他产品品类上，能够扩展到不同的国家或区域市场，不要把自身限制到某一地域、某一行业或某一产品类别中。例如，亚马逊作为网上书店开始业务，但其名称为其将来扩展到其他业务做好了铺垫，现如今其业务范围已扩展到了玩具、服装、饰品、护肤品、数码产品等。

品牌名称不仅仅是一个代号，它还具有某种象征意义且蕴涵着企业美好的希望。好的名号本身就有魅力，能引起人们的注意力和好奇心。品牌命名的好坏，往往能够左右该商品畅销的大局。企业主除了要认识名称在企业未来发展中的重要性外，还要在名称的设计上掌握一定的原则和运用一定的方法，使名称真正成为商品质量与特征、企业经营信誉的象征和标志，从而将产品名称推向成功之路，获得广大消费者的青睐，最终使企业获得更大的经济效益，使品牌文化得以更好地传播。

问题：

1. 你认为珠江纯生啤酒在命名时所犯的错误是什么？
2. 企业给品牌命名时应该如何避免上述错误的产生？
3. 收集资料，珠江啤酒集团旗下还有哪些产品，它们的命名是否合适？

案例 6　ZIPPO：彰显男人真我个性

考生角色

你供职于义乌一家打火机厂的市场部，公司在生产上拥有良好的技术优势，但一直未能进军中高端市场。公司预计在明年推出一款面向商务人士的打火机，对市场进行试水。你要协助市场部经理完成这款新产品的营销策划书，完成经理要求的前期的资料搜集工作，找一些国内外品牌的成功案例进行分析，找出其中的成功经验作为借鉴。

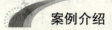

案例介绍

世界上找不出第二个牌子的打火机像 ZIPPO 那样拥有众多的故事与个性设计。对于很多男士来说，拥有一只 ZIPPO 打火机是品位的象征，ZIPPO 背后的品味象征是他们的至爱和永久不衰的话题，同时也是他们迈向成熟男人的标志。ZIPPO 品牌的打火机，在至今为止的 70 余年里，通过不变的设计理念，成为世界上打火机的不二选择。它和牛仔裤、可口可乐一样，已成为美国文化的标志之一。

谈到 ZIPPO 打火机，人们通常会称赞它出色的产品性能，诸如卓越的防风能力、牢固耐用的钢体结构，以及终身免费维修的服务，但更让它的"粉丝们"津津乐道的是其纷繁的款式、丰富的故事，甚至开盖时那独特的咔嗒声。

1933 年，美国人乔治·布莱斯德尔（ZIPPO 公司创始人）以他曾经代理过的奥地利原装打火机为基础，改造出了更为简单、实用，并更能适应恶劣环境的全新打火机 ZIPPO。但同今天的风光相比，ZIPPO 打火机显得生不逢时，因为当时正值美国的经济大萧条，布莱斯德尔生产的打火机尽管只定价为 1.95 美元，他本人也积极地尝试各种推销方法，但在开业的最初两个月内只卖出了几百只，利润微薄。

为了摆脱困境，布莱斯德尔开始拓宽思路，尝试各种各样的推销方法，包括将推销对象扩大到吸烟人士之外。20 世纪 30 年代流行的一种名为"击彩盘"的赌具，它为 ZIPPO 打火机带来了第一次销量上的飞跃。当时，布莱斯德尔将客户群体拓展至弹子房、雪茄摊的老板，说服他们订购 ZIPPO 打火机，以作为"击彩盘"的奖品。这个方法获得了非常好的效果。然而好景不长，不多久"击彩盘"被政府宣布为非法的赌博活动，不得在市面销售。虽然 ZIPPO 不得再作为"击彩盘"的奖品堂而皇之地向顾客推销，但这种成功启发了布莱斯德尔的思路：即 ZIPPO 虽然是一款打火机，但它不仅仅是为吸烟者提供火源，它还可以承载更丰富的内涵。此后，ZIPPO 制造公司沿着这条思路争取到了保险公司和石油公司的两份订单，这些公司订购了一批带有自己企业标志的打火机赠送给客户和员工。受到这两份订单的鼓励，ZIPPO 制造公司开始不断地和企业寻求合作的方式——不仅仅为企业定制产品，也包括说服一些企业将打火机作为广告传播的媒介。在 ZIPPO 公司的努力下，可口可乐、得克萨斯石油公司等开始尝试和 ZIPPO 的多方面合作。

就在 ZIPPO 与企业的合作做得风生水起时，第二次世界大战爆发，大量的成年男性应征去前线，军队对打火机的需求一下子有了爆炸式的增长。美国大兵们为 ZIPPO 打火机找到了更多的用途：由于质量出色，并能够适应战场的恶劣环境，美国大兵们用 ZIPPO 打火机暖手、求救、热汤、照明、刻上自己的编号和姓名充当身份证，甚至遮挡子弹。ZIPPO 打火机成为战士们须臾不离的"万能工具"，由此迅速地风靡于军队。

由于 ZIPPO 在战争期间大受欢迎，美国大兵在为 ZIPPO 开发出"点烟"之外的额外用途的同时，战场上也发生了诸多传奇故事。这由此启发了 ZIPPO 的开发者，他们尽情发掘 ZIPPO 的"战争元素"，为产品增添一项十分应时却被证明非常有效的新属性：战争纪念品。

ZIPPO 公司开始有意识地将战争中流传下来的故事进行挖掘和包装，并进行强大的故事营销攻势。如这样一则很有代表性的广告，一张点燃的 ZIPPO 打火机的黑白照片，照片下面写着一句话："1941 年 12 月 7 日，这只 ZIPPO 打火机身处珍珠港，现在它仍然正常工作着。"这则广告巧妙地点出了它的优秀质量——历经战争磨难而工作不息，而同时又勾起了无数人对那个时代的情感和回忆，使得他们在使用 ZIPPO 打火机之余，愿意去解读和体味工具之外的含义。这样的"战争元素"在战后的很长一段岁月里成为 ZIPPO 公司主要的宣传手段。除了在广告宣传方面捆绑"服役军队"这段经历，ZIPPO 公司也在产品本身注入战争的纪念元素，制造和发行了多款以战争为主题、铭刻着战争图案或文字的打火机，而这些打火机都成为消费者竞相收藏的珍品。在美国著名的战地记者欧尼·派尔阵亡后，ZIPPO 公司特制了一批铭刻着有其墓志铭的打火机，赠与军队。这些手段都强化了 ZIPPO 作为"战争纪念品"的色彩，这样一件坚固耐用、凝聚了战争记忆的产品对当时消费者的购买欲望的驱动能力是巨大的。

当然，ZIPPO 公司也并没有将 ZIPPO 打火机的附加价值固守于战争元素，他们将这种故事营销、情感营销的策略推而广之，开始挖掘 ZIPPO 和普通消费者之间的诸多故事。同时，ZIPPO 重拾多年前同企业合作、将产品作为广告媒介的思路，与可口可乐、通用电气、沃尔沃、保时捷这些大企业合作，于是这些企业的形象开始出现在 ZIPPO 打火机上。

到 20 世纪 50 年代末 60 年代初，化学工艺和雕刻工艺已非常成熟，ZIPPO 有能力在打火机的机身上轻松注入丰富多样的图案和色彩，这让 ZIPPO 公司更"变本加厉"地开发打火机机身这一方寸之间的价值。除了战争元素和那些大企业的形象，ZIPPO 机身的图案逐渐渗透至各行各业，乃至人们所能想到的各类主题，如体育运动、政客、电影明星、珍稀动物等。这些元素的大量注入使得 ZIPPO 打火机已经不单纯是一个战争纪念品，再加上 ZIPPO 公司有意识地引导和宣传，ZIPPO 打火机仿佛是浓缩了历史和时代潮流的一幅幅画卷，一些消费者开始有意识地根据某个主题专门搜集相应的产品。而为了迎合消费者的情感，ZIPPO 公司尽力为用户提供收藏、鉴赏、交流平台，如 ZIPPO 公司大力建设的线上 ZIPPO 主题俱乐部就是一个例子，他们既维系着企业和消费者之间的情感和沟通，也彰显着 ZIPPO 的收藏价值。

今天，ZIPPO 作为纪念收藏品这一形象已经深入人心，而其本身的"打火机"功能反而退居其次。面对环境变迁，ZIPPO 能够适应变化、永葆生命的能力才是它的核心竞争力。

资料来源：罗东：《绝处逢生的新价值》，《21 世纪商业评论》，2009 年第 6 期，第 122~123 页。

王新业：《ZIPPO，诱惑是如何炼成的》，《品牌》，2008 年第 5 期，第126~129 页。

案例分析

在品牌个性的相关理论中，品牌个性被认为是品牌在建设过程中逐渐形成的对消费者而言稳定的心理感受，其具有人格性的特征，可以说是将品牌拟人化的产物。一个品牌的个性不是可以依靠人为因素所强加于它的，品牌的个性更多的是品牌内在内容的一种外在表现，它需要消费者在体验品牌的时候形成一种自我认同。品牌个性的塑造只能被引导，而不能被灌输。

综观这个世界上获得成功的品牌，其多半都是具备了鲜明而独特的品牌个性。拥有近一个世纪品牌历史的 ZIPPO，当然也不例外。

一、ZIPPO 的品牌个性

（一）坚毅可靠

1. 简单实用的设计理念

ZIPPO 秉承简单的设计理念，这与其品牌命名十分和谐。"实用"成为 ZIPPO 打火机品牌命名的重要线索。当 ZIPPO 创始人乔治·布莱斯德尔惊叹于当时拉链的伟大发明而把自己的产品命名为 ZIPPO 时，意图很显而易见，就是希望自己的打火机和拉链一样既简单又实用。ZIPPO 这个名称易读、易记，是对其简单的设计理念的最佳阐释，而这种简约、务实的态度也奠定了它在打火机制造业近一个世纪的霸主地位。ZIPPO 的设计原则在于绝不画蛇添足，在需要它的任何时候，ZIPPO 都能够保证自己可以提供安全可靠的火源。0.27 英寸厚的镀铬铜制外罩，再加上 0.18 英寸厚的不锈钢内衬，构成了 ZIPPO 坚固的外壳；玻璃纤维制成的火芯可以永久地保证燃烧的可靠性；可以使用 73000 次的燧石轮。每一个设计的细节都无不体现了 ZIPPO 追求"简单、坚固、实用"的目的。

2. 巧妙的防风设计

1936 年，ZIPPO 打火机的防风墙设计成功地获得美国政府的专利权，并依照它的原始的结构重新设计了灵巧的长方形的外壳，盖面与机身间以铰链连接，并克服了设计上的困难，在火芯周围加上了专为防风设计的带孔防风墙。20 世纪 40 年代初期，ZIPPO 成为美国军队的军需品。随着第二次世界大战的爆发，美国士兵很快便喜爱上了它，"一打即着"及优秀的防风性能在士兵中有口皆碑。实际上，至今为止的近 80 年中，ZIPPO 的外形并没有发生什么变化，却将这一专利发展得近乎完美。每一次在大风中打开机盖，点燃火芯的时候，使用者都会体会到 ZIPPO 如此独到的防风设计。

为了和那些平凡的打火机更好地被用户区分，ZIPPO 公司曾于 1979 年举行了一项科学性的 ZIPPO 抗风性能实验。实验以 200 型号 ZIPPO 为测试对象，结果显示其耐风性为时速 32 英里，风速 14.2 米/秒。同时得出，ZIPPO 的抗风性决定于它的防风墙的尺寸及构造、防风墙上的通气孔的数量及大小、棉芯的构造、专用电油的沸点四项因素。这些由 ZIPPO 申请为专利的知识产权一直为 ZIPPO 品牌的成长保驾护航。

3. 经久不灭的火焰

巧妙的防风设计令 ZIPPO 超凡脱俗而举世闻名。但实际上，ZIPPO 的关键性技术在于它的火焰本身。ZIPPO 打火机的设计者在最初设计时就考虑到：它应用在任何恶劣的天气下和所需要的时候都能让人满意。事实也证明了这一点，在硝烟弥漫的第二次世界大战战场上，在狂风暴雨中，在沙漠里，乃至任何需要它的地方，使用者都能体会到 ZIPPO 优良的性能。

ZIPPO 坚硬的外壳可以抵御大多数物体的碰撞。越南战争时期一名士兵因为 ZIPPO 挡住子弹而保住性命，而那只 ZIPPO 却依然好用。ZIPPO 可以经得起任何浸泡的考验，即使 ZIPPO 完全被水浸湿，它的火焰也会令人满意。当点燃手中的 ZIPPO 时，它就会一直燃烧下去。因此，即使在寒冷的冬夜，手指几乎完全麻木的时候，也可以用它来点燃那救命的篝火。ZIPPO 强劲有力而且安全可靠的火焰得自于它所用的特制的液体燃料，这种燃料是一种非常稳定的石油提炼物，由它燃烧产生的火焰不但安全可靠，而且异常洁净，不会产生任何污染。这种液体燃料就隐藏在防风墙里面的玻璃纤维机芯上。实际上，ZIPPO 燃烧的方式就像是一盏油灯，它具有强劲的防水和抗风能力，因此，在任何恶劣的天气下，它都可以被轻松地点燃甚至保持长久不熄。

4. ZIPPO，不仅仅是打火机

最初，ZIPPO 在技术上所表现出来的差异性是 ZIPPO 在市场上最重要的优势来源，独特的防风设计和坚固性令其脱颖而出。然而，科技含量的注入使得

ZIPPO 不仅是一只打火机，更是一件轻巧的随身工具。户外活动之时，不论天气好与坏，ZIPPO 皆可协助燃起营火、炭烧炉，也可当做电筒帮助寻找失物或路线，紧急时更可利用火光作求救信号。与 ZIPPO 有关的传奇故事总是在用户中流传：被鱼吞入肚中的打火机完好无损；越南战场上 ZIPPO 为士兵挡住子弹救其性命；受困时靠 ZIPPO 的火焰发出求救信号；甚至用 ZIPPO 打火机可以煮熟一锅粥；等等。ZIPPO 传奇故事所反映的过硬品质与丰富情感让听众大为折服。"有 ZIPPO 就有可能"，ZIPPO 的坚实品质以及和瑞士军刀一样的多用途性使得它能够迅速风靡全球。

科技铸造了 ZIPPO 的品质，而品质给了 ZIPPO 品牌始终如一的公众印象——稳健并值得信赖。当所有用户都为 ZIPPO 的性能所折服，这种产品属性便已经内化成为 ZIPPO 消费群体的心理特征，成为 ZIPPO 的品牌个性。与本身建立在产品上的差异性不同，由品牌个性建立起来的差异深植于消费者的意识中，难以仿效。假设今天，ZIPPO 的技术化优势不在，但是在消费群体的心智中，ZIPPO 所留下的务实、可靠的形象依然会成为消费者选择 ZIPPO 的不二理由。正是这完美的品牌形象，让 ZIPPO 在全球拥有数以亿计的忠诚用户。

（二）独特

1. 独创设计

1937 年 ZIPPO 推出以高尔夫球手、猎人、渔夫、大象、灰狗和牛头犬等雕刻图案作为装饰的打火机，没想到从此销量一路飙升，如图 1-2 所示。进入 21 世纪，这种配有设计图案的打火机的销售量突破 5 亿只。它千变万化不同的设计，几乎使得每一只打火机都变成独一无二的产品。业务发展越来越好之后，ZIPPO 公司调查发现购买 ZIPPO 的很大一部分消费者是为了收藏。1960 年开始，ZIPPO 为了在设计图案上扩大主题而推出了纪念版打火机。他们将巴塞罗那奥运会、哈雷戴维森等变成设计图案，按照历史事件以及独特主题来设计

图 1-2 ZIPPO 与众不同的设计

ZIPPO，使得打火机的独特性提高，收藏价值大增。到了 1969 年，ZIPPO 打火机的销量超过 1 亿只。

ZIPPO 公司在图案设计上不断推陈出新，把设计主题范畴加大，这意味着它的目标消费者范围也变宽了。那些不吸烟的青少年、女人、民族、拥有各种爱好的发烧友都成了 ZIPPO 公司攻取的目标。

2. 独一无二

从第一只 ZIPPO 打火机诞生，它就没有放松过对产品的防伪设计，以便于辨别真伪。ZIPPO 采用识别代码对每只打火机进行区分，每只打火机由于都有着不同的编号，因此在这个世界上，它也是唯一的。自第一只 ZIPPO 问世以来，尽管其款式在不断地变化，但是 ZIPPO 这个标志永远刻在它的机身底部。近 50 年来，每一只 ZIPPO 的底部都刻有代表着特定的含义的编码，如图 1-3 所示。1986 年 7 月 1 日，之前那些沿用已久的编码方式为新的所代替。罗马数字表示年份，字母 A~L 表示月份，A 代表 1 月，B 代表 2 月……

图 1-3　打火机底部的 ZIPPO 标志

ZIPPO 的防伪技术，除了能够让消费者轻松辨别真伪，保障产品的声誉之外，还为打火机附加了另一项价值，那就是"独一无二"。

（三）个性品位

1. 个性定制

ZIPPO 最初的个性定制源自于 1936 年，当时布莱斯德尔推出了在 ZIPPO 外壳上雕刻和贴徽章服务，公司可以将顾客姓名首位字母雕刻在机身上，或贴上一些徽章。这些款式颇受欢迎，在当时外壳上雕刻和贴徽章的举措使 ZIPPO 成为流行的赠品。此后，ZIPPO 制造公司沿着这条思路争取到了一些企业订单，这些企业将带有自己企业标志的打火机赠送给客户和员工。这种合作的方式在 ZIPPO 此后的发展中变得更加深入，由最初简单的贴标，变为定制产品，甚至有些公司将 ZIPPO 打火机作为品牌传播的另一项广告媒介。而 ZIPPO 独特的主题性外观设计也为 ZIPPO 与其他品牌的合作开辟了一条绝佳的渠道，而今，包括可口可乐、保时捷、沃尔沃、得克萨斯石油公司在内的多个知名品牌都和 ZIPPO 尝试过多方面合作。知名企业对 ZIPPO 的认可和品牌文化的传播融合进一步扩大了 ZIPPO 在中高端市场中的影响力，专属的、独特的、定制的，这些个性标签逐渐与 ZIPPO 联系起来，使得 ZIPPO 成为成功人士个性与品位的象征。

2. 收藏文化

丰富多彩的主题文化设计满足了不同喜好者的需求，同时也使 ZIPPO 成为许多男人喜爱的收藏品。世界上热爱 ZIPPO 的人们创办了自己的《ZIPPO 手册》、《ZIPPO 通讯》，对于 ZIPPO，人们已经不把它仅仅作为一种打火机，更代表着一种文化。2000 年，ZIPPO 打火机曾被评为"最经典的美国标志之一"。

除了优秀的设计之外，ZIPPO 还善于对与品牌有关的故事进行挖掘和包装。在这些故事中，ZIPPO 成为了"救命恩人"、"信号灯"等情感利益载体。而这些故事的主人公大都是 ZIPPO 打火机的顾客，这些传奇不但从一个侧面反映了 ZIPPO 品牌的历史传承，更是使用者对 ZIPPO 的情感倾注。

无论是作为"战争纪念品"抑或是"美国潮流文化的印记"，无不彰显了 ZIPPO 背后传奇而丰富的文化内涵。这种文化积淀让 ZIPPO 的使用者觉得，拥有 ZIPPO 是对文化的纪念，是个性与品位的象征。ZIPPO 已脱离了普通快速消费品的行列，而成为具有收藏价值的独特商品。

出于对收藏纪念品这一形象定位的考量，ZIPPO 实行统一售价，从不盲目打折，这使得每一件 ZIPPO 都有保值、升值的可能。而 ZIPPO 的每只打火机都有着不同的编号，底部的识别码向使用者展示：在这个世界上，我是唯一的。

在产品的物质功能越来越同质化的今天，要在目标顾客心里建立起品牌壁垒，依靠的不仅仅是产品的物质利益，更多的是产品情感利益的维系。ZIPPO 通过文化与情感诉求，成功地将自己从工具性的打火机这一普通的商品转变成彰显男人个性与品位的低调奢侈品，其作为纪念收藏品的形象已深入人心。

二、ZIPPO 的营销策略

（一）与众不同的营销通路

ZIPPO 的销售渠道十分特别，其销售通路由 ZIPPO 俱乐部、专卖店、专柜等组合而成。专卖店和专柜承担一般的销售工作，为用户购买的 ZIPPO 提供正品保证，向用户提供终身免费维修的周到服务，从而使 ZIPPO 的"终生保用"承诺落到实处。而 ZIPPO 俱乐部则是 ZIPPO 网络营销策略中的一项利器。

在全球的很多网站，都可以看见 ZIPPO 主题的俱乐部，这是 ZIPPO 玩家交流心得和藏品的门户。这些无处不在的网站，完成了 ZIPPO 和广大用户的情感维系，使得用户对 ZIPPO 的认可和痴迷空前绝后。也正是由于互联网的 ZIPPO 俱乐部，将 ZIPPO 的故事，ZIPPO 的玩法、收藏、甄别等知识倾囊相授，使用户对 ZIPPO 的品牌及品质认知得以提升。此外，ZIPPO 俱乐部还办理邮购等业务，令一些没有 ZIPPO 专柜和专卖店的边远地区消费者同样可以成为 ZIPPO 的用户，让 ZIPPO 物尽其用，市场最大化唾手可得。

（二）成功的故事化营销

自从第一个 ZIPPO 打火机诞生后，一个又一个经典故事就不断在 ZIPPO 的历史中上演：

1960 年，一位渔夫在美国奥尼达湖中捕到了一条重达 18 磅的大鱼。在清理内脏的时候，他发现一只闪闪发光的 ZIPPO 打火机赫然待在鱼的胃中。这只打火机看上去崭新如故，而且一打即燃，完好如初。

在越南战场上的一次攻击中，美军士兵安东尼在越军炮火的攻击下，左胸口受到枪击，子弹正中置于左胸口袋的 ZIPPO 打火机，机身一处被撞凹，却保住了安东尼的生命。"越战"后，尽管 ZIPPO 公司希望安东尼能将那只打火机送修，但他视它为自己的救命恩人，不仅慎重收藏，更希望永久保存它那受伤的机体。

1974 年 10 月 1 日，一名叫丹尼尔的飞行员驾机飞离旧金山机场后不久，发现飞机的引擎油门不顺，不得已只好进行紧急迫降。而他正是利用 ZIPPO 打火机的火焰发出求救信号，并以火焰引导海岸警备队的直升机迅速发现其迫降位置而安全获救的。

这些广为流传的故事，无疑是对 ZIPPO 品质最好的称颂，它们彰显了 ZIPPO 卓越的性能，传递着独特的品牌文化。无论是使用者的亲身经历也好，销售商杜撰的战争神话也罢，无可否认的是，ZIPPO 打火机以其独特的故事营销手段，将产品功能与一些消费者的经历联系起来，进而打造了一个具有魅力价值的品牌。这种独特的传播方式具有强烈的感染力，它能够抓住潜在消费者的兴趣，不断地保持与消费者的情感的转换。

（三）生活方式概念推销

ZIPPO 创造性地把销售的产品当做一种生活方式的概念推销。它把领带、西装、衬衫和雨衣搭配在一起陈列在特别布置的专柜销售。当时它用红木和白色装饰品把专柜布置得像一家绅士俱乐部。一旦走进代表 ZIPPO 生活方式的地方，消费者不单是购买衬衫，而是到处走走逛逛搭配成套购买。再加之其自身品质保证的"通路销售模式"，整个场景看起来就像上流社会富人的生活环境，此品牌也慢慢地变成地位、财富和特权的象征。这种购物环境刺激形形色色羡慕和崇拜这种生活方式的消费者，也带给本来属于贵族成员、社会名流和特权阶层一种归宿感和优越感，同时也吸引其他国家羡慕和向往美国上流社会生活的消费者。

而 ZIPPO 的广告诉求方式也配合了这种生活方式的概念，独具匠心，别具一格，能够带给消费者丰富的联想，激发他们美好的想象。在《花花公子》、*Harpers Bazaar* 等美国时尚杂志上长达 20 页的广告版面上，就像一组引人入胜的电影画面：在富丽堂皇的庄园内，暖暖的火苗在壁炉里燃烧，几位风度翩翩的绅士和美丽的女士都衣着合体优雅。生活的画面令人浮想联翩而又向往羡慕。

从第一只 ZIPPO 打火机诞生至今，已经过将近 80 年，在这将近一个世纪的时间里，ZIPPO 凭借其简单、实用的设计理念和独特的品牌个性，向人们展示了一个屹立不倒的品牌神话。ZIPPO 的成功，在于以品质铸造品牌，以品牌承载品质，并赋予自身拟人化的传奇色彩，成功对产品进行内涵的升华，打造了属于自己的独特个性。ZIPPO 品牌塑造的忠诚度超乎想象，那些无与伦比的品质和众多的传奇故事使得 ZIPPO 几乎成为打火机的代名词。ZIPPO 以品质和秉执塑造了一种只属于自己的、无法复制的产品文化。在 ZIPPO 的爱好者眼中，ZIPPO 不仅仅是打火机，更是一只有着动人故事的收藏品，一份独特个性的彰显，一件生活品位的象征。

55

问题：

1. 谈谈你对 ZIPPO 品牌个性的理解。
2. ZIPPO 是如何从一个工具性的打火机中发掘出收藏价值的？
3. 你如何看待 ZIPPO 的故事化营销？这对你有什么启示？

案例 7　芝华士文化：深入消费者的心

考生角色

一家洋酒公司拟进入中国市场，而你是这家洋酒公司中国办事处的品牌策划，请你分析市场上各类洋酒竞争对手的酒文化特点，然后策划几份对公司投放中国市场最有效的品牌宣传方案，在策划时注意强调突出本企业洋酒所特有的文化内涵，使之与其他洋酒区别开来，以便能够更深入消费者的心。

案例介绍

享誉世界的芝华士威士忌是最具声望的苏格兰高级威士忌。1801 年成立于苏格兰阿柏丁的芝华士公司，拥有 200 多年悠久历史，是全世界最早生产调和威士忌并将其推向市场的威士忌生产商，同时也是威士忌三重调和的创造者。创始人是詹姆斯·芝华士和约翰·芝华士兄弟。

该企业品牌在世界品牌实验室（World Brand Lab）编制的 2006 年度《世界品牌 500 强》排行榜中名列第四百二十七位。创始人詹姆斯·芝华士和约翰·芝华士兄弟开当时调配艺术风气之先，创造出芝华士这一代表了醇和、独特、出众的威士忌品牌。

出色的质量令芝华士兄弟公司及芝华士陈年调和威士忌系列产品（包括芝华士 12 年、18 年和 25 年）赢得了众多奖项。如在 2006 年国际葡萄酒与烈酒大赛中，芝华士兄弟公司连续三年问鼎"年度最佳酿酒商奖"；在 1997 年国际烈酒挑战赛，2005 年和 2006 年国际葡萄酒和烈酒大赛上，芝华士 18 年苏格兰威士忌共荣获了三项金奖；不久前，芝华士 25 年更被列入威士忌业界权威专著《威士忌圣经》（The Whisky Bible）的 2009 新版中，并被作者 Jim Murray 评为"年度最佳调和型苏格兰威士忌"。

独一无二的气候环境、清冽的泉水造就了别具风情的苏格兰威士忌。据国际法规定，只有在苏格兰境内蒸馏和醇化的才可称为苏格兰威士忌。苏格兰威士忌以三种天然原料酿制而成：麦芽或谷物；春天的泉水；酵母，根据用料不同分为麦芽威士忌、谷物威士忌和混合威士忌三种。

芝华士在市面上并不多见，尽管有着经典的广告平面和广告歌曲，但是广告力度并不大。和许多洋酒一样，芝华士并不是气势汹汹的，但却以其独有的文化和品味征服消费者。

尽管芝华士的成功源自其始终如一的卓越品质，但是在众多洋酒品牌中能独树一帜并最终深入消费者的心，并被男人们总结为："苏格兰有世界上最好的威士忌——芝华士"，关键在于芝华士独特的文化内涵。

资料来源：张金海、佘世红：《中外经典品牌案例评析》，华南理工大学出版社，2009 年版，第 41~45 页。

案例分析

一、芝华士（Chivas）的诞生

有人说，若把苏格兰的纯净、睿智、丰饶和别致融合在一起，就会诞生出如今被世界上无数人视作生命的、最让人沉醉的芝华士威士忌。威士忌和其所在环境一样，具有独特的个性。苏格兰的土地肥沃，非常适合作物的生长，所以芝华士苏格兰威士忌得以有优质的麦芽和谷物作为原料。而苏格兰甘甜的天然泉水纯净见底，芝华士威士忌以当地天然的泉水加工。清新的空气，适宜的气候，为芝华士威士忌的酿造提供了最好的环境；同样，苏格兰人一丝不苟的严谨精神，使芝华士的酿造规则已经成为法律。

在漫长的酝酿过程中，芝华士苏格兰威士忌使用优质橡木桶来提高酒质，使其更为纯粹。如此做法使酒与苏格兰独特的空气相融合，萃取环境的精华而更为醇香。每桶威士忌每年有 2%被蒸发，加上芝华士独创的三重调和，经年累月，各种不同的酒香互相融合，充盈在空气之中。如 Strathisla，苏格兰最古老的酒厂，18 世纪的厂房，绿树葱茏，威士忌的清香缭绕在酿酒厂古堡的上空经久不散，据说天使会在此处流连，而不愿返回天堂。这就是迷人的苏格兰，天使和芝华士的故乡。

很多人对芝华士的名字很好奇。其实芝华士的名字 Chivas 源自古苏格兰的 Schivas，慢慢演变成一个姓氏。

1801 年，詹姆斯·芝华士和约翰·芝华士兄弟俩在苏格兰东北海岸线上繁华的阿拉伯丁镇上开设了一间食品和酒水店铺，他们发现当时的纯麦芽威士忌尚不成熟，于是梦想能够酿造一种与众不同的威士忌，口感醇和、易于饮用，并且适合与朋友分享。他们尝试将几种最优质的陈年威士忌进行调和，从而得到了一种醇和丰润、风味独特的威士忌。

出于对威士忌事业的无比沉醉，芝华士兄弟遍访欧美大陆，成为最早发现威士忌酿制秘密的先驱：橡木桶的艺术——用来酝酿威士忌的橡木桶的品质对将来威士忌的口味有着巨大的影响；调和的艺术——将几种麦芽威士忌和谷物威士忌调和在一起便可以得到一种更美味、风格更独特的威士忌。种种发现使得芝华士兄弟成为 19 世纪调和威士忌的先行者。从那时起，芝华士兄弟生产的威士忌就一直得到世界范围的广泛认同。在此经营期间，兄弟俩因店铺供应的货物质优物美——这其中当然包括了苏格兰威士忌——而受到广泛的尊敬，1843 年获得了由维多利亚女皇颁发的系列皇家奖章中的第一枚。

1837 年，维多利亚女皇登基。作为大英帝国中心的她拥有崇高的地位和奢华的生活，而一颗年轻的心也渴望在非正式的社交活动中与朋友们一起尽情享受时光。1842年秋天，维多利亚女皇首次造访苏格兰，深深爱上了Perthshire的田野风光和东面的高地景色。这次访问的一位皇室主办人是詹姆斯·芝华士的顾客，因此向芝华士采购了大量皇室宴会所需的饮料和食品。芝华士兄弟提供的产品和服务深受皇室的赞许。1843年8月2日，詹姆斯·芝华士被永久委任为"皇家供应商"，这次皇室委任令芝华士兄弟名声大振，生意蒸蒸日上，与英国皇室建立了良好而巩固的关系。

1890年，享誉全球的芝华士12年威士忌诞生。芝华士12年苏格兰威士忌是由谷物、水和酵母三种天然原料精心酿制，最少经历12年醇化调配而成的，是不可多得的苏格兰威士忌精品。它独具丰盈口感，略带烟熏气味和大麦的香甜，醇和香气悠然绵长，被誉为调和型威士忌的先锋。于是，芝华士作为经典苏格兰威士忌的代名词，声名远扬。

1923年，荣誉再次降临，芝华士兄弟获得皇室特许状，成为国王乔治五世的苏格兰威士忌供应商。这一褒奖，又一次证明了芝华士顶级佳酿的显赫地位。

为庆祝英女皇伊丽莎白登基，芝华士兄弟精心酿造极品苏格兰威士忌——ROYAL SALUTE皇家礼炮21年，以示尊崇。这一为皇室献礼而制的极品系列，立即受到广泛而热烈的赞赏。

苏格兰威士忌被当地人视为天赐的珍宝，其酿造生产受到了英国政府及苏格兰威士忌协会的严格监管。同时，英国和欧盟的法律也对苏格兰威士忌的酿造、陈年、标签说明有着严格的规定。芝华士出品的每一种顶级威士忌都保持着一贯的完美品质。究其原因，从酿造的第一步开始，它们已经具备了最好的质地。例如芝华士皇家礼炮，苏格兰境内公认出产最好的麦芽威士忌的史班塞地区正是其灵魂源泉，独一无二的气候环境，清冽的泉水和多样的地形，更兼有芝华士完美的酿造工艺和调和技术，终于造就了闻名遐迩的皇家礼炮威士忌。

二、芝华士的品牌文化

对年轻人来说，喝洋酒是一种时尚的追求；对成功人士来说，喝洋酒是一种身份的象征。为什么洋酒的营销能达到这种效果？关键在于，洋酒在对文化、品位、时尚的思考和追求方面有其独特的一套，芝华士就是充分发挥品牌文化功效的成功者中的佼佼者。

创始人詹姆斯·芝华士第一个意识到了品牌对于威士忌具有的重要性，他坚持认为保持品牌口味的一贯性是品牌的魅力所在，并开始创造有一贯质量保证的调和型威士忌。就这样，其品牌"芝华士"诞生于 19 世纪 90 年代。

（一）芝华士的品牌命名和广告歌

品牌和产品的命名不仅仅是一个称呼，作为一种外在符号，它实际上是企业品牌策略在消费者脑海中形成的一个缩影。Chivas 是芝华士在全球通用的品牌名，所追求的是美酒相伴的人生，力求塑造优雅、友善、积极和开朗的品牌个性。它吸引的主要是城市的中坚分子和精英阶层。

芝华士进入中国市场后，对其中文命名——"芝（zhī）华（huá）士（shì）"是经过精心打造的。"芝"（zhī）是古书上一种香草的名字，用来形容德行的高尚以及友情的美好；"华"（huá）不但是中国的代称，同时还可以用来指代精英；"士"（shì）作为古代统治阶级中次于卿大夫的一个阶层，在今天是对人的一种美称。"芝（zhī）华（huá）士（shì）"3 个字不仅在发音上贴近原名，它更作为一种品牌符号，在潜移默化中把产品品牌和特定的消费阶层联系在了一起。

"芝华士"的广告歌：

"We could be together, Every day together. We could sit forever, As loving waves spill over."

悠扬的乐曲，美妙的冰雪世界，与三五好友悠闲垂钓——简简单单一段旋律，立刻在观众脑海中勾勒出一幅优质生活画面。这首为芝华士所作、名为 *when you know* 的广告曲非常受欢迎，威士忌与音乐的结合紧紧抓住了消费者的心。一首广告歌，让消费者趋之若鹜，不能不说是一种成功。

（二）用文化打造品牌信仰

品牌文化是指通过赋予品牌深刻而丰富的文化内涵，建立鲜明的品牌定位，并充分利用各种强有效的内外部传播途径形成消费者对品牌在精神上的高度认同，创造品牌信仰，最终形成强烈的品牌忠诚。拥有品牌忠诚就可以赢得顾客忠诚，赢得稳定的市场，大大增强企业的竞争能力，为品牌战略的成功实施提供强有力的保障。它是品牌在经营中逐步形成的文化积淀，代表着企业和消费者的利益认知、情感归属，是品牌与传统文化以及企业个性形象的总和。

芝华士的品牌文化主要有以下三个层次：

1. 威士忌文化

威士忌生产于 17 世纪英国的苏格兰。威士忌一词最早源于爱尔兰的 Uisge Beatha，解释为生命之水。威士忌（Wishkey）是一种由大麦等谷物酿制，在橡木桶中陈酿多年后，调配成 43°左右的烈性蒸馏酒。英国人称之为"生命之水"。古苏格兰部落时期，生活很粗陋，威士忌酒也较粗劣，是一种烈酒，人们往往一饮而尽。在恶劣的环境下，各个家庭的人们联合了起来，部落形成了。私利消失，取而代之的是一种共有感。对早期的部落而言，威士忌就象征着生命。每个晚上，部落的人们都会举着威士忌对着夜天祝酒，祈祷次日能继续生存。"生命！"——他们这样喊道，而威士忌则在他们体内燃烧，仿佛为他们不息的生命而庆祝。

2. 苏格兰文化

芝华士的电视广告非常的优美，让人赏心悦目。悠扬清新的苏格兰风笛，静谧清纯的尼斯湖，远离尘嚣的苏格兰高地。所有这些无不让人觉得纯净清新，心驰神往。这是芝华士的生活，同时也是苏格兰文化；是苏格兰文化也是芝华士的文化。在我们的眼里，芝华士和苏格兰文化已经融为一体了。

3. 神秘的皇家文化

在芝华士品牌发展史中，曾经好几次与皇家联系在一起。无论是维多利亚女皇，还是伊丽莎白女皇似乎都与芝华士存在一定的关系。芝华士在其品牌传播中也不断地宣扬其所享受到的皇家礼遇，这种神秘皇家文化附着在芝华士品牌上，无形之中提升了芝华士的身份和品味，让我们对芝华士品牌更是爱护有加，甚至顶礼膜拜。

可以说，芝华士公司是善于营造文化的高手。无论是品牌历史铸就了品牌文化，还是品牌传播让我们感受到其独特的品牌文化。总之，芝华士所传递的威士忌文化、苏格兰文化和神秘的皇家文化丰富了芝华士品牌文化的内涵，并且深入了消费者的心灵，促使消费者因为这种文化对芝华士产生好感的品牌关系。

三、倡导芝华士人生

"We could be together, Every day together, the moon has fully risen and shines above the sea. As you glide in my vision, the time is standing still…" 无瑕的冰山，纯净幽远的天空，远游的旅者们气定神闲地手握钓竿享受别样人生，阿拉斯加雪钓世界里不能缺少的是杯陪伴美好时光的芝华士（Chivas）威士忌。

一则好的广告，从不单纯地展现产品本身，更多的是一种理念的渗透，文化的宣扬。广告里的音乐也是广告中不可或缺的角色。它通常取自一首整曲的精华，不动声色中为广告推波助澜，营造气氛。芝华士的这则广告"阿拉斯加冰钓"，音乐中舒缓的大提琴节奏，歌手慵懒柔和的嗓音，加之冰天雪地里冰钓者的悠然自得，准确地宣扬了芝华士的品牌定位。这是芝华士2005年非常成功的一则广告。在这则广告里，已将传统的广告词如"多年收藏"、"家族传统"、"苏格兰风格"等词汇抛开，取而代之的是"享受人生，享受芝华士人生"。这种更换实际上是在向消费者宣扬一种生活态度、生活方式——芝华士人生。

芝华士人生到底是什么样的人生呢？我们引用芝华士广告代理商上海广告有限公司李岱艾的 Stacey Wang 的话来对芝华士人生进行概括："芝华士人生有两个关键词，即分享（sharing）和体验（experience），到阿拉斯加去钓鱼、到灯塔野餐、在中国体验全球顶尖音乐的现场表演……这些出乎意料的体验对我们消费者们而言就是'奢侈'。不论这些体验是否可能在现实中成行，我们都希望传达这样的生活态度——和朋友一起经历不同寻常的休闲时光。"

把芝华士人生称作一种新的奢侈感，隐藏过去传统奢侈品品牌宫廷、高贵等固定的联想，而在这之上建立起一层自己的生活方式（life style），并把这种生活方式演绎成符合高端消费者的新奢侈。这就是宣扬芝华士人生的终极目标。

四、芝华士在中国

近几年，威士忌成为中国进口洋酒中最主要的品类之一。其中，来自遥远苏格兰高地的芝华士高级威士忌，更是在短短数年时间内，迅速上升为中国市场领先的威士忌品牌，独占市场鳌头。是什么令这一苏格兰瑰宝在拥有悠久酒文化的中国如此成功？

芝华士在中国市场上销售的有芝华士 12 年和 18 年两种，其主要销售渠道是酒吧和商场超市，而酒吧相对更为重要。芝华士把主要战场锁定在夜市上，目标消费群定位于追求时尚品位生活的 25~34 岁的年轻人群。芝华士很重视对年轻、时尚的新一代受众的培育，芝华士兄弟公司亚太地区副总裁彼得·普林特说："在宣传上我们更注重表现动感和活力的一面，经常配合音乐秀、时尚秀来推广产品。为了让年轻人尝试我们的烈酒，我们还建议他们在酒中加入冰块、果汁等进行调味，以适合年轻人多变的口味，配合他们勇于创新的精神。"在目标消费者心里，芝华士不是一种酒，而是象征着一种生活方式，一种价值观念。

2008 年 10 月，芝华士将已经淡出人们视线的"骑士风范"重新诠释，在中国启动了新一轮全球广告活动"活出骑士风范"。正如保乐力加中国董事副总经理朱礼安先生所说："其实每个人心中都住着一个骑士，但也许是忘了，也许是太忙，我们把它藏了起来。而保乐力加，就是想通过芝华士品牌，释放每个人心中的那位骑士。"此次，芝华士重新将"骑士风范"带入 21 世纪，并诠释了现代人应具有的荣耀、勇气、手足情义、绅士风度四大价值观，旨在激励人们以现代骑士的精神把握生活，重视荣耀，珍视友情，体验忠诚和勇气。此番推出的"活出骑士风范"广告片对于现代"骑士风范"的精彩演绎，赢得了包括中国在内的世界各国人士的赞誉，印证了在这个时代，价值观与美德回归再度成为人们的理想。此外，"活出骑士风范"活动还与知名门户网站合作开展了一系列互动活动，并通过网络论坛讨论、"骑士风范"主题派对和KTV主题夜活动的开展，进一步阐述了"骑士风范"理念。

为了让消费者能够更真切地感受到骑士风范，芝华士还特别打造了原创音乐剧《骑士星光》，通过故事与音乐完美融合的方式，为人们奉上了一个关于现代骑士的传说，并近距离地感受到了"骑士精神"所具有的深刻内涵。该音乐剧先后在上海、北京、武汉、成都、广州、福州六大城市进行了巡演，每场都吸引了近2000名观众到场。

附：芝华士广告诠释

芝华士：来自苏格兰的"骑士风范"

茫茫人海中，每个人都为了自己而四处奔波，难道，这就是我们唯一的前进方向吗？

不！

让我们为荣耀干杯！

为绅士风度得以长久流传，为心怀他人并乐于伸出援手，为恪守承诺干杯！为我们中的勇士，为真正懂得何为人生财富，为共同拥有这种行为方式在世俗中脱颖而出干杯！

为我们干杯！

芝华士，活出骑士风范。

直到最后一句，人们才知道，那沉稳、果敢的声音传递过来的温暖和理想，以及清新自然的画面，是一个广告。

但，一颗心已经被深深地感染了，并记住了一个名字——芝华士（Chivas）。

竞争，忙碌，疲惫，惆怅，怀想……如今，人们每一天都是步履匆匆，疲惫不堪，当江湖远去，英雄退隐，夜幕降临之际，多么仰慕那一情景：风雨交加之夜，一个骑士来到酒铺，他的眼睛深邃，面孔苍凉，站在暗淡的灯火下，豪饮一杯，放下酒钱，之后推门而出，迎着风雨，策马而去。

一杯酒，唤起久远的缅想。

一杯芝华士，饮不尽历史沧桑。

奔波，荣耀，绅士，承诺，勇士，财富……这正是时下中国人渴望从"世俗中脱颖的生活行为"。它给人带来慰藉，带来希望，带来心灵的宁静和瞻望。

如果饮一杯酒，让人品味出生活的乐趣，拥有了前进的勇气，激荡着一股骑士风范，为什么不选择芝华士？

问题：

1. 你如何看待芝华士文化在其品牌传播中的作用？
2. 如何理解饮芝华士威士忌象征着一种生活方式或价值观念？

案例8　水井坊："雅文化"的演绎

考生角色

某酒厂即将推出新品牌酒，假设你是这家公司的品牌主管，请你分析市场上你的各个竞争对手（包括充满异域风情和生活情调的洋酒以及具有本土风情的国内品牌酒）如何做酒文化工夫，然后策划出一个最适合本厂酒品牌文化风格的推广方案，要求将该酒品牌文化中的物质、精神、行为部分的独特性展示出来，以使之能在同行中鹤立鸡群。

案例介绍

图1-4　水井坊外包装

水井坊，作为"中国白酒第一坊"，始于元朝，为历史上最古老的白酒作坊。

水井坊位于成都老东门大桥外，是一座元、明、清三代川酒老烧坊的遗址。2000 年被国家文物局评为 1999 年度全国十大考古发现之一，2001 年 6 月 25 日由国务院公布为全国重点文物保护单位。后又获得上海大世界吉尼斯总部颁发的大世界吉尼斯之最——最古老的酿酒作坊证书。其主要意义在于，水井坊遗址的发掘极大地丰富了中国传统酒文化研究的内容，填补了中国古代酒坊遗址、酿酒工艺等方面的考古空白。

经国内学者考证，水井坊不仅是中国现存最古老的酿酒作坊，而且是中国浓香型白酒酿造工艺的源头，是我国古代酿酒和酒肆的唯一实例，堪称中国白酒第一坊，她集中体现了川酒醇香隽永的特色，也代表了中国白酒酿造的最高水平。

现代科技表明，窖池是有生命力的，在它的窖泥中生活着数以万计的微生物，窖池越老，酿酒微生物家族也就越庞大，所酿之酒也就越陈越香。水井坊窖池历元、明、清三代，经无数酿酒师精心培育，代代相传，前后延续使用六百余年，纳天地之灵气，聚日月之精华，由此孕育出独有的生物菌群，赋予水井坊独一无二的极品香型。水井坊酒陈香飘逸、甘润幽雅的品质，为白酒专家们推崇备至，受到众多深谙品酒之道人士的青睐。水井坊丰富的文化内涵，完整的堆积层面，完备的酿酒工艺设施，以及酒窖中古老神秘的生物群，使水井坊显得弥足珍贵，点点滴滴皆为天地灵气与人类智慧的结晶，散发出香醇的酒香。

水井坊于 2000 年 8 月在广州上市，迅速发展成为一个全国家喻户晓的知名品牌。水井坊的成功使之成为中国高档白酒的一面旗帜，激活了沉寂已久的中国高档白酒市场，成就了一个品牌复兴一个行业的神话。水井坊不仅在国内受到关注，在世界也受到瞩目，水井坊还被中国营销蓝皮书评为 2001 年中国十大成功营销案例。

水井坊的成功在于充分运用了其文化之势，寻找到了独特的文化归属——"雅文化"。作为中国传统文化的典型代表，水井坊镌刻的是中国白酒酿造的整个发展历程，蕴涵的是典雅文化与高雅品位。"雅文化"成为水井坊独特的品牌文化，让水井坊酒与其他白酒品牌相区别开来。

资料来源：《文化名人与优雅酒香》，载于四川在线－华西都市报（成都），http://news.163.com/10/0204/06/5ULKJOI5000120GR.html，2010 年 2 月 4 日。

《感悟中国白酒文化——水井坊成功之道》，载于企业文化管理网，http://www.21manager.com/html/2006/11-30/094908859.html，2006 年 11 月 30 日。

《"水井坊"的中秋广告创意》，载于中国温州人网，http://www.cwzr.com/Start/NEWD43629.aspx，2008 年 12 月 2 日。

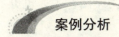

案例分析

一、水井坊的品牌文化——"雅文化"

酒的消费从本质上讲是文化的输出。综观世界酒类市场，酒的竞争最终还是文化的竞争，一种酒所代表的文化影响力大小很大程度上决定着市场版图的大小。中国白酒拥有几千年的历史，白酒文明也是中华文明的重要组成部分。随着中国经济及综合国力的发展，以中国传统文化发展为主的"软实力"对世界影响也日益剧增，中国白酒要走向世界，扩大在国际市场的影响，其背后的中国传统文化在国际上的影响将起着重要的推动作用。因此，在酒类产品的文化营销过程中，要抓住酒这一特殊的文化载体，为其注入文化的基因，进而表现出个性化的文化精神。

水井坊的"雅文化"来源于古雅：历史的长度决定文化的厚度。水井坊600余年不间断生产，"全国重点文物保护单位"、"全国十大考古新发现"等都为水井坊"雅文化"奠定了坚固的基石。

水井坊品质的高度决定了"雅文化"的高度，只有高品质的酒才有资格谈高雅文化。水井坊获选上海大世界基尼斯纪录"最古老的酿酒作坊"、产地获"原产地域产品保护"，国际化品质为"雅文化"注入新的内涵；限量生产，元、明、清古窖群，"水井坊一号菌"等成为水井坊品质的保证，也是水井坊"雅文化"的信誉保障。

酒一向被称为是社会文明的标志，酒与历代文化名人早已结下不解之缘，古代文人墨客饮酒题诗作赋，留下不少千古绝唱。就在这片坐落着有"中国白酒第一坊"之称的水井坊商业繁华地带，自600多年前就开始演绎优雅酒道，为历代文人供应着高尚生活元素。而今在水井坊遗址出土的大量各代饮酒器，不仅从一个侧面印证了水井坊"前店后坊"的经营格局和经营规模，也再现了历史上繁华成都在酒道方面的雅韵。特别是原址出土的牛眼杯，将当时繁荣的成都、先进的蒸馏技术和高尚的文人雅士圈子一一再现，道出了蜀都特有的酒风酒韵，用醇香的美酒为历朝历代文人雅士浇灌着生生不息的高尚人生。

水井坊的市场人员通过分析大量调研材料后将水井坊酒定位于高档白酒的消费群体，这些群体具备大部分相同的消费特征：中年男子、收入丰厚、社会地位较高、有炫耀心理。而且，水井坊的消费者还有一个细微的差别是：大多比较儒雅，有内涵，注重仪态。简而言之，水井坊的消费者"更有文化，更像高级知识分子"，从市场定位上显示出"雅"。

600年源远流长，600年品质缔造，水井坊作为中国酒文化的继承者与发扬者，率先从博大精深的酒文化中提炼出酒道，将品酒升华为一门艺术，也毋庸置疑地显示了水井坊的卓越品质和文化魅力。

水井坊的文化内涵是多层次的，传达方式是多角度的：大到酿酒工艺、制酒古窖，小到包装设计，酒杯赠送。一整套的文化逻辑相辅相成，对文化传承的演绎可谓尽善尽美。

水井坊与其他白酒品牌最大的区别不是在于其考古发现了多少年前的酒窖，而在于精确地演绎文化。把历史融进包装设计，把历史演绎成品牌内涵——表现在视觉上、感觉上、品位上，打破了白酒长期形成的"规则"。她融时尚与传统、技术与艺术、文化与商业于一体，形成自己独特的品牌文化，被国家权威部门授予"中国白酒第一坊"的称号，首批"原产地域产品保护"等。

水井坊不仅拥有打造独特品牌文化的理念，更是将其渗透到整体生产和营销过程当中。从产品的品质磨砺、包装设计到通路设计、媒体的推广策略，水井坊都力求做到参与化、个性化、人本化，从而体现水井坊作为"中国白酒第一坊"的独特气质与成功形象。

通过对水井坊"中国白酒第一坊"的精确品牌定位，不遗余力地整合塑造和对品牌文化的精耕细作，一步步建立起"水井坊"的品牌大厦，丰满了"水井坊"高雅文化的强势品牌象征。

二、"雅文化"的核心

白酒是文化的产品，高档酒更是文化的品位，水井坊在文化诉求方面具备天时、地利、人和的优势。正如水井坊品牌宣传语所言："穿越历史，见证文明——水井坊，真正的酒"，其包括三个内容：

（一）川酒文化

四川自古就是中国的酒都，名酒层出不穷，历史的积累形成了川酒霸气的文化内涵。水井坊坐落于酒都的中心地带成都，无疑先天就具备了这种优势的霸气文化。霸气文化的形成和扩张，是气贯长虹的霸气根本。川酒文化的扩张不仅仅依靠个体，还必须以一个地域的、整体的文化形象出现。综观川酒，四川的天时、地利、人和是其他各省无法比拟的。

建国初期就有"川酒"的说法，这可以被看做全国消费者对川酒文化的最质朴的认同。而到了"统治白酒消费的是文化"的今天，对文化的经营就显得尤为重要，也就是要赋予白酒产品本身一种更加人性化的东西，用特定的文化氛围使特定的消费人群产生共鸣，促进消费行为。如果将川酒整体文化形象提炼成为这六个字，在消费群体中产生"川酒——天时、地利、人和"的印象，在此基础上宣传各种酒独特的文化象征更具有说服力。

（二）窖址文化

"中国最古老的酒坊"、"中国浓香型白酒的一部无字史书"、"中国白酒行业的'秦始皇兵马俑'"、"中国白酒第一坊"。由于它填补了我国酒坊遗址专题考古的空白，被国家文物局授予"1999年中国十大考古新发现"。

四川省是享誉中外的酒业大省，五粮液、剑南春、泸州老窖、全兴、郎酒、沱牌六大知名品牌一向被称为四川省酒类的"六朵金花"，其中目前有三朵金花亮出了自己的古老的酒坊遗（窖）址，它们分别是泸州老窖窖址、全兴的水井街酒坊遗址和剑南春"天益老号"酒坊遗址。目前除剑南春的"天益老号"酒坊遗址刚刚登上2004年全国十大考古新发现宝座外，泸州老窖窖池窖址已于1996年被国务院批准为全国重点文物保护单位，全兴水井坊遗址名列1999年中国十大考古发现之列，2001年也被批准为全国重点文物保护单位。

三处酒坊遗址除泸州老窖窖池在431年的时间里，完全保存无损，不间断延续使用至今外，另两处都是文物勘探和发掘出来的。从发掘的情况看，它们几乎都是"前店后坊"式酒坊遗址，并较为完整地再现了一套具备完整生产要素的古法酿酒工艺流程，包括酒窖、粮仓、蒸馏设施、炉灶、瓷质酒具，以及墙基、路基、房屋等和作坊有关的建筑遗迹，惊人的齐全。

（三）原产地域文化

"水井坊"是中国白酒第一坊，是中国第一个浓香型白酒原产地域保护产品。具有独特的、不可替代的品质和文化。并且通过浓香和窖香差异化宣传，使之成功避开茅台的原产地域文化的影响。

2000年6月，国家质量监督检验检疫总局及其原产地域产品保护办公室经过初步审查后，确认水井街水井坊酒完全具备利用产自特定地域的原材料，按照传统工艺在特定地域内所生产的，质量、特色或者声誉在本质上取决于其原产地域地理特征，并于2001年5月17日以2001年第6号公告了水井坊酒原产地域保护申请。2001年12月11日，国家质量监督检验检疫总局公布了国家原产地域保护产品——水井街水井坊酒，这是中国第一个受此保护的浓香型白酒类产品，确立了水井坊酒在国内外获得了原产地域保护的权利。

通过以上三个文化核心点的聚焦诉求，使水井坊在整个中国白酒行业中确立了自己的观念性第一地位，为其高价销售和"风、雅、颂"品牌文化传输打下良好的理念基础。

三、"雅文化"的转换

（一）包装中融入"雅文化"

对消费者来说，白酒的历史文化本身没有太多的实际价值，只有把历史文化有效转换和延伸成与消费者需求心理产生共鸣的精神和情感，从而实现品牌活化的品牌文化才是有价值的。因此，水井坊在包装上非常讲究"雅文化"的融入。

水井坊酒的包装以浓郁传统的东方文化内涵和简约洗练的现代设计手法，成为酒业拥有包装专利最多的产品包装之一。包装设计师从水井坊包含的深厚的中国传统文化及其流露出来的东方神韵得到灵感，为水井坊设计出具有现代艺术品位、高贵典雅的包装。包装中的瓶形设计简洁，承载传统文化、历史性而又不失个性。内凸的六面表现古井台，好水酿好酒，这即是佳酿的标志，井台上六幅历史文化景点图则再现酒坊历史渊源。精致的木台基座是从古代帝王登基台上得到的启发，展现出中国的高贵与威严。纸盒设计简洁明快，用纸颜色古朴典雅，给人以悠远回味的视觉享受。所有这些包装设计体现了浓郁的民族传统文化，融酒文化与美的享受于一体；并采用内烧花工艺白酒酒瓶，将单纯的白酒产品进行了艺术化升华。这一设计一举获得了国际大奖"莫比乌斯"包装广告奖。为水井坊的价值含量又增加了一个很重要的感性筹码。从这个意义上说水井坊的产品本身已经不是一瓶高档白酒，而是一件值得收藏的艺术品，可见水井坊的超高档的品牌形象和价值在没有打开瓶的那一刻已经彰显十足。

所谓观其表而知其里，很多人对水井坊酒"一见钟情"正是由于它雅致的、创新的包装在传承了中国传统文化精华的同时，又巧妙地融入了时尚先进的设计理念，带给消费者愉悦感。水井坊酒的包装在素有广告界"奥斯卡"之称的国际莫比设计大赛中，从世界3000多件优秀作品里脱颖而出，一举夺得金奖和最高成就奖，这是中国企业第一次享有此项荣誉。

除了将视觉美感融入外包装设计中，还将防伪和礼品个性文化的设计也融入包装中：15项包装内容，融入了防伪之精华，也融入了15项水井坊的个性文化；礼品的价值是使产品增值，使产品添翼，水井坊每件礼品的开发都融入了其酒文化的内涵。如水井坊菜谱扇、水井坊品鉴酒具、水井坊火柴等产品礼品的开发，都兼具了历史的文化和现代的时尚特色。

（二）狮子文化渲染

卢沟桥上的狮子、故宫前的狮子、水井坊旁的石狮……都在诉说着光阴的故事、历史的荣耀、文化的辉煌。从水井坊旧址中诞生的水井坊酒，从它们身边走来，沉睡的石狮刹那间仿佛被唤醒了，这是历史被唤醒了，传统被唤醒了，文化被唤醒了。石狮被唤醒，变成威风凛凛的雄狮迎面奔腾而来，雄狮展现着磅礴的气势、展示着强大的活力、张扬着王者的风度。巨大的震撼力与差异性，使观众耳目一新。

狮子在中国民间被视为祥瑞的象征，同时也寓意王者和成功、豪情与王者风范。而石狮代表的则是历史、传统与尊贵。水井坊外包装上的三枚金属狮头开合钮，是巧妙借鉴了古建筑中的登叩作出的创意。石狮象征着水井坊厚重的传统、文化与历史；雄狮象征成功、尊贵与时尚。水井坊让石狮与雄狮对话，传统与时尚对话，文明与文化对话。这就是水井坊第一条广告片《醒狮篇》。既寓意了水井坊让中国白酒过去的历史文化重焕新颜，也抒发了现在的成功人士心中的豪情。以石狮与雄狮的结合，传达了"承接历史与现代，沟通传统与时尚"这样一个品牌内涵。在水井坊的许多宣传品上，都不同程度地运用了狮子的形象。从早期平面广告中的王者之狮，到最近气度不凡的水井坊先生，狮子的形象随水井坊一起得到了深化和演绎。

（三）高价位提升品牌文化的档次

自 2000 年上市伊始，水井坊就一直奉行"创新"思想，以"差异化"的营销方式经营着品牌，石破天惊般提出"中国白酒第一坊"的品牌定位和近500 多元的超高档单品售价，打破了由"茅五剑"建立起的传统高档白酒格局，牢牢占据"最贵的白酒"的高端地位；高举"文物、文化、文明"的大旗，用"透过酒看世界"的方式，以渊源、历史为先导打造出中国白酒行业中最具吸引力的品牌文化，堪称"文化酒中的文化酒"……

长期以来，国内高端白酒市场被茅台、五粮液两个品牌所垄断，其他白酒无论在价格上还是在市场规模上都难望其项背。水井坊上市之初就看到超高端白酒市场的空白，在定价上比茅台、五粮液等高档白酒高出 30%~50%。在很多人仍对中国市场能否消费得起如此昂贵的白酒产品深表怀疑时，水井坊系列的市场表现迅速令业内人士刮目相看。可以说，水井坊开辟了中国超高档白酒市场。

酒是物质的，更是精神的，如果仅仅从物质层面考虑它的绝对值，撇开精神价值探讨白酒是不合适的，尤其是对高档白酒更是如此。消费者饮用高档白酒，一方面是满足物质层面的需要，属于物质享受，而更多的是满足精神层面的需要，是精神的享受，所以酒的价格一部分取决于其品质的绝对值，一部分取决于其品牌的附加值。

水井坊之所以能成为中国高档白酒的典范，从众多高档白酒中独树一帜，不仅仅因为它卓越的、无与伦比的"色、香、味、格"，更主要是因为水井坊酒所蕴涵的典雅文化与高雅品位以及借助此品牌为消费者提供的各项高附加值的服务。水井坊酒的高价格，既源自它的高品质，也源自它的高品位和带给消费者至醇至美的享受。对于水井坊的消费者而言，水井坊酒不仅喝到胃里，更喝到心里。可以说，水井坊用高价格去体现其卓越的品质，彰显消费者高贵的身份。

四、"雅文化"的广告公关活动

（一）水井坊从产品本身到平面广告、中秋 VIP 贺卡插卡等内容、风格都无不散发着"雅"的气质和特性

比如，"水井坊"中秋 VIP 贺卡借一张精美的 VIP 贵宾节日贺卡，表达出对消费者衷心的谢意和"共行风雅"的邀请（见后文实例介绍）；"水井坊"插卡在与消费者每一处最直接的接触和终端陈列中，都极力地展现着水井坊带来的中秋的"高雅"。

（二）声势浩大、个性独特的产品上市新闻发布会

2000 年 9 日下午，水井坊在广州五星级酒店——花园酒店举办产品上市新闻发布会。这次新闻发布会堪称四川企业迄今为止规格最高、声势最大的一次新产品异地上市推介活动，广邀川、穗两地有关领导及国内历史、考古、白酒界专家参加。其非凡手笔，引起包括亚视在内的众海内外媒体强势关注。2001 年 8 月 12 日，"穿越历史 传承文明——国宝水井坊登陆申城招待酒会"在上海国际会议中心隆重举行。上海市领导、四川省副省长王恒丰、成都市副市长吴国平等千余名水井坊嘉宾，共同感受了中国源远流长的酒文化。2001 年 8 月 19 日，在人民大会堂国宴厅举办的"穿越历史 传承文明——国宝水井坊璀璨登场大型庆祝酒会"上，四川省、成都市政府领导专程前来，并得到国家、北京市各部、委、局和有关部门的大力支持，与会领导和嘉宾达 1000 余人，充分展示了水井坊公司的企业形象。

（三）建立四川水井坊足球队

2000 年，当人们熟悉的全兴足球队再次走进绿茵场时，来源华夏酒报比赛服上赫然印着"水井坊"三个字。很多人不禁要问："水井坊"为何物？且看看 2000 年 3 月 9 日的《四川青年报》关于水井坊的报道："从今天起，'四川全兴队'在走完了其近 7 年的历史后，将从球迷们的视觉中彻底消失，一支名不见经传的'四川水井坊队'将取而代之驰骋在甲 A 赛场。这也是昨日从全兴俱乐部传出的爆炸性新闻……'水井坊'听其名类似酒类，在此时如此神秘地买下川足冠名权，看来是有意在糖酒会期间兴风作浪一番。'水井坊'究竟是何方神圣，到时定会真相大白。"可见，当时水井坊的神秘亮相，吸引了绝大部分人的眼球，人们期待着谜团的揭开。"水井坊"在未上市之前就已经取得了巨大的成功。此外，打米卢牌、《21 世纪经济报道》成都酒会、水井坊杯中国大城市业余网球团体赛等，每一个都是大手笔，都是高品位，真正把水井坊从单纯的白酒升华到一件有生命力的艺术品。虽然堆砌文化诉求没有多大的帮助，但是最大限度地提高了其知名度和消费者对其企业实力的信任度。

此外，水井坊还是首家提出健康饮酒理念的国内白酒厂家，"酒能怡神，消愁遣性。少喝有益，多饮伤身"。卖酒，不劝酒，在提升一种情感关怀的同时，也在很大程度上提升了其品牌的美誉度和忠诚度。这也在无形中提升了水井坊的企业公民形象，得到消费者的认可。

五、实例介绍水井坊酒文化的"雅"：水井坊的中秋广告——"中秋颂 月上风雅"

（一）过高雅的中秋佳节

成功保持水井坊的"高雅"的差异化定位是极具挑战性的。因为日复一日的日常生活多是平凡庸常的，在世俗文化被推向高峰的中国传统节日中更是如此。春节、端午、中秋等传统民俗节日一直是白酒行业最为重要的消费旺季，是每一个白酒品牌都不会放过的扩大销售和强化宣传的有利机会，同时也是世俗文化最为张扬盛行的时候。如何在这些节日中差异化地表达水井坊品牌文化的不同，尤其是其中的高雅特质呢？

水井坊独有的节日推广之路——在世俗文化气息浓厚的传统节日中利用文化的不同层次和不同内容，有针对性地去展现、演绎水井坊的"高雅"，给消费者一个不一样的中秋。众多白酒品牌利用中秋进行促销推广多以"团圆"作为宣传的主题，以尽量迎合大众消费者"合家团圆、祈福平安"的心理归属。例如，金六福就直接将"中秋团圆"作为其中秋促销活动的主题，借世界各地月亮的阴晴圆缺的对比，用酒去传达"中华团圆"之意，以此实现金六福作为"中国人的福酒"的品牌文化在中秋佳节的展现。

在如此高度同质化的以"团圆"为主要诉求的中秋促销活动中，水井坊为中秋寻找到不一样的文化表达——高雅的中秋佳节，水井坊代表的是小众的、高尚的贵族格调。中秋赏月是大家都要做的一件事吧，但不同的人有不同的赏法。对于文人雅士、达官贵人们来说，中秋已不再仅仅是团圆，更是借酒抒怀、彰显高洁的良机。"一片冰心在玉壶"，且用"水井坊"来接住吧，接住中秋之夜的冰莹月色，接住值此佳节的优雅情怀。这就是中秋文化中的另一面，是一种借月、借酒而寄情的精神层次的展现，是中秋文化中有别于传统民俗节日世俗性的"风雅"表达和性格。而这也正是水井坊的中秋广告运动所要带给消费者的不一样的中秋，它不再是仅仅有团圆祈福习俗的中秋，更是充满着情感抒发、精神寄怀的"高雅"的中秋。

（二）水井坊之"月上风雅"

水井坊作为中国酒文化塑造最出色的品牌之一，无论是其古朴典雅的外包装、浑然天成的圆润酒瓶、醇厚淡雅的芳香酒品，还是源自"风、雅、颂"系列的品牌形象，水井坊从产品本身到平面广告的内容、风格都无不散发着"雅"的气质和特性。于是，水井坊的雅文化和中秋的"高雅"自然而然地结合在了一起，在水井坊的中秋广告运动中展现出一个不一样的中秋。

水井坊的高雅中秋是这样的：带着淡淡的暗青色的皎月，现于两座重彩的山峦之间，那种仿佛在眼前，又像在天边的感觉油然而生；不同于水井坊以往暗红色基调的青色山峦和山峦间淡白的流云，让人感到那说不出的风雅、高洁，心中的思绪喷涌而出。而"月上风雅"的主题呈现于画中，以一字"上"将中秋的月与水井坊的"雅"巧妙地结合在一起，中秋之雅了然于题，此中风韵与思绪已不能用只言片语来形容，真的是"只可意会而不可言传"。

"月圆之际，仲秋和风，雅兴顿起。美酒细酌，醉花醉月，情难自已。叹水井坊：六百年陈香不绝，醉了前人醉今人！"对照"月上风雅"的主题，学古人把酒赏月、吟诗作赋，紧紧地抓住中秋的"把酒行风雅"，借中秋来烘托水井坊的"雅"。

"金玉之华美，木石之才情，皆可入礼；锦绣之文章，珠玑之音韵，总可成颂。曰水井坊：千古风流，自成礼颂！"借"礼颂"将水井坊的雅文化与中秋买酒送礼结合在一起。

细品两段文字，明月、晴空、美酒……高洁、风雅之意油然而生，仿佛自己也有着不输于先贤的文采风华，也想趁此中秋佳节把酒吟诗一番了。至此，主题、画面、细文，无不展现着水井坊和中秋的"高雅"，将一个不一样的高尚的中秋呈现于消费者面前。

（三）邀您共行风雅

水井坊的"月上风雅"并不仅此而已，更要将水井坊所呈现出的高尚的中秋充分地运用于终端的促销活动之中。赠品酒版、购物袋、酒柜插卡、DM折页、酒楼易拉宝……无一不是以"月上风雅"为核心诉求，在与消费者每一处最直接的接触和终端陈列中，都极力地展现着水井坊带来的中秋的"高雅"；而更将中秋本就有的思亲忆友的人文情怀，借一张精美的VIP贵宾节日贺卡表达出对消费者衷心的谢意和"共行风雅"的邀请。

由此，每一个人都被深深打动了，原来中秋也可如此的高尚风雅！水井坊，活用中国传统节日文化的不同层次表达和不同内容，带给消费者一个不一样的中秋，也再一次在推广活动中将水井坊的风雅气质予以强调和升华。

问题：
1. 以物质、精神、行为文化表现来描述水井坊是如何演绎其"雅文化"的？
2. 比较水井坊与茅台这两种高端品牌酒的品牌文化差异。

案例 9　万科：房地产行业领跑者的品牌资产

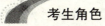

考生角色

假如你现在是李立明，刚进公司不久，担任的职务是品牌经理助理。你曾经在各种不同的行业工作过，但是第一次在房地产业工作。

为了了解房地产业以及万科在房地产业的地位，你做了广泛的调查。现在你已经搜集到了许多该公司及房地产业的背景资料。

在 2011 年 1 月 16 日召开的会议上，你将要把你的发现汇报给品牌经理以帮助他为公司制订进一步的发展计划。

案例介绍

万科成立于 1984 年，1988 年正式介入房地产领域；1991 年，万科 A 股在深圳证券交易所挂牌交易，开始发展跨地域房地产业务；1992 年底，上海万科城市花园项目正式启动，大众住宅项目的开发被确定为公司的核心业务，同年《万科周刊》应时而生；1993 年，万科 B 股在深圳证券交易所上市，开始确定战略结构调整，走专业化道路，同年，公司更名为"万科企业股份有限公司"；1998 年，借鉴新鸿基的做法，国内首创房地产企业客户俱乐部"万客会"，建立与客户间理性、对等、双赢的供求交流方式；2000 年，华润集团及其关联公司成为第一大股东，持有的万科股份占万科总股本的 15.08%；2001 年，万科转让万佳百货股份有限公司 72%的股份于华润总公司及其附属公司，成为专一的房地产公司；2003 年，公司进入广州、中山、大连、鞍山房地产市场，初步形成"3+x"的区域发展模式；2004 年，举行万科集团 20 周年庆典系列活动，发布未来 10 年的中长期发展规划；2005 年，万科与浙江南都集团达成战略合作，上海南都、苏州南都可使用"万科"或"南都"品牌对合作项目进行开发，万科用近 19 亿资金换到的是 219 万平方米建筑面积的土地项目储备和觊觎 10 年的江浙市场；2006 年，销售突破两百亿元，品牌领导者地位进一步加强，同年万科新进入杭州、厦门、长沙、青岛、宁波等城市，逐步完善三大区域的布局；2007 年，万科提出企业主题口号"大道当然，精细致远"，做良好社会公民，实施住宅产业化计划；2008 年，万科主题词为"虑远积厚，守正筑坚"，其含义在于：公司应以更深厚的积累，奠定长远增长的坚实基础，以坚实的产品和服务品质，构筑企业的核心竞争力。

经过多年的发展，万科集中资源创立了一系列地产开发项目品牌以及物业管理品牌，形成了较为突出的优势：文化品位、物业管理、企业形象、售前（售后）服务、社区规划、环境景观。无论是制度规范还是企业信誉，无论是产品还是服务，万科在业内和消费者心目中都具有良好的口碑。万科企业品牌被誉为"房地产行业领导品牌"，各种知名度指标均高于其他地产品牌（品牌提及率、品牌知晓率、品牌正确识别率），2002~2008 年，万科是唯一连续七次获得"中国最受尊敬企业"称号的房地产企业；2003 年，万科荣登中国地产百强企业第一名、中国房地产上市公司 10 强之首；2004 年，世界品牌试验室发布的"中国 500 最具价值品牌"，万科又以 173.56 亿元进入房地产业"第一品牌"；2005 年万科品牌资产研究表明年度万科品牌资产指数为 67.8，领先于其他全国性品牌，各种知名度指标均高于其他地产品牌（品牌提及率，品牌知晓率，品牌正确识别率）。2004~2010 年，万科连续 7 年分别以 22.37、33.11、48.2、91.78、181.23、185.36、238.67 亿元的品牌价值，成为房地产行业的领导品牌。

资料来源：闫云霄：《顾客的万科企业品牌资产分析》，《企业经济》，2009 年第 11 期；《万客会——分享无限生活》，载 http: //money.163.com/economy2003/editor_2003/040617/040617_211405.html。

案例分析

Kevin Lane Keller 教授提出了独特的观点——基于顾客的品牌资产，它是从顾客（不论个人或团体）的角度来探讨品牌资产的，即顾客品牌知识所导致的对营销活动的差异化反应。Keller 认为，当一个品牌拥有积极的基于顾客的品牌资产时，它能够使顾客更容易接受一个新品牌的延伸，减少对价格上涨和减少广告投入的不良反应。基于顾客的品牌资产的内涵包括两个方面："品牌资产源于顾客的差异化反应，这种差异化反应来源于顾客的品牌的知识，也就是顾客在长期的经验中对品牌的所知、所感、所见和所闻；构成品牌资产的差异化反应，表现在与该品牌营销活动各方面有关的顾客观念、喜好和行为中。"[①]根据 Keller 的基于顾客的品牌资产理论，我们来解读万科的品牌资产，以及顾客对万科品牌的认知程度、美誉程度、忠诚程度。

一、基于顾客的万科品牌性能

品牌性能依赖此品牌所指代的产品与服务的特点。根据 Keller 的分析，品

---

① ［美］凯文·莱恩·凯勒著：《战略品牌管理》，卢泰宏、吴水龙译，中国人民大学出版社，2009 年版，第 48 页。

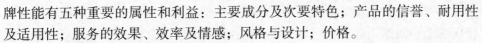

牌性能有五种重要的属性和利益：主要成分及次要特色；产品的信誉、耐用性及适用性；服务的效果、效率及情感；风格与设计；价格。

　　由于国内房地产市场尚处于发展的初级阶段，顾客的基本居住需求及在此基础上加以改善的需求尚未得到充分满足。因此，顾客在购买产品过程中，更加关心的是房产项目能为他们带来的功能性利益，房地产的品牌性能的重要性显而易见。万科品牌在建设与发展过程中，始终把产品与服务作为自身品牌提升的基石，坚持超前的物业管理模式、更加合理和人性化的规划设计、"不超过20%利润"的原则等。在不断满足顾客的需求的同时，又不断超越顾客的期望，为顾客带来实实在在的高品质产品与服务。这种努力形成了消费者的一定的品牌偏好，最终为万科带来丰厚的经济效益，为万科强势品牌形象的树立奠定良好基础。

（一）服务领先的物业品牌

　　万科在开始涉足房地产行业时，以服务作为突破口，1998年借鉴SONY的客户管理经验和以新鸿基为代表的"香港物管模式"，在国内首创"物业管理"概念，并形成一套超前的物业管理模式。

　　万科物业发展经历了三个阶段。第一个阶段是品牌初创阶段（1990~1997）。1990年，万科接管第一个项目——天景花园；1992年1月成立下属第一家物业管理公司——深圳市万科物业管理有限公司，成立全国第一家业主委员会，推行共管模式；1996年，万科成为国内第一家通过ISO9002国际质量认证的物业管理企业。第二个阶段是品牌发展阶段（1998~2001），在这个阶段，万科物业的品牌逐渐树立和丰满起来，1998年，在深圳万科城市花园推出"无人化管理模式"；1998年，在全国导入企业形象识别系统，形成鲜明的万科物业品牌形象。1999年，率先在行业内推出《管理服务》报，服务水平进一步提升。第三个阶段是品牌深化阶段（2002~至今）。2002年，深圳物业公司实施集约化管理。2002年，上海、沈阳地区实施物业管理区域化的尝试。2002年，深圳物业公司开展"主题式"的社区文化活动。2003年，万科物业在全集团范围内启动了"HAPPY家庭节"、"为您100%"活动。2007年6月25日，万科在全国20个城市展开统一行动，将属下"物业管理有限公司"统一更名为"物业服务有限公司"，标志着万科物业率先全面迈入"物业服务"新时代。万科物业认为：虽然一直以来"物业管理"已经成为习惯用语，但"物业服务"才是更准确的表述。"管理"更多体现的是物业企业与房屋、设施、场地等"人与物"的关系，而"服务"才能真正体现企业与客户之间"人与人"的关系。"物业服务"一词，更能彰显业主的地位，明确物业企业的服务功能。

首先，它意味着万科与业主之间畅通的信息沟通渠道。在万科物业管理的任何一个小区里，业主都可以通过 24 小时值班热线电话、网络、意见箱，或是直接找客户服务主管表达他的意见和想法；同时万科人也会通过业主访谈、业主回访等形式主动去了解客户真实的想法。其次，它意味着对业主正当权益的理解和尊重。每个季度，万科物业都会将季度服务报告向全体小区业主张贴公布，接受他们的监督。年底，万科物业还会向业委会提交一份年度物业服务总结报告，除了每个季度各个管理部门自行实施的客户满意度调查以外，每年万科物业都会委托外部专业公司做一次满意度调查，以获得一个比较客观公正的结果。再次，万科客户服务体系还要能够有效地满足业主的个性化服务需求。作为业主，他们对物业服务的基本需求一定是共同的：比如社区的安全、美观、清洁等。作为服务的提供者来说，对所有业主共同关心的基础服务，万科必须不打任何折扣地提供到位的、规范的服务。除此之外，万科人还需要了解他们个性化的、差异化的服务需求，通过提供"个性化服务"来让他们获得满意的服务感受。以上海公司有一年推出的"同心圆系列活动"为例，万科人推出"四点半学校"解除了年轻父母对孩子放学后无人照料的担忧；推出"温馨夕阳红"解决了单身老人的部分生活困难；推出"花园无忧"满足了人们对美好大自然的追求。最后，万科物业打造生动的社区文化。万科始终重视社区文化建设。万科认为，万科从来都不是单纯地造房子，而是为业主建筑无限生活，一种充满想象与期待的生活，更是一个开放和谐的居住空间与健康丰盛、富有人情味的栖居方式，而房子只是这种生活方式的组件之一。多年来，万科始终坚持：房子是可以复制的，但生活是无限的，它与开发商的理念、管理、责任、人文底蕴以及对人的尊重等因素息息相关，这些有质而无形的感受最终决定了人们的生活品质。据此，万科自 2003 年起设立了专门的社区文化经费，近年来已经让业主们享受到超过千万的社区文化投入。除了协助社区策划组织如社区嘉年华、荔枝节、社区业主运动会等大型社区文体活动以外，万科还关注社区内日常的精神文明建设，举办亲子论坛、专家讲座以及社区文明行为宣传等活动，各类社区活动的举办，社区活动塑造的良好文化氛围，增进了业主相互间的情感交流与沟通，建立了大家庭式的邻里关系，形成了住户对小区的一定归属感和凝聚力。

2006 年春天开始，搜房网先后组织了近 10 次万科楼盘的看房活动，网友对万科楼盘的反响一直位居全国前列。在有关调查问卷一栏中，当问到"万科楼盘最大的优势是什么"时，不少网友的答案竟然出奇的相似——"品牌与后续服务"。调查中，刨除品牌因素这一购房中为大家所熟知的部分，当谈到"后续服务"相关定义时，网友们深为认同的是：后续服务包括良好的物业管理和生动的社区文化，这是让业主们充分肯定社区，从而影响建筑增值以及品牌效应的重要因素。

经过多年的点滴积累，万科物业在顾客心目中树立了优秀的服务品牌形象。60%以上的业主愿意推荐自己的亲友到万科社区居住。据华南国际公司为万科做的定量和定性调研分析，万科物业管理在住宅顾客的购买因素中排名前三位。经过近二十年的发展，万科物业管理已发展成为国内同行业中的知名品牌。

（二）性能至上的产品开发

万科在发展中，对建筑质量极为重视。董事长王石曾经发表过一篇题为"质量是万科地产生命线"的文章，该文在万科内部被广为传阅，并作为万科在建筑质量方面的"纲领性文件"。1996年万科将公司主题年确定为"质量管理年"。2001年，万科为规范工程质量管理，启动"合金计划"，将万科各地公司各阶段优秀管理经验融合起来，锻造出一套集团内统一的工程质量管理规范，提出"要做没有质量问题的房子"的目标。2003年，万科又全面推行了旨在全面提升房屋质量的"磐石行动"。2005年万科启动了"珊瑚虫计划"——建立万科自己的高于国家要求的质量标准。以此为基础，万科提出了"比目鱼计划"——战略监理、"珊瑚虫计划"及"珍珠贝计划"。2005年底，万科开始启动"海豚行动"。万科多次提出，"质量是我们的底线"，当质量与速度发生冲突时，质量第一；当质量与成本发生冲突时，质量第一。市场对万科的努力也给予了极高的回报，2005年，平均每个老客户曾向6.28人推荐过万科的楼盘，实际成交率为20.4%，而客户对万科产品质量的满意度也从2002年的53%提升到82%。

让"人"与"居"紧密相连。作为一家专注于房地产的企业，万科坚持以客户需求为导向，为客户提供带来舒适生活的好房子。万科"建筑研究中心"自1996年创建以来，专注从规划设计方面提炼更高的产品竞争力，通过对住区理论和住宅品质的提升研究，形成了学习、研究、引进发展国内外先进技术的传统。作为研究建筑设计、新技术新材料应用的基地，万科"建筑研究中心"充分体现了万科品牌对顾客需求的不断满足与超越，以及对生态、环保、建筑技术的执着追求。随着研究成果不断应用于一个个项目，万科品牌的性能魅力逐渐凸显出来。上海万科假日风景的12户型，就是中心研究成果的一个展现。设计人员通过对收纳空间的整合和改进，如玄关储藏空间、洗衣房储藏空间、厨房空间等，让顾客在同样的单位面积之内，享受到更多的功能、更合理的布局，体味到更赏心悦目的感受。另外，武汉四季花城、沈阳四季花城、南京金色家园等项目中的低耗能住宅、渗水地砖、空气质量标准等概念的应用，满足了顾客的实用、美学和经济需求与期待，赢得了顾客对万科产品的信赖，确保了万科品牌在住宅开发领域的技术领先地位。

2006年，万科进入工业化生产元年，苦心打造6年的工业化生产试验，终于大功告成。2007年1月，万科在上海新里程二期用工业化的方式正式开工建设2栋18层的高层住宅，实现了国内住宅工业化、规模化的开端。所谓工业化住宅，形象的说法是"像造汽车一样造房子"，它的基本程序是由专业工厂生产出整面墙壁，然后在工地现场用专利技术"粘贴拼装"，最终盖出标准的模块式房屋。这种工业化住宅有利于在部品（住宅配套产品如楼梯、栏杆、厨卫等）、整体装修方面实现全面整合，提升住宅在质量、耗材、环保、节能等各方面的性能指标。传统的建造方式难以解决的质量问题，主要是因为企业选用的建造技术、建造标准是一个系统问题，而要解决系统中出现的问题必须用工厂化的方式才能根本解决。万科的工业化动力就是从直接为顾客提供产品的角度，主动去发现顾客以及国家、社会对产品的要求，从而造出性能更稳定和质量更可靠的住宅产品。

二、顾客心目中的万科品牌形象

品牌形象是品牌资产的另一个主要内容，显示了产品或服务的外显价值。它是指人们如何抽象地从总体上去看待一个品牌，而不是局限于从某一具体事实去看待一个品牌。对于鲜明独特的品牌形象，市场中有"不战而屈人之兵"魅力的形象说法。万科品牌在顾客心中具有强有力的、偏好的、独特的品牌联想。比如看到万科，顾客会联想到由"建筑无限生活，从懂得您的生活开始"、"全国房地产行业的领跑者"、"变革先锋，企业公民"、"最诚信的地产企业"等构成的总体形象。顾客对这些形象的认知、熟悉与联想程度，是构成万科企业品牌资产的关键。

（一）良好的企业公民形象

多年来，万科企业以身作则、顺应民心、遵守政策、关注普通人，在公众心目中树立了主动承担社会责任的良好公民形象。如中央出台"90/70"政策，万科不但坚决支持，而且以"90/80"来强调万科的社会属性，接着万科在全国启动以80平方米为可能性的"WA——万科可能住宅设计竞赛"，整合社会力量研究80平方米住宅的可能性；2006年，万科的口号是"变革先锋，企业公民"，这一年万科着力于三件体现企业公民责任的工作：推广廉租住房建设、设立居民旧村落保护基金以及推进节能环保运动。2007年，万科又将这一口号延续至"大道当然，精细致远"的精神。同时，万科投入1000万元专项经费，用于中低收入人群居住问题解决方案的探索和实践、和谐社区的倡导和建设、环境保护以及其他公益活动。在探索中国现代企业社会责任之路上，万科坚持着、努力着。

（二）明星 CEO 的企业家形象

企业家形象是企业品牌形象人格化的具体体现形式，企业家形象在与企业品牌形象互动中具有非常独到的一面，一旦定位清晰的企业家形象形成，竞争对手将很难模仿，容易造成品牌形象的区隔，从而为企业品牌赋予一层与众不同的光环。万科董事长王石，是万科生动的名片。滑翔、登山、赛艇，公益活动家，王石以诸多身份出现在公众面前。他的登山挑战最高峰、"健康生活态度"都开创了一种逐渐为金领阶层、经理层次推崇的富有品位的生活方式；他发起并参与了"阿拉善 SEE 生态协会"，为中国治理沙尘暴的事业做出贡献；2005 年 12 月，王石进行"探险有极，公益无限"南极点探险活动，其后将赞助费，加上义卖成果，共 100 万元人民币，全部捐献给北京大学崇左生物多样性研究基地，号召人们保护珍稀物种，维护生物多样性；他多次捐助西藏拉萨盲童学校。王石每一次在公共场合亮相，都会不同程度演变为万科的"路演"，媒体在追逐王石焦点的同时，或多或少成了万科品牌的义务宣传员。作为全国房地产行业持续领跑者的企业家，王石所表现的脚踏实地、勇于进取、不断攀登的奋斗精神，以及积极、持续一致地关注并投身社会公益事业的慈善家形象，都是万科企业品牌的核心文化，是顾客对万科企业品牌联想的重要内涵。

（三）全国房地产行业的领跑者形象

万科给自己的定位是成为国内第一的房地产公司，做房地产行业的持续领跑者。对于领跑者的理解，王石董事长的观点是，领导一个行业，努力探索一种行业商业模式，一种持续的、让参与者都能够和谐共处的模式，而不是让自己在短期内获得规模扩张或者暴利的模式。作为一名行业的领跑者，不仅仅应体现在观念上领先，而且在企业规模、品牌竞争、管理水平、营利能力方面必须要在国内占据绝对优势。从目前的发展情况和具体的数据来看，万科企业品牌的领跑者形象在顾客心中逐渐树立起来。

三、强化顾客的品牌共鸣

"品牌共鸣是顾客与品牌之间建立起来的终极关系的本质，是顾客感受到与品牌同步的程度。品牌共鸣是通过顾客与品牌的心理联系的深度和强度来衡量的，同时也通过他们的行为形成的品牌忠诚来体现"。[①] 下面我们从三个方面来看万科是怎样来强化顾客对万科品牌的共鸣程度的。

（一）顾客行为忠诚度

行为忠诚度作为品牌共鸣的第一个尺度，指的是顾客不断的购买行为和购买数量。品牌忠实顾客的行为对于公司来说是一笔宝贵的财富。由于购买住宅是一宗高额的交易，因此无论是直接重复购买还是间接地向亲戚朋友推荐公司产品，其为公司创造的价值都是非常可观的。在地产界流传这样一个现象：每逢万科新楼盘开盘，老业主都会前来捧场，并且老业主的推荐成交率一直居高不下，部分楼盘甚至能达到 50%。而据万客会的调查显示：万科地产现有业主中，万客会会员重复购买率达 65.3%，56.9%业主会员将再次购买万科，48.5%的会员将向亲朋推荐万科地产。这在业主重复购买率一直比较低的房地产行业，不能不说是一个奇迹。

（二）社区归属感

在社区归属感方面，品牌对顾客而言可能会呈现出更广的意义。对品牌社区的认同，反映了一种重要的社会现象。在品牌社区里，顾客基于品牌而相互之间形成关联，这些联系涉及众多品牌使用者或者顾客，或者公司的员工和股东。[②] 万科是通过建立"万客会"来建立品牌社区的。

借鉴新鸿基的"新地会"，万科于 1998 年创建了大陆最早的客户俱乐部"万客会"。规定只需年满 18 周岁，无论性别国籍，均可入会。入会并不收取任何费用，条件是必须填写一份精心设计的包括有职业、年薪等情况的个人资料和现居住状况、购房置业理想的问卷。万客会的服务内容包括提前获得万科地产推出的楼盘资料和最新销售信息、在购置万科房产时可以享受会员优惠、参加各类由"万客会"组织的联谊活动和社会活动、定期收到会刊等，而得到这一切的服务都是免费的。

万客会成立 6 年来，已在 16 个城市扎根，会员总数达 80000 多名。在房地产行业顾客重复购买率很低的情况下，万客会却表现出了强大的功力，如在深圳四季花城销售后期，老业主推荐成交率占 50%以上，而这些老业主基本上都是万客会的成员。万科每一次新楼盘的开盘销售人气都很旺，这些人不一定买楼，但对项目的销售却起到很好的宣传和促进作用。这一点万客会功不可没，通过会刊、网页、活动邀请函等，万客会以多种方式和会员保持联络，会

---

① ［美］凯文·莱恩·凯勒著：《战略品牌管理》，卢泰宏、吴水龙译，中国人民大学出版社，2009 年版，第 69 页。

② 同①，第 70 页。

员发现感兴趣的信息，就会主动关注，前往参加活动。这种无形的影响既反映在人数的增长上，也反映在会员结构上。万客会的会员并不仅仅是万科业主，这与别的发展商组织的会员俱乐部不一样，万科业主仅占 50%~60%，其余都是对万科感兴趣的人士或单位/组织。万客会真正实现了设立时的初衷，"与万科老客户、或想成为万科客户、或不想成为万客客户但想了解万科的消费者交流沟通"。

（三）品牌忠诚度

品牌忠诚度表现为消费者自发地愿意投入的时间、精力、金钱以及其他超越购买该品牌所必需的花费。随着万科在全国的规模化开发，"万客会"也在大江南北生根开花，越来越多的消费者通过"万客会"接受万科的产品和更新信息。他们中的许多人会成为万科品牌的福音传教士和大使，帮助向社会传播万科品牌的信息，主动向亲戚朋友推荐万科产品，表现出了对万科品牌的强烈爱好与忠诚。

万科每年委托独立第三方调查公司进行顾客的满意度与忠诚度调研（见表1-1），并且以市场规模与客户忠诚度两个主要指标衡量业绩标准及管理品牌的数据基础。

表 1-1　2004~2006 年万科品牌客户满意度和忠诚度调查数据

年　份	2004 年	2005 年	2006 年
满意度（%）	81	82	87
忠诚度（%）	53	60	69

资料来源：《万科周刊》。

运用 Keller 的品牌资产理论解读万科品牌资产，使我们对万科品牌的现状以及其在顾客心中的地位和形象，在总体上有了较清晰的认识。

问题：

1. 你认为构建万科品牌资产的要素有哪些？
2. 顾客心目中的万科企业形象是什么样的？
3. 万科企业是如何管理品牌资产的？对于其他企业有何借鉴意义？

案例 10　北京名牌资产评估有限公司的中国品牌评估

考生角色

假设你现在是 Jack 先生，一位资深的美国某著名评估公司的资产评估师，为许多品牌做过资产评估。在本案例中，你接受北京名牌资产评估有限公司的邀请，对其品牌资产评估方法进行分析。

品牌资产的概念迄今尚未形成统一的定义，从而导致品牌资产评估方法也难以统一，广告公司、市场研究公司、品牌资产评估专业机构根据对品牌资产的不同理解形成了不同的评估方法。

你对名牌资产评估有限公司的评估方法和评估过程做了详细的调查。在此基础上，你就改进评估方法写了一份报告。在 2010 年 1 月 16 日的公司会议上，你要向公司总经理提出你的报告，并帮助公司改进评估方法。

案例介绍

北京名牌资产评估有限公司是 1995 年 2 月经国家国有资产管理局批准成立的、直属中国资产评估协会管理的、有资格在全国范围内进行整体资产、土地、房屋、设备等各类有形资产和品牌、商标、专利、特许权、营销网络、策划项目、人力资源等各类无形资产评估的专业评估机构，在全国评估界中享有极高的影响、地位和信誉，也是目前国内唯一从事品牌价值比较研究的专业机构。

1995 年，北京名牌资产评估有限公司发布了第一个年度中国最有价值品牌研究报告，2010 年发布的是第 16 个年度报告。该研究是北京名牌资产评估公司与海外睿富全球排行榜资讯集团共同进行的，目的是借鉴世界最有价值名牌排名，研究品牌价值内涵及规律，指导和推动中国企业创建国际品牌。

北京名牌资产评估有限公司是参照英特品牌公司的评价体系，结合中国的实际情况，建立起中国品牌的评价体系。这一评价体系所考虑的主要因素有：品牌的市场占有能力 M；品牌的超值创利能力 S 和品牌的发展潜力 D。一个品牌的综合价值 P 可简单表述为：

$$P = M + S + D$$

在上述品牌评价体系中，最为基本的是品牌进占与拓展市场的能力。实际上，一个品牌是否真正有竞争力，首先是要看该品牌标定下的产品占有市场的份额。若某品牌的市场占有率比较高，在同行业中占有举足轻重的地位，那么，该品牌就有了最基本的市场竞争力。也可以说，品牌的市场占有率的大小直接决定着品牌的价值高低。所以，M 值主要通过企业实现的销售收入等指标来计算。

决定品牌价值的另一个关键因素是品牌的超值创利能力。一个品牌只有具备了超过同行业利润水平的营利能力，才能显示竞争实力。如果一个品牌不能获得超过同行业的利润水平，即使具有很大的市场份额，也只是表现出一般的产业资本的营利能力，却显示不出品牌的创利能力。当然，依据规模经济的一般原则，一个市场份额比较大的品牌一般有获得超过同行业平均水平的营利能力。品牌的超值创利能力，也就是超过同行业平均创利水平的能力，主要通过利润率和销售收入指标来计算。

除此之外，在品牌评估中还有不可忽视的重要因素即品牌的发展潜力。一个品牌对其所有者来说，其意义在于未来能否为企业带来超额利润。这正是为什么资产评估业中对无形资产一般都采用收益现值法来评估的原因。而对于品牌这种无形资产，更大程度上则要看它未来的超值创利能力。因此，品牌的发展潜力理应是品牌评估中不可忽视的重要因素。品牌的发展潜力主要通过对企业品牌产品出口状况、国内外商标注册获得法律保护状况、广告投入的支持状况、品牌的使用历史状况等因素，对未来获利潜力进行测算。

根据以上的评估方法，睿富全球排行榜资讯集团与北京名牌资产评估有限公司发布了 2010 中国最有价值品牌排行榜（见表 1-2）。

表 1-2　2010（第 16 届）中国最有价值品牌排行榜①

单位：亿元（人民币）

排名	品牌	品牌价值
1	海尔	855.26
2	联想	686.61
3	第一汽车	526.29
4	五粮液	526.16
5	国美	526.12
6	美的	497.86
7	TCL	458.08

① http://www.mps.com，cn/cn3.htm.

续表

排名	品牌	品牌价值
8	茅台	312.60
9	青岛	270.07
10	长安	270.06
11	红塔山	222.26
12	双汇	196.52
13	波司登	180.16
14	创维	180.08
15	燕京	168.33
16	哈药	160.62
17	娃哈哈	157.88
18	小天鹅	150.16
19	利群	139.91
20	解放	139.89
21	腾讯	135.72
22	中粮	135.45
23	蒙牛	102.22
24	李宁	99.89
25	新浪	92.02
26	伊利	91.50
27	泸州	87.90
28	百丽	86.81
29	远东	80.66
30	雨润	80.33
31	吉利	80.27
32	奥康	80.02
33	百度	77.28
34	红旗	75.86
35	洋河	70.32
36	鄂尔多斯	70.25
37	杏花村	69.59
38	金德	66.19
39	五粮春	65.01
40	雅戈尔	58.85
41	奇瑞	58.10
42	雕牌	54.11
43	同仁堂	54.07

排名	品牌	品牌价值
44	阿里巴巴	53.62
45	北大荒	50.51
46	雪中飞	51.32
47	国旅	50.50
48	中青旅	50.28
49	三元	48.09
50	五粮醇	48.02
51	云南白药	46.13
52	安踏	46.06
53	德力西	45.58
54	张裕	43.98
55	999	42.56
56	宇通	39.13
57	光明	38.58
58	美特斯邦威	38.53
59	天士力	37.21
60	漓泉	36.90
61	全聚德	36.87
62	古船	36.66
63	汇源	36.21
64	鲁花	36.12
65	物美	32.73
66	水井坊	30.67
67	九阳	30.28
68	珠江	28.75
69	王朝	28.15
70	双鹤	28.13
71	惠泉	26.72
72	宜化	26.64
73	东阿	24.02
74	维维	22.67
75	露露	20.43
76	新东方	20.18
77	风神	19.14
78	双星	18.60
79	盼盼	18.13

续表

排名	品牌	品牌价值
80	莲花	17.88
81	京客隆	17.11
82	报喜鸟	16.66
83	美克	16.62
84	鲁西	16.39
85	七匹狼	16.16
86	金种子	15.08
87	港中旅	14.59
88	三全	14.58
89	古越龙山	13.41
90	雪鹿	13.28
91	东方红	9.35
92	杉杉	9.09
93	华北	8.65
94	得利斯	7.89
95	罗莱	7.11
96	恒顺	6.11
97	瑞贝卡	5.99
98	红豆	5.49
99	浪莎	1.95
100	谭木匠	1.20

资料来源：http://www.mps.com.cn/cn3.htm.

王玉娟：《"中国最有价值品牌评估法"评析》，《财会研究》，2007年第12期，第76~77页。

案例分析

一、中国最有价值品牌评估的由来

1994年，美国《金融世界》杂志发布了世界最有价值品牌排名，通过新华社报道，首次传播到了我国。当时可口可乐品牌价值359.5亿美元，万宝路品牌价值330.45亿美元，使中国人为之震撼。有感于此，当时的中国质量万里行组委会主任艾丰向中央建议，中国质量万里行要在深入打假的同时，打假扶优，两翼推进。要给中国自己的名牌量出价值，树立名牌意识，增强国际竞争力。于是诞生了北京名牌资产评估事务所（现在的北京名牌资产评估有限公司）。本着研究名牌价值内涵与发展规律，指导和推动我国企业创立世界名牌的宗旨，在借鉴世界最有价值品牌评价方法的基础上，名牌评估所根据1992~

1994 年连续 3 年的全国销售与利税最大工业企业 500 家以及轻工业 200 强企业销售收入及利润排名，选择消费品类，有中国自己品牌，并且能够提供财务状况等资料的企业进行研究。1996 年初，根据研究结果，从中选择了 80 个品牌作为 1995 年中国最有价值品牌予以发布。

这样，中国自己的品牌第一次有了自己的身价，也有了与国际品牌比较的基础。1995 年中国最有价值品牌发布后，引用率很高。在国内，每年仅媒体的直接报道量就上百家，企业、专家及政府相关研究引用更是比比皆是。这使人们对于中国品牌的认识，有了可以区别分量与地位的定量标准。

二、中国最有价值品牌评估方法内容

（一）评估对象的选择及资料来源

1995 年，北京名牌资产评估事务所进行中国最有价值品牌研究是从 1993 年和 1994 年两个年度全国销售与利税最大工业企业 500 家及轻工业 200 强企业排名中，按照以下标准筛选的：

（1）中国自己的品牌包括中外合资企业在中国共同创建的品牌。

（2）产品能够与消费者见面。

（3）行业市场份额领先。

（4）消费者对产品有选择权。

（5）能够提供评估所需要的相关材料数据（在我国，信息公开程度有限。即使是上市公司，也是选择优良资产局部上市。国家统计局统计的数据，也是企业上报，而且是以每个法人单位为统计主体。而一个集团可能会有数十个独立法人单位，无法体现一个品牌在整个集团中的表现）。

（6）或者能够从公开信息获得符合上述标准的品牌。

根据上述标准，该公司从初选的 200 多个品牌中，选择 80 个品牌作为"95 中国最有价值品牌"发布。以后每个年度发布的品牌，都是在这个基础上进行的。随着行业品牌集中度的提高和公开信息获取的增加，2009 年品牌价值榜已经扩大到 100 个。由于中国的电信、银行、保险等行业的企业还没有真正成为完全的市场竞争主体，由于矿山、冶炼、石油、电力等基础工业的服务对象主要不是大众消费者，虽然这些企业在中国规模会比较大，但是对于消费者的影响主要还不是以品牌为号召力，因此一直还没有吸收到这个榜上。

（二）中国最有价值品牌评估方法

世界最有价值品牌评价公式可以简单地表述为：利润×强度倍数。

显然，关键指标是利润和强度倍数。这个倍数一般是 6~20，是由专家根据品牌的领导能力、稳定性、销售状况、国际化能力、趋势、所获支持、法律保护七个方面资料或印象确定其倍数。

中国最有价值品牌评价公式可以简单表述为：

$$P = M + S + D$$

式中：P 为品牌的综合价值；M 为品牌的市场占有能力；S 为品牌的超值创利能力；D 为品牌的发展潜力。通过对品牌的市场占有能力、创利能力、发展潜力的综合考量，最终以品牌价值来表述其品牌的行业地位以及发展轨迹。一般而言，三指标的权重分配约为 4:3:3。

在 M 部分，取企业的销售收入指标。该评估公司认为，销售收入最能够代表消费者对这个品牌的认可。在同行业中它具有相对可比性，同时也代表着品牌所形成的市场规模。S 部分借鉴了一般商标评估中的收益法。如果利润率低于行业平均利润水平，这个部分的价值将是零。D 部分借鉴了上述最有价值品牌评估中的利润倍数法。根据品牌的法律保护状况，品牌的技术创新与保护，品牌的历史，品牌超越地理文化边界的能力，品牌维护力度等情况确定倍数。

最后将三个部分相加。

上面案例介绍中的"2010（第 16 届）中国最有价值品牌排行榜"共发布了 100 种品牌的价值。100 种品牌的平均市场销售规模为 150.73 亿元，比 2009 年增长 12.23%。2009 年 100 种品牌平均价值为 93.86 亿元，2010 年平均价值为 100.69 亿元。100 种品牌分布在消费竞争性行业 50 个产品类别中包括从千亿元销售规模的"大"品牌到只有 1 亿多元的"小"品牌。该评估公司是根据公开数据，特别是上市公司数据，尽可能广泛地选择与消费相关的竞争行业主导品牌，为消费者、投资者、研究者等社会各界提供中国品牌竞争力状况。

如表 1-3 显示，[①] 品牌地位越高，市场占有能力越强大。品牌价值前 20 位2009 年平均市场规模为 505.92 亿元，而后 80 位平均市场规模为 61.93 亿元，2009 年度销售收入增长率分别为 13.5%和 9.74%。

表 1-3　品牌地位与市场占有能力的关系

品牌分段	平均市场规模（亿元）（人民币）	收入增长（%）	2009 年利润率（%）	利润增长（%）
前 20 位品牌	505.92	13.5	6.6	38.33
后 80 位品牌	61.93	9.74	9.5	46.53
100 品牌	150.73	12.23	7.5	41.62

① 第 16 届（2010）中国最有价值品牌报告。

从品牌溢价能力分析，品牌企业创利能力明显高于一般企业。2008 年中国制造业 500 强平均利润率是 3.2%，比金融危机前一年（2007 年）下降了 2.5 个百分点。2008 年 100 品牌利润率是 5.95%，2009 年上升到 7.5%。年度利润额增长 41.62%。

品牌价值研究 16 年证明，品牌是最有价值的资产！市场竞争越激烈，市场向最有价值品牌集中的趋势越明显。1995 年的前 20 位品牌平均销售规模是 49.97 亿元，2010 年的前 20 位品牌是 505.92 亿元。1995 年只有一汽和红塔两个集团过百亿元，2009 年 100 品牌平均收入规模 150.73 亿元，超过 50 亿元市场规模的有 52 个。100 品牌最小规模品牌是"谭木匠"1.2 亿元，但是在木制梳子行业还是独领风骚。

品牌规模较小的企业，利润水平强于规模较大的品牌。前 20 品牌 2009 年平均利润率 6.6%，后 80 品牌是 9.5%，利润水平强过前 20 位 44%。大企业的管理成本、营销网络成本以及社会责任成本高于规模较小的企业，这个现象已持续多年。特别是在与国际品牌竞争过程中，一直在"牺牲利润保市场"，加大了营销成本。大企业靠规模占领市场，"小"企业以营利能力取胜。

三、中国最有价值品牌评估方法评析

北京名牌资产评估有限公司的名牌资产评估方法是中国目前唯一的由民间主持的品牌价值评估系统。该评估方法在与国际接轨、缩小中国品牌价值与国际名牌价值差距方面起到了很好的示范作用。就目前国内关于品牌价值评估领域的研究现状而言，该评估方法是目前国内相关研究领域内最具规模的体系，是一个适合中国国情、适用于多行业，基本能够体现人们心目中中国品牌现状及其各自地位状况的品牌价值评估比较体系模型。这个标准体系下的价值量化，可以成为衡量中国品牌现状的一个参考。

（一）中国最有价值品牌评估方法的创新分析

从评估方法角度分析，中国最有价值品牌评估方法在一定程度上体现了中国品牌市场的真实状况，并在设计评估体系的过程中予以了较为充分的考虑。表现之一是其根据中国自身市场情况和行业特点引入了行业调整系数等概念，这是该体系的一个创新；表现之二在于不同于 Interbrand 法的利润中心思想，中国最有价值品牌评估方法以品牌实现的市场份额即市场占有能力为核心，这种考虑符合目前中国市场的竞争机制状况。在中国市场，计划经济的影响尚未彻底消除，某些政策诸如产业政策等对企业利润的影响尚较为明显，而且由于国际强势品牌已经或者正在争夺中国市场，很多国内企业采取了利润胜于市场份额的战略。因此，在这些复杂的背景下如果依然采取以利润为完全核心的评估方法意义不大，而以市场占有率为主要依据的做法则更具有实际性。

（二）中国最有价值品牌评估方法的局限性

（1）虽然以市场占有率为核心的思想在目前阶段具有实用性，但是这种思想不具有长久优势。1994 年，中国品牌百元销售利润额为 16.22 元，以后逐年下降，1998 年该值下降至 1 位数水平，到了 2000 年仅有 5.49 元了。但是对应的销售收入却在 6 年的时间内增长了 283%，平均增长速度达到 47%。这些数据反差充分验证了中国品牌发展注重市场份额而忽略利润的本质。而相反，世界最有价值品牌产品的销售收入和利润基本同幅度变动。

以市场占有率为核心的评估有可能导致错误导向，误导企业为了获得高品牌价值而追求市场占有率（很多人为了营销操作可以做到使得经营业绩看上去较好）放弃追求利润，这显然违背了品牌价值评估的初衷，即总结优质品牌经营经验，提升企业品牌竞争力。因此，对中国最有价值评估方法的建议是尽管必须面对种种以利润为基础的评估方法实施中的障碍，但应该坚持以品牌利润为评价标准，然后在此基础上进行适当调节。当然这样操作的结果可能导致中国品牌的价值较低，但是并非不可行。

（2）中国最有价值品牌评估方法尚没有严格区分产品品牌价值和公司品牌价值的不同，目前只能做到通用品牌评估。历年的评估结果说明，迄今为止该评估依然仅针对公司品牌，如 2006 年中国最有价值品牌排名表中所列示的均为品牌公司名称而非品牌名称。当然这有其客观原因，例如，中国的统计方法、数据获得等方面尚不足。但是有些公司在其价值报告内将该类现象归因为中国品牌具备了超越行业边界的能力，这显然缺乏强有力的说服力，需要进一步挖掘。

问题：

1. 为什么北京名牌评估有限公司的评估法要将品牌的市场占有能力、品牌的超值创利能力和品牌的发展潜力作为主要的考虑因素？

2. 对比一下北京名牌资产评估有限公司评估法与 Interbrand 品牌资产评估法的异同点。

3. 除了案例所介绍的品牌资产评估方法，你所知道的品牌资产评估方法还有哪些？

案例 11　张裕："解百纳"的商标保卫战

考生角色

假设你所在的企业与张裕集团存在竞争关系，而你作为企业的产品经理，恰好负责了一款"解百纳"葡萄酒。请你分析目前的市场情况，为你负责的品牌拟定几份新的发展计划书以渡过本次危机，在策划时请考虑商标侵权将牵涉到的法律问题以及更改商品名称会引发的市场反应等。

案例介绍

2001 年 5 月，张裕向国家工商行政管理总局商标局申请"解百纳"商标注册。2002 年 4 月，商标局下发了注册证书。这一做法引起长城、威龙酒业、王朝酒业等同行的第一次反对。2002 年 6 月，威龙、长城等葡萄酒企业联合向商评委提交撤销注册申请书。2002 年 7 月，国家商标局认为"解百纳"是红葡萄酒原料品种的名称，做出《关于撤销第 1748888 号"解百纳"注册商标的决定》，张裕集团对国家商标局认定"解百纳"是红葡萄酒的原料品种的名称，并对该注册商标予以撤销的做法表示不服，"解百纳"由此进入了漫长的行政复审。2008 年 6 月，商评委宣布将"解百纳"商标判属张裕，中粮、王朝、威龙等企业依法向北京市第一中级人民法院提起诉讼。2010 年 6 月 17 日，纷争了 8 年之久、被称为"中国葡萄酒知识产权第一案"的解百纳案终于有了终审判决。北京市高级人民法院驳回了长城公司、中粮酒业公司和王朝公司三大巨头的上诉，由商评委再做裁定。

根据判决结果显示，判定被告商评委就第 1748888 号解百纳商标争议做出的裁定程序并无不当，但由于双方当事人均提交了大量新证据，如果不予考虑，不利于双方当事人合法权益的保障，尤其会有可能因此损害社会公共利益。据此，商评委应当在考虑当事人提交的新证据的基础上，重新做出裁定。

这场历时最长、卷入企业最多、业内影响最大的"解百纳"知识产权案，起于 2002 年，张裕集团注册了"解百纳"商标，遭到业内企业的联合反对。在中粮长城、威龙等企业联合向商标局提交撤销注册申请书后，2002 年 6 月，国家商标局做出了撤销张裕"解百纳"注册商标的决定。

然而，张裕集团再次上诉。经过长达 6 年的调查，2008 年 6 月 22 日，商评委又做出裁定——"解百纳"作为中国最早的干红葡萄酒品牌归属张裕集团。

张裕的"解百纳"保卫战是一场葡萄酒业巨头间的较量。葡萄酒企业分成了两大阵营：一边是行业老大张裕集团和商评委；一边则是长城、威龙等众多葡萄酒企业。而争议焦点集中于两大话题。

首先，根据长城等企业的起诉理由，"解百纳"一词是公认的葡萄品种名称，张裕注册属抢占公共资源。

商评委方面认为："解百纳"不属于葡萄和葡萄酒的法定通用名称。根据目前证据，尚难以确定"Cabernet"、"解百纳"为指代明确从而具有规范性的某一种葡萄或葡萄酒的通用名称。我国葡萄品种千余个，在已正式公布的葡萄品种名录中，雷司令、霞多丽都榜上有名，但唯独没有"解百纳"。

其次，争论的另一大焦点是，"解百纳"是否为张裕独创、长期独家使用，并已取得了商标的显著特征。

商评委给出的解释是："解百纳"一词最早于1936年由张裕酿酒公司使用，并作为商标名称的一部分出现在商标注册文件中。在1959年中央工商行政管理局的通知中，"解百纳"作为张裕公司一种酒的名称出现。这表明，"解百纳"长期被张裕使用，具备商标的显著特征。

根据二审的判决，目前"解百纳"仍归属张裕集团所有。张裕集团却公开表示，国家商评委将"解百纳"裁归张裕，而其他企业起诉商评委，我们作为第三方，暂时保留法律所赋予的包括追究相关企业商标侵权行为在内的一切权利。

"解百纳"一案双方对峙时间长达8年，从表面上看这是一场知识产权之辩，实际上却是一场利益之争。

在张裕集团看来，"解百纳"早在20世纪初即是其葡萄酒商标。1998年以前，市场上生产解百纳的企业仅有张裕一家。从1998年到2007年9月，张裕集团先后共投入了2.48亿元的广告费打造"解百纳"品牌。

由于张裕集团在2002年才申请"解百纳"商标且随即被撤销，中粮长城、王朝、威龙等国内葡萄酒企业均认为，"解百纳"为行业公共资源，相继也进行了巨额投入。虽然中粮长城、王朝、威龙公司目前未能拿出准确的品牌投资额，但中法合营王朝葡萄酿酒有限公司企管部王卫华律师告诉记者，此次起诉的三家企业每一家在"解百纳"品牌上投入至少也要在几千万元以上。

"解百纳"的归属长期悬而未决，经过多年的发展，目前"解百纳"的确已经成为了国内绝大多数葡萄酒企业的主流产品。

根据有关统计数据显示，目前90%以上的葡萄酒生产企业都有生产解百纳葡萄酒，其市场价值估计达10亿元。部分企业更是以"解百纳"产品为市场主打。

张裕集团总经理周洪江表示，"从销量上来看，目前张裕解百纳的销量，已经是 6 年以前的 6 倍或者 7 倍。"目前解百纳已成为张裕公司盈利增长的主要驱动，占到 2007 年总销售收入 10%左右。预计 2008 年解百纳的销量将达 2 万吨，同比增长 25%左右，将占销售总收入的 32%。

中国食品工业协会葡萄酒专业委员会主任杨强透露，中国葡萄酒总量在 50 万~60 万吨，解百纳产品在中国产销量约为 15 万千升，占国内总量的 20%~25%。其中，王朝 2007 年总产量 3.6 万吨，其中解百纳系列产品约占自身总产量 10%，长城解百纳则占自身产品线 15%。

烟台威龙葡萄酒股份有限公司副总经理焦福酝告诉记者，目前公司已有解百纳葡萄酒多达 30 多种，年销量 5000 多吨，销售额为 600 万元以上，约占葡萄酒总销售额的 1/6。

似乎是时间与葡萄酒企业开了一个玩笑。当企业"解百纳"的产品规模经过多年发展壮大后，商评委的裁定委实令很多企业叫苦不迭。

在这场"解百纳"归属的博弈中，如果张裕一方获胜，则意味着众多葡萄酒企业多年来数千万元的品牌投入将化为泡影，近 10 亿元的市场空间丧失，而且还必须另行投入巨资打造新的品牌。而如果另一方胜出，则意味着张裕以往两个多亿，以后甚至更多的资金投入将被竞争对手所共享。

"毕竟，'解百纳'是由张裕最早开发和使用，而且目前投入也最大。这很可能会使张裕集团今后将缩减对'解百纳'的投入。"一位不愿具名知识产权的业内专家指出，正是由于"解百纳"的归属问题长达 6 年悬而未决，最终导致了这是一场谁都输不起的官司。

不过，张裕总经理周洪江指出，一旦"解百纳"成为公共资源，不仅是国内企业可以使用，国外企业也可以借此进入中国市场。"解百纳"得不到任何公司的维护，多年的品牌优势最终将彻底丧失殆尽。

至此，"解百纳"之争已成为葡萄酒行业竞争对手间相互遏制的工具。

资料来源：《张裕和"解百纳"的不解之缘》，《中国防伪报道》，2010 年第 8 期，第 17~18 页。

王永东：《"解百纳"之争对知识产权保护的启示》，《企业科技发展》，2010 年第 15 期，第 23~24 页。

种昂：《"解百纳"仍归张裕所有葡萄酒第一案终审》，http://business.sohu.com/20100623/n273014069.shtml，2010 年 6 月 23 日。

王瑜：《从"解百纳"商标之争谈商标战略》，http://www.chinalawedu.com/new/16900_178/2010_3_17_wa9957394849713010224157.shtml，2010 年 3 月 17 日。

案例分析

"解百纳"商标保卫战作为一个品牌维护案件非常具有典型意义。据央视市场研究公司（CTR）一项报告显示，1998 年以前，生产解百纳的企业仅有张裕一家，而目前的大多数品牌的解百纳是后加入者。"解百纳"作为中国最早的干红葡萄酒品牌，已有70多年的历史，具有非常高的品牌价值和认知度。这成了一些企业反对张裕注册解百纳商标的理由：解百纳已经成为一类产品的通用名称，如果张裕注册为商标，将损害葡萄酒业多家企业的利益。如果"解百纳"真的被淡化，成为一种葡萄酒的通用名称，那么任何葡萄酒公司都可以使用，这不仅对张裕公司是一个毁灭性的打击，对于中国的葡萄酒企业在大品牌林立的世界葡萄酒市场站住脚跟、守住阵地也是不利的。"解百纳"商标保卫战耗时8年终于尘埃落定，从结果看来，是张裕积极维护自身商标权的最终胜利。然而从深层次分析，却能发现，在这场保卫战中，张裕除了表现出积极的维权意识外，也暴露出品牌维护方面的一些不足。

一、张裕品牌维护之功

（一）良好的品牌维护意识

企业要做好品牌维护，必须从根源着手，从根本上强化品牌维护意识。建立起良好的品牌维护意识是做好品牌维护的第一步，当企业品牌得以树立，具备了相当的品牌声誉后，企业还应随即建立起品牌的维护机制，将品牌维护提升至战略高度加以考虑和规划，并在职能结构的设置和战略、制度的制定上加以反映，以完成品牌树立到品牌维护的职能转变。张裕在"解百纳"葡萄酒的商标权维护上表现出了强烈的品牌维护意识。国内解百纳葡萄酒由张裕率先开发，一直是张裕葡萄酒高端产品的典型代表，而从20世纪90年代末开始，由于众多市场跟随者的仿效，解百纳逐步陷入了边缘化的泥潭。市场上各种品牌的解百纳良莠不齐，这种尴尬局面给张裕的品牌建设造成了极大的障碍。面对劣势，张裕将之放到了知识产权的高度并通过法律手段来解决。2002年2月，张裕向国家商标局申请注册"解百纳"商标获得批准，并于4月获得商标注册证书，意即其他市场上的解百纳葡萄酒均为非法。出其不意的解百纳商标注册引发了极大的行业震动，并最终演变成为上述案例中所提到的商标保卫战。

（二）积极的品牌创新

当企业树立起品牌，在市场中占有了一席之地以后，企业所面临的就是激烈的品牌竞争。要维护品牌在市场中的地位，保持竞争的活力，就要积极进行品牌创新。品牌创新包含多种方式，例如产品创新、技术创新、营销创新、管理创新等。张裕在进行"解百纳"商标保卫战的同时，也对"解百纳"品牌进行了重塑与创新，以期用一个全新的形象面对消费者。从张裕2002年下半年起至今的广告诉求点来看，公司一改以往"传奇品质，百年张裕"的品牌独特属性传播，将百年历史巧妙地融合到广告片中，极力宣扬一种"年轻的、现代的、成功的"品牌新形象，向消费者传递或暗示其卓越的高端品牌形象。"品

图1-5　广告物料

酒大师的选择——张裕·解百纳"、"整桶订购·珍品私藏"等宣传口号也被应用到了多种传播媒介之中。

在各种"解百纳"充斥市场的不利发展环境下，张裕除了通过法律手段积极维权，还选择通过品牌重塑，为其产品提供附加价值，这种附加值将会直接影响消费者对同质化产品的购买决策。张裕试图通过赋予品牌独特的文化属性，使张裕"解百纳"在激烈的市场竞争中实现差异化。

（三）及时的危机应对

在企业树立品牌以后的经营过程中，品牌只有承受起市场的考验才算成功，对市场危机的公关是企业和品牌能否维续的关键。2002年7月，国家商标局认为"解百纳"是红葡萄酒原料品种的名称，做出《关于撤销第1748888号"解百纳"注册商标的决定》，这无疑是对"解百纳"品牌的一记重击，而解百纳商标注册的合理性与合法性，也让张裕在舆论中备受质疑。面对危机，张裕及时出台了一系列积极的应对策略。在历时8年的法律维权中，张裕通过给解百纳商标争议不断注入新的新闻元素，来吸引媒体和消费者的眼球。比如，中国农学会葡萄分会、中国食品发酵标准化中心、中国食品工业协会等行业标准协会提供的佐证、宣讲解百纳开发历史、举办学术论证会、新闻发布会、新酒推介会、葡萄酒新国家标准GB 15037-2004出台和标准论证会等。就在行业和媒体热炒解百纳商标争议的时候，张裕已在整合自身资源做好充分准备开启了品牌重塑之旅。2003年度和2004年度张裕分别在中央电视台投入2890万元、1950万元对"张裕·解百纳"进行大规模推广宣传。2004年10月，张裕公司宣布将斥资 3000 万元投资于蛇龙珠（解百纳葡萄酒原料）酿酒葡萄基地建设为解百纳正名。2004 年 11 月，张裕在央视 2005 年黄金段位广告投标中再投数千万为"张裕·解百纳"宣传助威。在"解百纳"之争的整个过程中，张裕利用一系列串联起来的事件，有计划、有步骤地宣讲解百纳与张裕的"正宗纽带"，也将商标争议推向一个又一个的高潮，致使"解百纳"三个字最终主动或者被动地与张裕紧密地联系在了一起。

二、张裕品牌维护之过

（一）商标注册延误

按照张裕公司的主张，解百纳是张裕公司在 1931 年由时任张裕公司总经理的徐望之先生从张裕创始人张弼士倡导的"中西融合"、"携海纳百川"的经营理念中得到灵感，并在自己产品上冠名的，"解百纳"在 20 世纪 30 年代张裕就已经注册为商标。然而建国以后，张裕曾于 1959 年、1985 年和 1992 年三次向国家商标局提出"解百纳"商标注册申请，最后都没有注册成功，直到 2001 年 5 月 8 日，张裕公司再次提出解百纳的商标注册申请，2002 年 4 月 14 日该商标获得注册，核定使用商品为酒（饮料）、葡萄酒等，后遭撤销。也就是说，张裕公司在 1992 年后近 10 年中并没有再次提出申请。这 10 年的空白是张裕公司最大的失误。一个商标的注册是需要技巧的，注册商标最主要的法律要件是商标要具有显著性，就是消费者可以通过商标来识别商品或服务的来源。而对于显著性的判断具有主观性。商标审查员作为普通人，对于一个商标是否符合注册的标准可能会有不同的认识，而且随着社会的不断变化，某一个需要注册的商标，在今年不能注册，但是可能会在几年后就有可能获得注册。2001 年 5 月 8 日，张裕公司再次提出解百纳的商标注册申请，在 2002 年 4 月 14 日该商标获得注册就是很好的证明。可是，遗憾的是，张裕公司在 1992 年后近 10 年中尤其是在 1993 年《商标法》进行修订后并没有再次进行申请。而正是在 20 世纪 90 年代末期，解百纳被广泛使用，从而造就了解百纳成为葡萄酒行业的主力军。

（二）商标先天不足

延误注册使得张裕创造的"解百纳"品牌给人的印象成为注册使用的商品或服务的通用名称，而这也最终成为这场"解百纳"商标之争的焦点。张裕称"解百纳"取"携海纳百川"之意，一直是张裕的核心子品牌，多年来早已和张裕的文化融为一体。而行业另一种说法认为，"解百纳"一词是由法文"Cabernet"翻译而来，并非张裕所独有。无论"解百纳"的来历以及历史关系究竟如何，目前市场上有无数种"解百纳"葡萄酒，并且大部分葡萄酒业企业认为"解百纳"为通用名称是不争的事实。尽管张裕最终争得了"解百纳"商标的所有权，然而处在如此大的争议中至少可以说疑是通用名称的"解百纳"的确是在行业内引起一片反对之声。

使用疑是的通用名称作为商标申请，将引发无休止的争议。即使疑是的通用名称侥幸获得商标注册，也难保不被撤销，2002年"解百纳"被撤销就已经为张裕敲响了警钟。在历时8年的商标大战中，"解百纳"的价值已经受到了损害，因陷入无休止的诉讼而沉沦的著名商标不在少数，个别甚至彻底丧失其市场价值。选择一个有基因缺陷的词作为商标申请，张裕公司的商标维护在起点上就已经出现问题。

（三）商标使用不当

没有任何一个产品名称天生就是通用名称，当某个产品有了行业内约定俗成的名称，这个名称就成为通用名称。行业的约定俗成是因为一定时间的使用，基本原因是品牌自己使用不当，或者维护不利。驰名商标有个淡化的理论，即驰名商标可能因为各种原因被淡化为通用名称。

"解百纳"的注册商标与通用名称之争，究其根源，与张裕公司自身的使用不当不无关系。

经国家工商行政管理总局商标评审委员会查明，在张裕公司生产的750mL装"解百纳高级干红葡萄酒"酒瓶瓶标上有星盾图形商标、"张裕"、"Cabernet DryRed Wine"及"解百纳高级干红葡萄酒（1997）"字样，酒瓶背标上注明："解百纳是优良酿酒葡萄品种三珠（蛇龙珠、赤霞珠、品丽珠）的总称。"从张裕公司的酒标使用上可以看到，张裕公司把解百纳当做是"优良酿酒葡萄品种三珠（蛇龙珠、赤霞珠、品丽珠）的总称"，并解释为"张裕高级解百纳干红葡萄酒是以世界著名的解百纳品系中的品丽珠、蛇龙珠、赤霞珠等葡萄品种为原料，经低温发酵精酿而成"。这就等于承认了解百纳是红葡萄酒的原料品种的名称，也就是不符合法律关于商标注册的禁止性规定。

此外，由于张裕公司在建国之初承担了全国葡萄酒行业人才的培训工作，因教员及技术工人习惯性地把赤霞珠、品丽珠等葡萄酿造的原酒称作生产"解百纳"的酒，导致部分学员将"解百纳"误认为是葡萄品种名称。这些学员后来成为中国葡萄酒行业的中坚力量，他们在全国生产制造"解百纳"葡萄酒，这是张裕公司自行淡化商标的开始。张裕对自己的淡化行为并没有知觉，直到现在其广告都是直呼"张裕·解百纳"，其产品标识也是使用"张裕·解百纳"，"张裕"是个商标，按照消费者一般称呼习惯"解百纳"自然被当成产品的名称。基于张裕的用法，市面上也就有了"长城"牌的"解百纳"和其他牌子的"解百纳"。20世纪80年代后期以来，有许多专业书籍将"解百纳"解释为一种或几种葡萄的名称，或者认为"解百纳"代表一定的葡萄酒口味。而对此，张裕公司并没有及时向有关出版社提出异议。

好的商标运用方式对商标的宣传推广具有事半功倍的效果，而运用不当则可能将商标断送，"吉普"、"席梦思"、"氟氯昂"等商标就是因为运用问题被淡化为商品的通用名称，而张裕正是因为自己的使用失误，为"解百纳"的保卫战买单。

（四）行业博弈之困

企业商标战略包括创造、运用、保护、管理四个部分。企业以盈利为目的，商标战略也必须从企业的商业利益上来设计规划本企业的商标战略。因此所谓商标战略就是从企业长远盈利的目标出发对本企业商标进行的整体性规划，其基本原则是利益优先。思路决定出路，商标战略规划必须具备一定的思维高度。张裕在"解百纳"品牌的命名之初并没有对其进行良好的维护，而使之从具有独创性的品牌名称淡化成为行业品类的名称。"解百纳"发展到今天，已经成为葡萄酒市场的中坚力量，其商标背后是几十亿的市场，这个大蛋糕正是张裕与其他葡萄酒企业博弈的真正目的。在这场商标博弈中张裕首先出牌，将"解百纳"申请注册为商标，随后以行业中其他巨头组成的联盟作为博弈的另一方，看起来是个二人博弈，实则却是一个企业与一个行业的博弈。在这场"解百纳"商标保卫战中，张裕的行为被看做是对行业的背叛。各方在"解百纳"博弈中从法律程序打到市场，各方纷纷降价，"解百纳"优厚的市场利益在各方的纷争中逐渐失去，而市场份额最大的张裕公司显然利益损失最大。张裕的背叛行为致使其在整个行业陷于孤立，失去与行业合作的机会，对其今后的经营可能带来不利。如此看来，张裕公司的商标战略背离了最基本的初衷——企业利益。

张裕为捍卫"解百纳"商标，与其余葡萄酒企业进行了长达8年的博弈，最终取得了商标的所有权，但无可否认的是，在这场耗时长久的战争中，张裕对"解百纳"商标所倾注的资金与心血有一部分因为品牌的淡化成为了对于"解百纳"这个行业品类的贡献。张裕维护自己商标权的精神难能可贵，但在品牌维护中显出的不足也为其他企业敲响了警钟。

问题：

1. 张裕采取了哪些措施来维护"解百纳"品牌？

2. 张裕对于"解百纳"的维护中有哪些优点和不足？

3. 收集最新资料，随着张裕"解百纳"被正名，其余品牌的"解百纳"将何去何从？

案例 12　王老吉："药茶王"的品牌资产增值

考生角色

假如你现在是刘先生，刚进公司不久，担任的职务是品牌经理助理。公司计划开展新的品牌推广活动。你要协助品牌经理制定方案。

为此，你对饮料业及王老吉在饮料业中的地位做了广泛的调查。现在你已经搜集到了许多该公司及饮料行业的背景资料。

在 2011 年 1 月 17 日召开的会议上，你将要把你的发现汇报给品牌经理，以协助他制定品牌推广方案。

案例介绍

凉茶是广东、广西地区的一种由中草药熬制、具有清热祛湿等功效的"药茶"。凉茶起源于广东，因为广东地区的炎热气候加上广东人的饮食起居习惯，凉茶是广东人夏天必不可少的饮料。在众多老字号凉茶中，又以王老吉最为著名，被公认为凉茶始祖，有"药茶王"之称。王老吉凉茶是由其创始人王泽邦（乳名阿吉）于 1828 年（清道光八年）始创。由于王老吉凉茶配方独特、价格公道，因而远近闻名，生意兴隆。

20 世纪·50 年代初，由于政治原因王老吉凉茶铺分成两支：一支完成公有化改造，发展为今天的王老吉药业股份有限公司，生产王老吉凉茶颗粒（国药准字）；另一支由王氏家族的后人带到香港。在中国大陆，王老吉的品牌归王老吉药业股份有限公司所有。在中国大陆以外有凉茶市场的 30 多个国家和地区，王老吉的品牌基本为王氏后人成立的中国香港王老吉国际有限公司所注册，于是形成了穗港两地同时拥有"王老吉"商标权的特殊情况。

1997 年 2 月 13 日，广州羊城药业股份有限公司王老吉食品饮料分公司（现在的广州王老吉药业股份有限公司的前身）与香港鸿道集团有限公司签订了商标许可使用合同，合同规定鸿道集团有限公司自 1997 年取得了独家使用"王老吉"商标生产销售红色纸包装及红色铁罐装凉茶饮料的使用权，合同有效期至 2011 年 12 月 31 日止，有效期为 15 年，后于 2001 年续签合同，有效期共计 20 年。雄心勃勃的鸿道集团为此投资成立了香港加多宝（广东）股份有限公司，由香港王老吉集团提供配方，经广州王老吉药业特许在中国内地独家生产，专门负责"红罐"王老吉凉茶的生产和销售，加多宝在中国大陆先后设立了七个加工厂，分别位于广东东莞、北京、浙江绍兴、福建石狮、广东南沙、浙江杭州与湖北武汉。

　　2002 年以前，香港加多宝公司经营的王老吉罐装饮料凉茶也只是一个地方品牌，销售区域主要局限在广东、广西、浙江南部等地，每年的销售量只有 1 亿元左右。2003 年后企业通过采取一系列的创新和怀旧策略，品牌资产大大提升，市场呈现出出人预料的销售旺势。2003 年，红色王老吉的年销售额增长近 400%，从 1 亿多元猛增至 6 亿元，2004 年则一举突破 10 亿元，2007 年近 90 亿元，2008 年更是达到近 120 亿元。据国家统计局 2010 年公布的数据显示，红色罐装王老吉已经连续三年蝉联"中国罐装饮料市场销售第一"的宝座。2007 年中国品牌研究院的老字号品牌价值评估中，王老吉的品牌价值达 21.25 亿元，位居中华老字号品牌价值榜的 11 位。红罐王老吉先后荣获"人民大会堂宴会用凉茶饮品"，"2008 年中国食品产业成长领袖品牌"，"最畅销民族饮料品牌"，"2008 年消费者满意度第一"，"最受网友欢迎饮料"等称号和奖项。2010 年 1 月 21 日，王老吉在新浪网举办的"新浪 2009·网络盛典"又获最具价值品牌荣誉。2010 年在第十五届全球食品科技大会上又摘得"全球食品工业奖"桂冠。

　　资料来源：张莹、孙明贵：《中华老字号品牌资产增值——一个创新与怀旧契合的案例分析》，《当代经济管理》，2010 年第 32 卷第 4 期，21~25 页。

张金海、佘世红：《中外经典品牌案例评析》，华南理工大学出版社，2009 年版，第 127~133 页。

案例分析

　　王老吉，作为一个中华老字号，历史悠久，品质优良，具有鲜明的中华民族传统文化背景和深厚的文化底蕴，是一个取得社会广泛认同，具有良好信誉的品牌。在 2002 年以前，王老吉只是一个地方品牌，销售范围也只局限于两广地区和浙南地区。如何充分挖掘"王老吉"品牌资产中值得挖掘的元素，为王老吉注入新的活力，提升"药茶王"的品牌资产，就成了摆在加多宝公司面前的严峻课题。

　　加多宝公司采用了如下做法：

一、通过营销创新为品牌注入活力

　　根据 Keller 的理论，扩展品牌意识、改变品牌联想、改善品牌形象等都可以提升企业的品牌资产。王老吉采用了品牌重新定位、市场创新、营销渠道创新、沟通方式创新等方式影响消费者品牌意识和品牌联想，实现了品牌资产的大幅增值。

（一）重新定位品牌：预防上火的饮料

品牌重新定位是王老吉营销创新的一个方面，以此改变品牌形象，让消费者对王老吉有明确的品牌认知。作为地区性老字号，王老吉以凉茶著称，凉茶原本是广东的一种地方性药饮产品，在广东和广西之外的人们并没有凉茶的概念，在上火的时候也从没有想到喝凉茶，都是通过牛黄解毒片之类的清热解毒类药品来解决问题，这成了王老吉打入全国市场难以逾越的障碍。显然，如果以"凉茶"的概念切入全国市场，不但市场培育过程缓慢，而且灌输"凉茶"概念的费用也是一个无底洞。此外，王老吉产品是由草本植物熬制，颜色发红，有淡淡中药味，若作为饮料销售，口味方面也存在不小障碍。为了摆脱这种尴尬境地，王老吉进行了重新定位。咨询公司对王老吉的消费者调查的结果显示，广东和浙江南部的消费者购买王老吉的主要动机是为了预防"上火"，这也是全国消费者都接受的概念。而且，进一步的研究发现，其他有去火功效的饮料如菊花茶、清凉茶等由于缺乏品牌推广，并未占据"预防上火的饮料"的定位，不具备与王老吉竞争的能力。而可乐、茶饮料、果汁饮料、水等不具备"预防上火"的功能。因此，王老吉品牌重新定位于"预防上火的饮料"，明确王老吉是在"饮料"行业中竞争，竞争对手是其他饮料。其品牌独特的价值在于——喝罐王老吉能预防上火，还能让消费者无忧地尽情享受生活：吃煎炸、香辣美食、烧烤，通宵达旦看足球……这种定位不仅有利于巩固原有市场，还能将王老吉与其他类型饮料区分开来。更为重要的是预防上火的价值主张早已得到了中医文化的认可，被全国范围的消费者接受，能满足企业进军全国市场的期望。

当王老吉定位于凉茶的时候，它只是一个区域品牌，当王老吉定位于不上火饮料的时候，它却得到了全国市场。其成功的关键是站在消费者的角度去解读产品，并把这种解读转换成消费者容易明白、乐于接受的定位，这样的定位一经转换，巨大的市场机会就凸显出来。

（二）营销渠道创新

作为连接生产者与最终消费者之间的纽带，营销渠道建设的成功是品牌资产形成的重要前因。在地区性品牌向全国性品牌转化的过程中，王老吉实施了营销渠道的创新。

1. 建立新的销售通道

在销售渠道上，王老吉大胆创新，开辟销售渠道的蓝海。传统的饮料产品销售渠道是商场、超市、士多店。王老吉在开辟销售渠道时，寻求新的突破口，不仅进入传统的商超等，还进入餐饮店、酒吧、网吧等场所。在一些地区，王老吉还选择火锅店、湘菜馆、川菜馆作为"王老吉诚意合作店"，与它们建立了互利合作关系，并投入资金开展促销活动，使王老吉迅速成为餐馆渠道中主要的推荐饮品。2004年起，王老吉凉茶正式打入洋快餐店肯德基，作为店内饮料与肯德基的其他快餐食品一同销售，拓展了自己的销售市场空间。

图1-6 广告物料

2. 加强对销售渠道的管理

加多宝对王老吉的销售渠道制定了全面而翔实的品牌推广和铺货计划，包括对经销商的管理，加强在终端铺货和终端销售形象的细节管理等。如对经销商的管理，王老吉在每个省设1个总经销商，总经销商下面可以发展多个邮差商（分销商），如批发邮差、餐饮邮差、士多邮差、夜场邮差、特通邮差、商超邮差、综合邮差等。王老吉给省级经销商任务一般在3000万元/年左右，区域经销商一般在300万元/年左右，在经销商完成销售任务后，按照销量每箱返还固定的金额，总体上能够保证经销商获得5元/箱左右的利润，邮差商获得4元/箱左右的利润，零售商获得0.5元/支左右的利润。从而最大限度地调动经销商和零售商的积极性。

在终端铺货和终端销售形象的细节管理上，如尽量保证在超市、便利店的黄金陈列位，要求每一名业务人员每天必须在终端士多店张贴POP宣传画60~70张；要求商品在便利店陈列时，必须将两个产品的正面面向消费者，使红色的易拉罐包装能产生独特鲜明的视觉冲击。从铺货上看，几乎每个一、二线城市的商场、超市、便利店都可以看到王老吉产品，几乎在所有大中型卖场都配有冰柜实物陈列、旺点空罐陈列、挂式小货架陈列、POP张贴等。

（三）营销沟通方式创新

营销沟通是王老吉全国性品牌建设过程中改善品牌形象的重要举措。这种营销沟通不仅体现在广告等传统促销方式上，还体现在利用网络口碑传播和品牌社群沟通方面。

1. 精心提炼促进品牌联想的广告口号："怕上火，喝王老吉"

2003 年，红罐王老吉的一句"怕上火，喝王老吉"的广告语，让全国人民都将"红罐王老吉"与"下火，降火"画上了等号，王老吉摇身一变成为了"下火"的代名词。这样的广告诉求让目标市场产生强品牌联想。之后的电视广告选用了消费者认为日常生活中最易上火的五个场景：吃火锅、通宵看球赛、吃油炸食品薯条、烧烤和夏日阳光浴，人们在开心地享受上述活动的同时，纷纷畅饮红色王老吉；而且附上广告歌曲"不用害怕什么，尽情享受生活，怕上火，喝王老吉"。广告诉求体现的是现代生活气息，注入的是流行文化和时尚元素，打造了一个富有现代生活气息的新品牌形象。

图 1-7　影视广告

2. 在各类媒体上投放广告，采取立体化广告攻略

在广告媒体选择上，王老吉始终把中央电视台作为其品牌推广的主战场，巨额广告投入不遗余力，同时针对各区域市场的不同特点，投放一定量的地方卫视广告，以弥补央视广告覆盖率的不足。此外，除了传统的报纸、杂志外，王老吉还投入了大量的户外广告（包括地铁、公交车、候车亭、街头的平面广告等多种形式）、网络广告。早在 2002 年世界杯期间，红罐王老吉就在点击率最高的新浪网相应栏目投放全屏、浮标、通栏等形式的广告，除此还建立了活动的主题网站作为信息传播的辅助渠道，方便网民了解世界杯的进程，进而无形中传递企业的品牌形象。

王老吉通过在各种不同的传播媒介上进行立体全方位的广告投放，充分迎合了所有消费者的心理需求，最大限度地扩展了广告的传播范围，保证了广告的传播效果。

3. 与消费者的互动沟通

培养忠诚顾客是王老吉营销的最终目标，王老吉采取了多种与消费者沟通的方式，以维护消费者的忠诚度。公司选派专业人士走进社区向消费者传播健康知识，介绍凉茶的饮用方法；建立王老吉会员俱乐部，让消费者有更多的参与度，增强消费者与企业以及消费者之间的互动沟通，给消费者提供一个交流和咨询渠道，分享王老吉品牌的附加服务，体验品牌价值主张。王老吉会员俱乐部得到广大消费者的欢迎，在这里消费者可以咨询、聊天，还可以参与不定期的活动；建立消费者资料库，王老吉企业收集品牌忠实消费者的资料，向这些消费者免费邮寄刊物——《王老吉天地》；介绍公司的产品和各种活动，收到广告的人也会觉得自己受到尊重从而加强对品牌的忠诚度。

4. 慈善公益活动，促进品牌形象

加多宝热心于社会公益事业，给灾区捐款、赞助贫困学生等行为，在网络时代引发了积极的网络口碑，并以其强大的放大效应提升了消费者的品牌认知和品牌联想。2008年"5·12"汶川地震后央视举办的募捐晚会上，王老吉捐款1亿元的义举，与当时某些著名企业的吝啬举动形成强烈反差，激起了全国人民情绪性的拥戴，王老吉事迹迅速以网络口碑形式快速传播。一篇热帖"作为中国民营企业的王老吉，一下就捐款一个亿，真的太狠了。绝对不能再让王老吉的凉茶出现在超市的货架上，见一罐买一罐，坚决买空王老吉的凉茶，今年爸妈不收礼，收礼就收王老吉！……"像病毒一样不断地被各大网站、论坛反复传贴和进一步传播，正面网络口碑的放大效应进一步提升了王老吉品牌声誉，也使消费者更深刻体验这个老品牌背后蕴涵的民族文化传统。社会美誉度达到了巅峰的同时，人们也开始狂喝王老吉。这一年，王老吉的销售额达到了108亿元。王老吉终于一夜登顶，成为最具知名度的热产品，品牌美誉度上升至前所未有的高峰。

5. 借体育营销，提升品牌美誉度

相比于其他营销方式，体育营销以其特有的公益性、互动性和成本效益优势被消费者和商家所青睐。据统计资料表明，一个企业要想在世界范围内提高自己的品牌认知度，每提高1%，就需要2000万美元的广告费，而通过大型的体育比赛如奥运、世界杯等，这种认知度可提高到10%，同时还能获得很好的经济效益。王老吉很善于利用公共体育活动提升自身的影响力。早在2002年世界杯期间，王老吉就抓住世界杯的契机，以"不怕上火的世界杯"为主题进行营销，大大提升了品牌知名度。2007年6月，加多宝集团（王老吉）独家赞助国家体育总局社会体育指导中心和中国少数民族体育协会联合主办的"祝福北京·王老吉56个民族祝福之旅"活动。在全国发起了56个民族祝福北京使

者寻找和评选活动，在 100 多个城市举行 300 多场以民族体育为主题的全民健身大型活动，并征集百万民众祝福北京签名。整个活动持续一年时间。借奥运契机，王老吉改变了以往在消费者心中单单是"凉茶"的印象，向爱国品牌、民族品牌等内涵方向延伸，提升了品牌内涵，美化了品牌形象。作为 2010 年的广州亚运会高级合作伙伴和火炬传递特约合作伙伴的王老吉，凭借亚运这样的国际性体育盛事，品牌形象有了更大的提升。"唱响亚运，先声夺金"、"举罐齐欢呼，开罐赢亚运"、"点燃吉情，传递精彩"以及"王老吉亚运之星"评选，王老吉凉茶亚运营销四步曲环环相扣，不仅营造了很好的亚运气氛，同时也为王老吉凉茶积累了数十亿的人气，强化了品牌与消费者之间的互动，为将王老吉打造成主流饮料品牌、提升品牌影响力立下了汗马功劳。据零点公司发起的《城市关键活动影响力研究 SIKCE——广州亚运会》赞助商的识别和认知度调查结果显示：近 40%的公众能识别王老吉的亚运赞助商身份，北京、上海、广州三地其识别率高达 50%，相比其他知名大企业 20%左右的识别率，王老吉的这一成绩相当突出。知名网络数据公司缔元信同样发布了一份网民对品牌及亚运赞助商身份认知度的调查，结果表明在网民对品牌的认知度调查中，王老吉凉茶以 85%的品牌认知度和 48%的亚运赞助商认知度名列双榜之首。

二、以怀旧传承王老吉独特的品牌资产

尽管王老吉品牌资产的增值过程更多地依靠了创新策略的运用，但这些创新建立在王老吉老字号独特的品牌资产上，也就是创新中夹杂怀旧，以怀旧传承王老吉独特的品牌资产。

（一）品牌名称和品牌历史的怀旧价值

从品牌名称来看，很多中华老字号都以创始人的名字或者姓氏为老字号名称，容易被消费者识别，王老吉也不例外。而且王老吉的品牌名称映照出一种吉祥、平安的心理状态，也能反映一种求稳求和的价值走向，容易被消费者接受。王老吉曾经在区域性品牌时就深受当地消费者尤其是温州的消费者所喜爱。在品牌全国化的过程中，品牌名称作为一种文化很容易被消费者接受，形成品牌认知。

从品牌历史来看，王老吉品牌的历史和文化是王老吉的品牌精髓，是品牌资产增值的基础。首先，王老吉品牌有 180 多年的历史，树立了凉茶始祖的身份，是拥有典型传统文化内涵的老字号。尽管王老吉的广告诉求并没有宣扬其品牌历史，但在每一罐王老吉产品上都可以清晰地看到"凉茶始祖王老吉，创于清朝道光年间，已逾百年历史"这样的文字，既能带给消费者品牌信任，又能加深对王老吉品牌的文化内涵的理解。其次，王老吉沿用至今的神秘中草药

配方不仅支撑了今天的品牌定位，也容易让消费者对品牌质量产生信任。再次，红罐王老吉这几年的开疆越土，也体现了岭南商业文化"开拓"的一面。最后，与王老吉关系密切的广东凉茶 2006 年申请国家级非物质文化遗产成功。凉茶饮料作为中国非物质文化遗产，有着最深厚的中国传统文化底蕴，一定程度上代表了中华民族沉淀几千年的养生文化。而作为有着 180 多年品牌历史的王老吉凉茶，在继承中国千年传统养生精华的基础上，更是把养生文化发扬光大。这些都让消费者更有理由相信作为凉茶始祖的王老吉独特的品牌文化极具怀旧价值。

从品牌情感来看，老字号企业在长期经营过程中所形成的良好声誉和社会认可度往往让消费者对老字号有一种额外的亲近感，加上王老吉品牌成长过程中对贫困学生的资助和对灾区的捐助行为，消费者甚至会对品牌产生亲切感，有效地促进了消费者的品牌联想。

（二）运用品牌故事深化消费者品牌意识

品牌故事是指关于品牌的象征性故事，既可以是叙述性的，也可以是比喻性的，是有关品牌历史、意义或精神等的描述，而且具有动态性。老字号在几十年至数百年的经营历史中都留下不少品牌传奇故事，由于其口耳相传的特点，这些故事被广为传诵，成为老字号与消费者最宝贵的情感联结，激起消费者在思想上的共鸣，深化消费者品牌意识。王老吉就很好地挖掘了品牌资产中独特的品牌故事，以创始人的个人传奇作为消费者对品牌的认知和记忆，并用消费者喜闻乐见的形式将品牌意义根植在消费者的心中。王老吉赞助拍摄的连续剧《岭南药侠》就是以王老吉的创始人为原型，在民间传说基础上加工而成。随着《岭南药侠》在中央电视台及全国众多频道的播出，在历史、文化、价值取向、道德审美等方面，对王老吉的品牌文化内涵作了一个全面的展示，让两广以外的众多消费者了解王老吉背后的故事、蕴涵的文化内涵，以怀旧的营销方式给消费者植入了品牌认知和品牌情感。

三、"药茶王"的复兴对中华老字号提升品牌资产的启示

"药茶王"王老吉是目前中华老字号品牌经营成功的典型，"药茶王"个案对于中华老字号提升品牌资产有以下启示：

（1）王老吉老字号的经营成功首先是现代营销理念发挥作用的结果。老字号要谋求品牌资产的增长首先要解决自身观念的问题，树立顾客导向观念，识别目标群体的需求特点，这样才能依据企业自身势力，采取创新或怀旧的具体策略。

王老吉正是深入市场调查，识别现代消费者茶饮料需求的特点，才做出了

正确的产品定位，迎来了销售旺势。许多老字号企业需要更新观念，要以消费者为中心，把消费者的意见带入企业内部，根据消费者的需要调整营销策略，将古老的品牌与现代消费者心理和需求特点相吻合。

（2）在挖掘老字号品牌精髓基础上实施营销创新是王老吉品牌振兴的关键所在。王老吉根据现代人的生活习性寻找目标消费群体，调动积极、现代、时尚、活泼的元素，充分向消费者诉求它的购买理由和消费场合，让王老吉的品牌联想具有新鲜感和亲和力。同时这些创新又传承了王老吉的品牌精髓，创新中蕴涵怀旧的做法极大地提升了王老吉的品牌资产。对于许多中华老字号而言，创新和怀旧的契合应是品牌复兴明智的选择，因为老字号企业如果只求创新，不顾历史和传统，就会浪费已有的品牌资产，导致成本太高；而如果他们只是固守传统，不图创新，又会难以适应市场需求。因此，老字号企业需要根据市场和自身条件，确定创新和怀旧的具体要素，力求做到既保留历史又开创先河。

（3）充分利用现代传播手段和沟通方式拓展老字号品牌知名度。王老吉由地区性品牌向全国性品牌扩展过程中，电视广告、网络口碑、品牌社群等现代沟通方式都起到了重要的作用。中国许多老字号都属于地域性品牌，其品牌的市场知名度也局限于本地市场，在全国范围内的总体知名度很低。对此，老字号应该在确立自己的品牌个性基础上，充分利用互联网和强势媒介加大传播力度，突破地域限制。

107

问题：

1. 王老吉为提升品牌资产而进行的营销创新体现在哪些方面？
2. 王老吉是怎样利用怀旧策略传承其独特的品牌资产的？
3. 王老吉个案对于其他中华老字号有何借鉴意义？

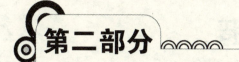

第二部分

品牌质量管理

学习目标

知识要求 通过本章的学习，掌握：

- 品牌质量管理的内涵及意义
- 品牌创新的基本概念及策略
- 产品创新与品牌延伸的关系
- 召回制度及其对品牌信誉的特殊作用

技能要求 通过本章的学习，能够：

109

- 分析各类品牌创新策略的异同
- 能够为一个产品质量出现问题的品牌策划一个召回方案
- 能够运用品牌创新方法对某品牌进行形象重塑
- 为一个品牌制定品牌质量管理方案

学习指导

1. 本章内容包括：品牌质量管理的内涵及意义，品牌创新的基本概念及策略，产品创新与品牌延伸的关系，召回制度及其对品牌信誉的特殊作用。

2. 学习方法：通过案例进行发散性思维，举一反三，将本章案例与其他章节融会贯通，深刻理解企业进行品牌质量管理的重要意义及体系、方针、策略。通过对品牌创新的不同途径和方式的学习，加深对品牌质量管理的理解和认识。

3. 建议学时：6 学时。

导　语

质量，是品牌的生命之根

　　质量是品牌之魂，质量是品牌的生命。品牌质量是企业开拓市场的法宝，优良的品牌质量是品牌赢得顾客忠诚的取之不尽的源泉，品牌质量更是企业发展成长的基石。一个企业要生存和发展，就必须要形成强大的内部凝聚力，这种内部凝聚力由多种因素组成，企业需要从财物、有形资源与无形资源、智慧和积极性、团队精神等方面围绕创造高质量的品牌这个核心。高质量的品牌积聚了企业一切优秀文化的精华和团结一致的力量。品牌质量已成为品牌资本运营的基础。从企业内部资本积聚来说，需要高质量来确保资本运营的良性循环，渐进发展；从企业外部资本集中来说，需要靠质量的品牌作为资本运营的轴心，去兼并、改组、改造、置换其他企业和资本。因此，在当前，企业实施品牌质量管理具有重要意义。

　　品牌质量管理是以品牌质量为管理对象，确定质量方针、目标和责任，并借助质量体系中的质量策划、质量控制、质量保证和质量改进等手段来实施的全部管理职能的所有活动。品牌质量管理包括质量方针和质量体系两个方面。质量方针是由最高管理者正式颁布的本组织在质量方面的全部宗旨和方向，是企业在一定时期内所达到的质量目标的方针。企业要以质量求生存求发展，参与国内外市场竞争，就必须制定正确的质量方针，适宜的质量目标。而要实现质量方针和目标，就必须建立质量体系。质量体系是为实施质量管理所需要的组织结构、职责、程序、过程和资源的综合体。质量体系是质量管理的核心。质量管理就是通过建立健全质量体系来实施各项质量管理活动的。

　　要明确的是，品牌质量包括品牌本身的质量和体现的质量，是二者的综合体现，品牌本身的质量是由品牌质量所代表的，而品牌体现的质量则是由顾客消费品牌产品所获得的感受或体验来表示。这两个方面是不可分割的，二者的有机结合直接决定了品牌质量的高低。提高品牌质量也就是把提高产品质量和提高顾客感知质量有机结合起来的过程。但必须指出的是，产品质量是建立品牌声誉、不断提高顾客感知质量的基础和前提，一旦产品质量出现问题，必将深刻影响到顾客感知质量。因此，企业必须首先保证产品质量。在这个前提下，才能不断提高品牌的顾客感知质量。

　　企业进行品牌质量管理，首先要树立科学的质量意识；其次建立一套完整的质量管理体系，实施竞争质量标准战略。品牌质量不仅涉及企业的利益、个人的利益。而且从总体上来说，也涉及全社会的利益。影响品牌质量的因素是长期存在并不断出现的，品牌质量管理也必须有长远的规划和预测，有长远的打算和安排，并做到长期坚持，常抓不懈。

案例 13　红旗：昔日尊荣，今日尴尬

考生角色

一家中华老字号日化企业近几年来不断出现产品销量下滑的情况，推出的一系列新产品也无法打开市场。市场调查显示该企业在消费者中拥有较高的知名度，但美誉度不佳。假设你是该企业新上任的品牌主管，而你需要在下个月举行的公司高层例会上发表你对品牌未来 5 年的发展规划。请准备一份详细的分析报告，内容包括你对该品牌目前存在问题的诊断，以及针对存在问题将采取的应对策略。

案例介绍

红旗——中国第一民族品牌，其光芒曾经让世人眩目，红旗过去一直是国人心目中尊贵的"代名词"，"领袖车"的身份更增添了其神秘的色彩。然而，今天面对大街小巷风尘仆仆的红旗出租车，面对逐年下滑的销量，我们不得不承认，红旗已经走下了神坛。

一、曾经的辉煌

红旗对中国人来说曾经是一个极其自豪的名字，它蕴涵着与生俱来的高贵情结。纵览国际汽车工业的发展史，还没有任何一个汽车品牌像红旗那样成为民族自强的化身，凝聚几代领袖的关注。

1958 年 8 月，红旗在一汽厂诞生了，一汽人用智慧的双手实现了中国轿车"零"的突破，也翻开了中国人制造轿车历史的新一页。从诞生之日起，红旗轿车就与"风流人物"的开国领袖们联系在一起，被赋予了神秘的色彩。1958 年 9 月，邓小平、杨尚昆、李富春等中央领导到一汽视察，赞扬了红旗国产小轿车。

1959 年 9 月，第一辆红旗轿车被送到北京，成为十周年国庆典礼的检阅车。从此，红旗成为"王侯将相堂前燕"，一直是中国的"政治车"和"礼宾

车"，代表着地位和权力。领袖接见外宾，庄严国庆庆典等场景，都能看到红旗尊贵的身影。红旗凭借天时、地利、人和，承载了国人太多的关注和希望。

1972 年，美国总统尼克松率领由 500 人组成的代表团访问中国，红旗轿车为美方提供了全程服务。红旗轿车典雅的外形及出色的表现使尼克松及随员大为赞叹，红旗也成为民族自强的象征。在日本、德国等国际汽车博览会上，红旗轿车以其高贵典雅、凝重大方的东方神韵成为一枝独秀，从而跻身世界名车之林。意大利汽车设计大师称赞红旗为"东方神韵与现代技术完美结合的典范"，当年许多外国官员来中国的三大心愿就是"见毛主席、登长城、坐红旗车"，红旗成为世界看待中国的一扇窗口。

二、尴尬的处境

虽然红旗轿车曾在 2005 年 6 月份的一次最有价值的品牌评估中，以 54.56 亿元的品牌价值雄居轿车行业榜首，然而，耀眼的光环并没有给红旗带来骄人的业绩。2007 年 8 月，一汽轿车发布的半年年报显示，一汽上半年净利润 1.3 亿元，与去年同期相比净利润下降近 60%；每股收益仅 8 分钱，同比下降 59%；利润总额 1.2 亿元，同比下降近 70%。据悉，一汽轿车利润下降的原因是多方面的，红旗轿车上半年价格优惠幅度达 2 万~4 万元，然而油价、钢材等原材料成本上涨，技术开发等管理费用上升，导致利润空间越来越小。

中国汽车市场销售状况渐入佳境，2007 年上半年乘用车销量达 308.41 万辆，同比增长 22.26%。大众汽车的销售量又创历史新高，单品年度销量之冠的捷达 2006 年更是创造了 17.6822 万辆的销量佳绩。然而，和竞争品牌销售火暴状况极不协调的是，红旗轿车的销量近年来逐年下降。新红旗 HQ3 上市境况也不容乐观，北京一家红旗轿车的经销商反映，"好的时候，红旗 HQ3 每个月的销量有一两台。"曾几何时，红旗曾是国人心中尊贵的"领袖车"，而今神秘的面纱揭去，红旗已经辉煌不在。在一汽轿车的一次展示会上，一位国家某部委机关采购官员直率地说："我们现在基本不再考虑购买红旗车了，觉得它的档次不够。"其实，这也反映了许多消费者的心声。

三、品牌的错位

红旗轿车从昔日的辉煌荣耀，变为今天的步履艰难，应该说有整个民族汽车工业弱势、自主研发和创新乏力等原因。然而，红旗走下神坛，致命的硬伤还是品牌战略管理的失误，红旗品牌错位，偏离了自己品牌核心价值的主线。

历史赋予了红旗品牌无人能出其右的至尊地位，"尊和礼"应该是红旗的品牌核心价值，红旗应该是尊贵、权力、地位的象征，自然也是最高档的轿车。

持之以恒地维护品牌核心价值，早已成多国际一流品牌创建百年金字招牌的秘诀，许多卓越汽车品牌坚守自己品牌核心价值几十年甚至上百年未变。例如，宝马的"驾驶乐趣"、马自达6的"动感、时尚"、沃尔沃的"安全"、劳斯莱斯的"皇家的坐骑"等。

按理说，红旗应该维护自己"尊和礼"的品牌内涵，坚守高档车市场。然而，面对激烈的市场竞争，红旗经不住诱惑，弃"官"从"民"，昔日的尊贵的"领袖车"今日自贬身价，服务于普通大众。红旗的最大的败笔就是品牌延伸进入中、低档轿车市场，降价过频、过多，最便宜的一款红旗车只要13万多元，滑向低档经济型轿车市场。

红旗为了短期利益，进入城市出租车市场，虽然提升了一定的销售量，但看着大街小巷陈旧的红旗出租车，谁还会想到它曾经是集尊贵、权力和地位于一身的"领袖车"呢？应该说，红旗进入中、低档轿车市场，使红旗多少年来积累的尊贵品牌形象破坏殆尽，严重稀释了品牌价值，昔日的"王侯将相堂前燕"现在在消费者心中代表什么，其实什么都不是！

红旗失去值得炫耀的"尊和礼"的品牌价值，也就等于走下了人们心中的圣坛，难怪红旗在许多人眼里成为低档货，其销量逐年下滑也就不足为奇了。

面对红旗的困境，目前一汽厂已经制定了"重归神坛，重塑尊崇"的战略，首先推出了价格在50万~70万元的自主豪车红旗HQ3，继红旗HQ3之后，一汽还将推出B级和D级的红旗轿车，以及在D级车之前国家豪华礼宾车。

"雄关漫道真如铁，而今迈步从头越。"红旗，这个曾经代表中华民族荣耀的品牌，希望它能重振旗鼓，重现辉煌！

资料来源：杨兴国：《红旗：品牌错位下神坛》，《理财杂志》，2008年第1期，第32页。

陈玮、邹立军：《红旗轿车品牌定位失误》，《中华汽摩配》，2006年第2期，第44~45页。

大宇：《红旗：从价格迷失到品牌迷惘》，《现代营销》，2006年第1期，第25页。

案例分析

红旗对中国人来说曾经是一个极其自豪的名字，它蕴涵着与生俱来的高贵情结。"红旗"几乎可以认为是"中国轿车"的代名词。从1958年一汽手工打造出第一辆国产轿车——红旗开始，这款车就拥有了"国车"的身份。红旗从此踏上了20多年的辉煌之路，品牌经过不断的延续和继承，确立了中国轿车在世界经典名车中的地位。红旗的品牌价值是历史情感的继承，然而，随着市场环境的不断转变，一汽为新红旗品牌所灌注的内涵却并没能继承历史的财富。

一个成功品牌的建立，是缓慢积累与建设的过程，而一个品牌的陨落，却

113

可以轻易地发生。无论是何种成功的品牌，其背后必然需要良好的产品质量与品牌信誉作为支撑。反观"红旗"，从曾经尊荣的"国车"沦落到今天汽车市场中的后进者，其定位的模糊，战略的短视，延伸的失误，技术的缺失是品牌发展过程中的几大硬伤。正由于缺乏适于品牌的有效产品开发与创新，红旗在建设民族品牌的道路上举步维艰。尽管红旗多年来对开发新品做出了种种努力，但是战略的失误与产品质量的硬伤使得红旗汽车陷入中高端市场不"叫好"，低端市场不"叫座"的窘境。红旗的尴尬，固然有其历史原因，但总体归于创新的战略失误与质量提升不利。这一系列失误蚕食着"红旗"品牌的价值，使一个具有巨大商业价值的中国名牌逐渐趋于衰老，淡出了消费者的视线。结合案例，探究"红旗"的衰落，我们可以发现"红旗"品牌在对产品的质量管理与战略监控中有几个较为突出的问题：

一、品牌错位之惑

从红旗的成长历程来看，"红旗"应该是尊贵、安全、权力和大方的象征。曾经，红旗是中国最高档轿车的代名词。而一汽的败笔在于主动放弃红旗多年来形成的高档车形象，模糊了自身的核心价值。要知道，核心价值是整个品牌特质的代表，一旦确定，在很长时期内是不会轻易改变的。一些成功品牌，虽然会随着时间的推移和市场的变化转换形象，然而其核心价值却会长达几十年甚至上百年不改变。最初，当外国政府首脑访华时一度把能坐中国"国车"当成最大的愿望和荣幸，可见当时红旗对于品牌价值的实现是非常成功的。而今，红旗却未能将这一核心价值很好地延续下去，当红旗开始进军中档车市场时，其实就已经背离了原本尊贵这一价值。核心价值的模糊，是红旗最大的失误。

而从操作层面上看，红旗盲目附和市场中其他品牌的降价策略，降价过频、过多。2003 年 1 月、6 月，在不到半年的时间里，红旗两次宣布降价，而且降幅最高达 22%，这种降价幅度，在市场中实属罕见，并且，降价后的红旗销售业绩平平，进军商务车市场也没有能够改变红旗的处境。2003 年 5 月，红旗明仕产量比同期负增长 74.31%，红旗世纪星产量比同期负增长 86.42%。就在降价后的 2003 年 6 月，红旗的全国销量也仅仅为 2359 辆，并无实质的改观。红旗市场迅速萎缩，难以撼动大中城市的轿车市场，销售地域也只集中在中小城市，而多数购买者也仅仅限于中小业主，无法挽回消费市场的颓势。

红旗轿车在品牌的推广中迷失方向，向中低档轿车争夺市场份额的同时，缺乏对品牌战略的研究，使红旗失去了长久以来在市场上建立起来的品牌地位。这一系列的失误，客观上使红旗原本高贵品牌形象严重丧失。

二、品牌延伸之误

红旗的转型有一定的市场原因：客观上，与红旗定位相同的公务车市场中先有奥迪，后有别克，两者都在不断挤占红旗的市场份额，而从经营层面上来看，红旗所属的一汽集团80%的利润来自一汽大众，这些致使红旗不得不为奥迪让路；主观上，一汽也不想失去经济型家庭轿车的良机。因此，一汽想用"红旗"品牌作为母品牌开拓中高档轿车市场。但是产品开发的战略失误，最终导致红旗品牌中高低的价位全有，几乎等同于没有定位，这使得红旗模糊了自己的形象，失去了原有的高档和尊贵的定位。

原本，一汽轿车欲进行产品线的扩张，从高档向中高档延伸，从政府车向商务车进军，这一发展战略反映了当时市场环境的需要。品牌延伸原本就是品牌在发展过程中进行创新的一种常用手段。一汽在当时的市场环境下做此尝试，表面看起来并没什么错误，但是，一汽最终选择用红旗这个高档轿车品牌作为母品牌向中档市场延伸，这一战略就有欠考虑。

按照品牌层次理论，品牌可以分为四层——企业品牌、家族品牌、单一品牌（产品品牌）、品牌修饰。以"通用别克"这一系列的车为例，这里"通用"是企业品牌，别克是家族品牌，君威、赛欧、荣御是单一品牌，G2.0、GS2.5是品牌修饰。从红旗的历史来看，"红旗"在当时市场的情况下只适合做单一产品品牌，不适合做包括高、中、低档轿车的企业品牌或家族品牌。

从品牌的长远发展来看，企业在考虑产品线的扩张时，最好是采取针对中低档市场与高档市场有各自的独立品牌。高档品牌向下延伸，低档品牌向上延伸都很难成功。当然，高档品牌向下延伸有可能短期内销量激增，但长期市场占有率和利润只会下降。国际上有过很多类似的案例，如林肯和凯迪拉克等大型豪华轿车品牌为了与日本丰田和德国大众的小型廉价轿车竞争，而向低档市场延伸，结果都遭到失败，不仅没有占领低档市场，连高档市场的占有率也下滑，最后又不得不退守原来的高档市场，另开发低档品牌。反过来，低档轿车品牌如果用原来的品牌向高档市场进军，也是困难重重，所以现在企业都是用独立的高档品牌。购买"LEXUS"（凌志，现改名雷克萨斯）的消费者最开始并不需要知道这是丰田的旗下品牌，知道了反而会怀疑丰田的实力能否生产高档轿车，或者是否以次充好、名不副实。大众收购奥迪之后并没有将轿车的名称改成"大众—奥迪"，宝马收购劳斯莱斯后也没改名为"劳斯莱斯—宝马"，这一切都是出于品牌战略的考量。而反观红旗，无论是高、中、低档的产品都以红旗品牌命名，如"红旗世纪星"、"红旗名仕""红旗卓越者"等。事实上，自1987年恢复生产以来，一汽生产的红旗轿车，已拓宽为发动机排量从1.8升到 4.6 升的系列产品，既有基本型，又有豪华型、普及型，还有各种各样的变型加长车，品种多达 58 种，从 130 多万元的大红旗（红旗旗舰加长型）到现在 13 万多元的普通红旗轿车，品牌跨度巨大。除了红旗，世界上没有一个轿车品牌旗下产品的差别达到十倍。

综观全世界，所有的汽车集团都有自己完善的产品线，并且在高档轿车领域的产品都是以独立品牌出现。高档品牌向低档延伸一开始会很成功，但以后这个品牌会逐渐沦落为中低档品牌，销量的增加是以利润和品牌价值的丧失为代价的。而从红旗的历史形象和品牌价值来看，它确实更适合作为单一高档轿车产品品牌出现。一汽集团对于红旗品牌延伸战略的失误，也是导致红旗走下神坛的重要原因。

三、品牌质量之憾

作为昔日尊荣的"国车"，红旗的"领袖车"身份承载了太多世人理想化的成分，这种理想化根深蒂固，形成了人们对红旗产品极高的期待。因此，如果没有一个成熟产品让人们寄托这一品牌理想，那么红旗产品的任何一个问题，都会被放大，都会构成对红旗品牌的损害。品牌的竞争，最终需要优异的产品质量作为支撑，而在当今激烈的市场竞争中，红旗一方面缺乏明确的产品定位，无法找准自身通过历史积累下来的品牌价值；另一方面，红旗轿车在生产技术上缺乏竞争优势，自主研发上的不足使得红旗在曾经引以为傲的中高端市场中丧失了产品质量的话语权。目前，红旗系列产品与市场上的同类车型相比，没有明显的技术性能或者外观方面的差异化，由于缺乏良好的产品质量管理，红旗的产品也曾在生产过程中几度暴露出技术质量问题，使红旗轿车在市场中受到质疑。红旗始终未能摆脱众人心目中"奥迪车身+克莱斯勒发动机"的印象，"红旗车=拼装车"成为品牌发展过程中一片挥之不去的阴影。

除了产品本身的质量之外，红旗轿车在产品服务上所展现出的不足则将消费者对于产品本身的不满进一步放大：目前红旗的渠道模式还是大部分沿用直销模式，4S 店才刚刚起步，而且数量少得可怜；在传播上，红旗虽然打着民用车的旗号进入市场，却还是延续了官本位的传播模式，希望借助政府口碑传播，并没有适合现代市场营销的传播模式。在越来越重视客户体验的 4C 时代，优秀的汽车品牌已开始普遍采用"客户俱乐部"等消费者关怀与尊重新模式，而红旗对这些人性化的服务还无暇顾及。与其余中高端的汽车品牌相比，红旗目前还不能让消费者感受到品牌背后所象征的品位、身份象征、创新力、丰富的文化内涵和与时俱进的时代气息。产品本身质量与售后服务中所体现的一系列不足使得消费者对于红旗品牌原本过高的期待得不到满足，这种失落感在很大程度上影响了红旗的口碑。

品牌核心价值的游移不定，市场把握的失误，使红旗的命运充满着不确定性因素。红旗车的悲剧在于生产者把这种炫耀性物品降为普通物品。如果说一般物品走向大众化是成功的起点，那么，炫耀性物品走向大众化则是它失败的开始。而如若没有成熟的产品与过硬的服务作为支撑，那么红旗即使重新找准了定位，重返尊荣最终也只会是一句空话。

四、自主研发之累

由此看来，红旗品牌目前迫切需要的，是品质的提升，然而这种提升又谈何容易，在过去的几十年中，红旗一直在自主研发中做出种种努力，但目前看来，却还未能追上竞争者的步伐。

红旗品牌是我国为数较少拥有自主知识品牌的产品。作为中国目前唯一拥有全部知识产权的轿车，红旗既是一汽开发者的骄傲，也是主张中国必须拥有自己的轿车工业的汽车界人士的一张牌。但在自主品牌的发展上，红旗却是历经坎坷。1988 年，一汽与德国大众签署了奥迪轿车产品技术转让协议，大众将其看来已经陈旧的奥迪 100 的整套图纸连同模具转让给了一汽。1993 年，依托奥迪 100 底盘、车身和克莱斯勒发动机技术，一汽人打造出了"小红旗"，但克莱斯勒发动机的技术问题，却伤了消费者的心。无法形成自主开发能力，缺乏核心技术竞争力，从一开始就注定了缺憾。"奥迪车身+克莱斯勒发动机+红旗品牌"新红旗的诞生，并没有为红旗人带来多少自豪。红旗一直没能摆脱德国淘汰车型的影子，经过十几年的更新换代，却依然和低端车型奥迪 100 相似。有人开玩笑说：红旗等于奥迪身上插杆旗。红旗人的想法是：通过引进奥迪技术，买断专利，然后实现自主开发。但是自主研发又谈何容易？实际上，红旗拿到的并不是自主知识产权，而仅仅是独立的处置权，比如可以把车身或底盘加长或缩短。如果你不具备后续的研发、创新能力，拿到的就只是一个停滞的、没有生命力的产权。这样的技术和产品在激烈的市场竞争中必然要走向衰亡。

1998 年，经过 28 项技术改进的 4GE 发动机装配红旗"98 新星"，并请德国保时捷公司进行了调教，红旗车技术日渐成熟。2000 年，一汽轿车投资 6 亿元，自主开发的红旗世纪星轿车问世，但随后众多合资品牌中高档轿车的推出，打压了世纪星的市场空间和价格区间。虽然红旗两款轿车每年都在升级，但红旗轿车的销量一直在两万辆上下徘徊。

目前，外国汽车品牌已经完成了对中国汽车市场的布局，国外企业抢滩中国市场已经成为一种现实，这使自主开发和民族品牌的发展更加艰难。虽然在目前的产品中，一汽轿车已经做了大量的尝试，但不得不承认，我们的自主开发能力较之国外汽车行业相比还是有一定差距。高端的产品必然需要高端的技术，但目前依靠一汽自身的水平则难以达到。

五、"红旗"品牌衰落所带来的启示

企业所处的市场环境是复杂多变的，而且市场是动态的，而不是静态的，很多时候市场上的商机是瞬息万变的，诸多因素会导致企业品牌的衰落。企业应当重视品牌的管理与维护，及时对市场的变化做出灵活的反应，对品牌的发展战略与产品的质量进行实时的监控，为谋求品牌的长期生存并永葆活力做出考虑。

首先，无论是在维护现有产品抑或是开发新品的过程中，都必须明确品牌的核心价值，并以此刻画鲜明的品牌形象。红旗就是没能够保持和发展自己的优势和特征，在品牌定位的过程中游移不定，最终模糊了自己的核心价值，从而丧失了在消费者心目中的地位。

其次，树立品牌形象必须从企业产品质量抓起。品牌效应是以高质量为基本特征的，质量是决定品牌市场占有率和销售成果的基本条件，质量是品牌的生命，是企业获得荣誉，取信于社会的保证。即使企业品牌的策划与运营成功，但如果疏于对产品质量的管理使企业产品的质量存在问题，不能很好地满足消费者对这种产品的要求，也会导致消费者对该品牌的关注度和忠诚度下降，甚至使该品牌被市场淘汰。红旗的失败在于其产品和服务违背了消费者的期待，最终丧失了顾客的信任。

再次，企业要积极进行品牌创新，但在进行创新的同时要注意选择适合自身的新品开发与延伸策略。红旗由于没有找准新品的定位，开发出的产品尽管看似种类繁多，却不具备明显的技术性和差异性，使得其原本巨大的品牌价值无法得到释放，从而在激烈的市场竞争中失利。

最后，品牌要随着时代的发展与时俱进，不断深化品牌的文化与内涵，让消费者形成深刻和稳定的印象，从而保持对该品牌的长期忠诚。红旗轿车曾经有着"领袖车"的光辉年代，但是品牌文化没有被很好地传承与发展，没有赋予其符合时代的全新内涵，导致消费者对于品牌的联想还都是久远的回忆，觉得红旗是个老旧的品牌。

问题：

1. 知道轿车的人几乎都知道红旗，这个具有深远历史背景的品牌，为何走到 2007 年上半年净利润降了近 60%呢？

2. 结合红旗的案例，谈谈红旗的没落包含了哪些方面的原因？

案例 14 天语手机："山寨机"的品牌创新

考生角色

如果你是一家公司的总经理，公司主营通信设备，在业内也算颇有名声，但近年来其他企业发展迅猛，品牌林立，从而导致你的公司市场占有率下降。你的公司似乎遭遇了发展瓶颈。如何管理品牌，成了你最为关心的问题。

有一天，你去听了一场讲座，主讲人是世界五百强公司的一位老总。他的讲话中，有几句让你印象特别深刻。他说："在美国，吉列就是这样的品牌。它不断地自我否定，每隔一段时间就推出全新的剃须产品，现在的产品是有五个刀头的产品，甚至我们可能用不到那么多刀头，但你很开心它一直在改变、在颠覆自我。"

回来以后，你就决心在品牌创新上下工夫。你也知道，品牌创新要在技术、质量、商业模式和企业文化上进行创新，那么到底该如何着手呢？

你开始查阅相关的成功经验，发现天语手机是一个经典的案例，给了你很大的启发。

案例介绍

"山寨机"出自广东话，有占山为王，不受政府管理的意思。自从"山寨"这个名词转向手机行业以来，天语手机就顺理成章地成为国内的山寨大王，以其先入为主的优势，较为精细的做工，较为过硬的产品品质和非常之低的价格，成为广大学生、农民还有部分白领的囊中之物。凭借着天语强有力的价格杀手锏，它的成长速度惊人。

天语的前身是百利丰公司，曾经是三星、科健的国包商，在做手机代理商期间，天语积累了丰富的手机销售经验，同时也积累了多样化的手机渠道资源。自 2006 年 3 月拿到 CDMA 手机生产牌照后，天语便开始涉足自有手机品牌，随后进入 GSM 手机生产销售领域。到 2007 年天语已经突破了 1700 万部的销量，把其他国产手机厂商远远抛在身后。2008 年天语正式成为中国电信合作伙伴，打着"in 像出世，创新腾飞"的旗号高调发布了三款"in 像"系列的旗舰新品高调亮相，标志着天宇朗通一个全新时代的开始。当年天宇朗通成为唯一挤入 2008 年中国市场手机销量前五名的国产手机厂商，以 2400 万部的销量和超过 6% 的市场份额，仅次于诺基亚、三星、摩托罗拉。2009 年以来，天语凭借"胭脂"系列占据了女士手机的一方江山，凭借 800 万高像素系列继续前行，在国内仅次于诺基亚、三星和摩托罗拉排名第四。

于是，曾被认为是"手机山寨王"的天语得到华平、高通、微软等业界顶级伙伴的认可。那么，天语从"山寨"转变为"正规军"，其背后隐藏着什么奥秘呢？

一、"山寨"的出身，品牌的雄心

山寨机的前身主要是翻新、散件走私、高仿和套牌的黑手机。2007 年初，山寨机还停留在对热门机型简单的外形模仿上，这时的山寨机还是依靠单纯的外形设计和低廉的价格来吸引用户的注意。之后，山寨机在仿制热销机型方面的造诣越来越强，很多机型都能做到让业内人士难辨真假的境地，对手机稍不了解，就可能陷入消费陷阱。市面上热销机型几乎都惨遭复制，像诺基亚 N73、N95 等最热门机型市面上甚至有多达数十款的复制机在热卖。

在手机领域，天语代表了一种成功的国产手机品牌的发展历程。在初始阶段，天语一方面充分利用联发科（MTK）的整体解决方案，加上自己的设计，制造方面则采取贴牌策略（与富士康、比亚迪、东信等 OEM 商合作）。同时，在渠道方面，天语采取渠道扁平化和渠道买断的模式（把手机买断给代理商，把定价权交给代理商），这种共赢模式获得渠道商的支持。

这样，天语自身既不必在制造方面进行大量的资源投入，也不用受到太多资金流转的约束，更多的只是以自己的设计能力、市场认知和需求集成各方面资源。也就是说，在企业运营架构上，天语选择"轻资产+集成商"的模式，能够在运营商获得高度灵活性。在下游渠道合作方面，天语坚持"不追求暴利、开放合作、强强联手"的策略，通过"让利"获得渠道商的支持和持久发展能力。

也就是说，天语就像一个轻衣烈马的佐罗，又获得一帮地方好汉的支持，自然能够在"山寨"中突围而出，在较短时间内席卷神州，一跃成为地方割据。对一个年轻的企业而言，能秉持这种生意经或许更多的是企业领导者的气质使然。

二、从模仿到技术创新

草寇和正规军最大的差别是什么？当然是对技术的掌握程度。从"山寨"起家的天语，也有着对研发能力的追求梦想。天语领导者荣秀丽是技术人员出身，对研发设计的重视和坚持超出一般国产手机厂商。这使其能不断积累研发设计能力，形成一定的创新能力，以及把握产业发展趋势。在多媒体手机（PMP）领域，天语除了 MTK 之外，积极地与其他研发机构、芯片商合作，从而提高自身的产品设计能力。早在 2005 年初天语就与 Ingenient 公司（这家公司在多媒体编解码领域实力很强）合作进行多媒体芯片开发。在其 2008 年 10 月推出的中国首款微硬盘 PMP 手机中，天语就采用了包括 ADI、TI 在内的多家芯片商产品。另外，2009 年，天语推出的胭脂手机，其设计理念已经很有一些正规军的风范。

而在 3G 和智能手机领域，天语的研发投入也不低。据说天语手机每年投入的研发经费占企业整体利润的一半以上。天语已在北京设置了 600 余人的研发中心（天语手机的员工总数也不过 1600 人），其 3G 研发中心配备有重金打造的微波暗室和各种先进的测试仪器。目前天语支持的手机制式包括 TD-SCDMA、WCDMA、CDMA 2000/1x/EVDO 等。特别是获得华平 5.3 亿元投资之后，天语更是高调进入 3G 高端手机市场。天语手机还与高通深入合作，引入美国高通公司的 3G 设计平台，以将其在 2G 手机上的优势向 3G 领域延伸。同时，天语还获得微软 Windows Mobile 6.1 智能操作系统使用授权。

当然，如果说天语的研发努力已经成功则是痴人说梦。通信领域的研发不仅包括硬件设计，还包括近年来越来越强调软件实力——特别是 UI 界面。这些东西不是拉一票人马闭门造车三个月就能造出个 Iphone。但天语一方面深挖战壕（设置研发中心）；一方面又与行业上游巨头结义的作战方式已经有了正规军的做派，或者说有了纪律。至于这支军队能否质变成功，还要看未来的几年中天语能拿出什么样的产品。

另外，除了研发之外，深入的行业理解和敏锐的市场触角，也是去山寨化所必备的。这在经济形势变化时特别重要。这方面，天语在 2008 年就看到经济危机的影响，同时预计到了运营商在 3G 手机市场的影响力，于是适当改变市场营销重心，加强了与运营商的定制合作。特别是在 CDMA 手机领域，天语自 2005 年 6 月就与威睿电通（该机构是全球领先的 CDMA 基带芯片的整体解决方案供应商）展开 CDMA 平台合作。后来天语进一步获得高通的支持，更是将其 70% 的研发都投入在该领域。天语对研发的重视获得了中国电信的认可——毕竟中国电信要发展 CDMA 用户还是很需要一帮产业链伙伴共同做大市场。目前天语已经在中国电信的 CDMA 手机招标中获得一定份额。

总的来看，天语的阵地战能力已经有所提高，逐渐摆脱传统的山寨企业形象，在产品层面上能够向中高端 3G 智能机市场迈进，在上下游链条上开始和巨头结盟抱团。

三、洗去"山寨"痕迹，实现品牌创新

在移动互联网浪潮的冲击下，目前手机市场格局远未稳定。掌握了2G手机核心技术甚至在3G领域也有一席之地的中国人，不会让这个市场寂寞。虽然那些"飞檐走壁"的"纯山寨"市场在官方的各种打压下出货量有所下滑，但不少有实力、敢作敢为的"山寨"企业也向正规军发展，其目标首先指向天语这样的先行者。而在海外市场积累了成功经验的华为、中兴之流也会在本土市场打杀一通。

因此，天语在未来面临的阵地战挑战只会更多。为了求得生存，首先，天语还需要继续发挥其在设计方面的创新，并将其体现在3G智能产品和中高端多媒体产品中。毕竟在用户基数庞大的中国市场，用户的需求是个性和多样化的，只有通过不断地创新才能在快速发展的手机市场获得持续的发展空间。但在智能产品领域，也许天语将面临复杂的抉择。不管天语之前基于何种原因选择Windows Mobile系统，但Android手机成为未来几年的关键词已是不争的事实。华为的K3早已经在去年年底开始跳票后迅速掉转船头走向谷歌怀抱，在2010年初就早早推出Android产品，而传统手机巨头最痛恨的联发科也早已确认下半年推出Android平台。即使是实力远逊前两者的魅族，也将全部身家投入到新的Android产品打造中。因此，对于天语而言，是加大智能产品市场投入，还是努力提高多媒体产品竞争力，是一个需要抉择的问题。

其次，在设计创新的基础上加强营销推进，特别是要加强品牌创新和提升。其实在这方面，同是本土企业的OPPO和魅族都各有成功之处。前者在个性化手机设计之外，通过密集的广告轰炸和公关宣传，成功俘获了大量痴男少女的青春骚动之心；而魅族则成功地通过互联网Web 2.0培育了无数忠诚热衷"山寨iPhone"的"煤油"。天语要把自己"秀"成什么样的品牌形象，这将是以荣秀丽为代表的天语决策层的另一大问题——或许是其能否变身豪强的终极检验。

当然，在营销方面继续与运营商展开深入的合作是降低运营风险的重要策略。毕竟经过一年的3G运营尝试，内心骚动逐渐平静的3G运营商或许会减少在上网本和广告方面的有效投入，转而增强在定制手机方面的采购和推广力度。目前中国电信已经初步定下了3000万3G用户的年度发展目标。所以天语在这方面的努力将获得进一步的收获。

另外，天语进一步提升产业链管理，将其产品质量维持在较高的水平，这是上述所有策略的基础。只有这样，天语才能从"中国制造"走向"中国创造"！

资料来源：林起劲：《天语：从山寨走向豪强的图谋》，http://tech.163.com，2010年3月29日。

案例分析

山寨机之所以能如此流行，价格固然是一个因素，但还有其他超级引诱性的卖点。总结起来就是：手机功能极其丰富；价格极其低廉；外观极其新颖；待机极其强；更新速度极其快。这五大优势使山寨机成为那些追逐流行、追求另类的人们的追捧之物。

但因为其缺乏完善的政府监管体系，缺乏科学的质量管理体系，山寨机也有其固有的缺陷：风格抄袭严重；功能全而不精；电池存在安全隐患；售后服务不健全。总结成一句话，就是质量不够可靠。

所以，山寨机若是单单走山寨路线，可能暂时会有效益，但并非长久之计；若想持久弥香，必然要走技术创新、品牌创新之路，才能实现可持续发展。杰克·特劳特曾在《创新的窘境》一书中指出：每隔一个阶段随着产品技术的升级换代，一些技术含量较低难以获得飞跃增长的品牌就会被淘汰，而留下来的一定是能够站稳脚跟、展望未来的品牌。

从这点来看，天语手机无疑走上了一条正途，如图 2-1 所示。

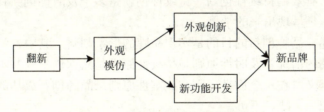

图 2-1　山寨机的发展历程及趋势

一、品牌创新的原则

从图 2-1 中，我们可以看到，山寨手机成功转型创新品牌应遵循的原则，具体可以从三个方面来看：一是从消费者的角度考虑创新，有消费者原则；二是从企业自身的角度考虑创新，有全面性和成本性原则；三是从在创新的时机上看，有及时性和持续性原则。下面我们一一来详细解读：

（1）消费者原则。品牌创新的出发点是消费者，创新的核心是为消费者提供更大的价值满足，包括功能性和情感性满足。"消费者原则"是一切原则中的根本原则。忽略了消费者感受的品牌创新，注定是没有前途的。

（2）全面性原则。品牌的某一个维度进行创新时，往往需要其他维度同步创新的配合，才能达到较好的结果。比如，品牌的定位创新常常需要进行品牌的科技创新，科技创新往往需要通过产品创新来体现，产品创新也经常要求广告等传播形式的创新。全面性原则可以增强企业内部整体系统的有机性：可以使创新后的品牌对消费者产生较为一致的品牌形象，不至于因其他维度没有及时地创新而发生形象识别紊乱，从而强化了新的品牌形象的说服力。

（3）成本性原则。任何维度的品牌创新都是有代价的，包括可能的巨额研发费用、营销费用、管理费用等，而且随着市场竞争的加剧，这一代价呈现出递增的趋势。如果企业没有做好资源的优化配置，虽然创新成功的结果可能具有极大的经济效益或社会效益，创新还是有可能因资源的不济而半途而废，甚至导致企业惨烈牺牲。

（4）及时性原则。品牌创新能够跟上时代步伐、及时地满足消费者对产品或服务的需求变化。创新不及时，产品或服务必将落伍，品牌必然老化。通过品牌运营状况的监控，可以较早地发现品牌老化的征兆。当征兆出现时，便意味着需要品牌创新了，此时进行的品牌创新即为及时的品牌创新。

（5）持续性原则。世界上没有一劳永逸的品牌创新。持续性原则和及时性原则是紧密相连的，只要较好地把握住及时性创新，一个个连续不断的及时性创新便构成了有效的持续性创新。持续性创新是多个及时性创新在时间维度上的外在表现，是呈现出来的结果。

综上所述，品牌创新的目的是实现品牌的形象创新。其中，消费者原则是品牌创新成功的前提；及时性原则与持续性原则是品牌创新的基本要求，也是品牌创新的意义所在；全面性原则和成本性原则是品牌创新成功的保证。此五大原则有机统一，缺一不可。

二、寻求创新的天语手机

那么，对于天语手机而言，它是如何把握机遇，在实现原始积累之后，积极进行品牌创新的呢？如果我们运用 SWOT 分析法，对它的过去和现状进行解读，就能梳理出它的发展思路。

（一）天语手机具有的优势

1. 能快速满足顾客个性化的需求

天语手机突出了以消费者需求为导向、对客户需求的深度了解，并且不断开发用户的潜在需求，充分追求个性化设计。天语手机的设计风格和功能能够满足不同职业、不同人群的个性需求，因此深受用户喜欢。

2. "物美价廉"

富士康、比亚迪是天语手机的主要代工厂商，天语手机整个生产过程都可以在深圳独立完成，一般来说，每台机器的制作成本约合人民币 300 元。天语手机运管和营销成本很低，生产基本是分工协作，各个零件的组装部采取上下游订单形式协同作业，减少了产品的制造和流通成本。

3. 创新精神

天语手机极具创新意识，尽力满足顾客所需要的多功能和低成本，想方设法把生产和营销成本降低，把能实现的功能以尽可能快的速度实现。通过功能和独特的个性，天语手机把创新放在外形设计、功能定义、营销方面，同时以最快的速度满足市场需求而且挖掘市场潜力，创造市场需求。

（二）天语手机所处的劣势

1. 品牌的劣势

由于天语手机同其他国内品牌缺少技术上的本质区别，产品高度同质，缺乏高端机型，"山寨大王"成了人们心中挥之不去的烙印，不利品牌的提升。

2. 网络的劣势

天语手机庞大的销售体系现已变成一架耗油的笨重机器，渠道运营成本日益增加。每年在销售成本上耗资数亿元，并且逐年上升。此外，庞大的销售体系也给企业的变革增加了很大阻力。

3. 服务的劣势

中国手机终端市场已经由高速成长期过渡到稳定成熟期，服务即将成为手机企业竞争制胜的法宝。为节约成本，天宇朗通把售后服务主要交给了当地的经销商，而自己只作为协助角色，这种售后服务模式导致了手机投诉层出不穷。

（三）天语手机面临的机遇

1. 技术上的支持

台湾IT企业联发科（MTK）为天宇朗通这类的手机制造商提供包括软件和硬件在内的全面解决方案，这一举措使天宇朗通马上和全球最主要的手机生产商站在了几乎同等的起跑线上。联发科提供"技术弹药"，天宇朗通只需要在手机设计、硬件质量和销售、品牌建设上努力即可，省去了大量研发成本。

2. 中国手机市场仍保持增长

据2010年4月28日工业和信息化部公布的一季度通信水平分省情况显示，我国的手机普及率已达58.4部/百人，其中上海以108部/百人的手机普及率在全国所有省市中排名第一，国内所有省份中手机普及率最低的为安徽，仅为35.3部/百人。这一数据和发达国家的100%相比仍有很大的差距。据工业和信息化部的统计数据，我国移动电话用户近年来仍保持快速增长，2010年3月份，全国移动电话用户净增923.3万户。

3. 3G 带来手机更换空间

网络升级已经为天语手机创造了难得的外部机会。TD-SCMDA、CDMA、WCDMA 三网同行，使得不同制式的 3G 手机都存在很大的需求。运营商为了更快地进行网络阔地，必然对于低成本的 3G 手机有极大的需求，这给了以 GSM、CDMA 为开发标准的天语手机很大的发展空间。

三、天语手机的发展对策

认清自己的优劣势以及发展的机遇后，天语进行了积极的品牌创新，通过技术、质量、商业模式和企业文化创新，增强品牌生命力。

1. 进行技术创新，确立品牌地位

缺乏核心技术和市场影响力是阻碍天语发展的关键问题。在我国移动通信产业已具备一定实力的时候，必须有新的发展思路，这就是要走技术创新的道路，特别是要强调原创技术开发，才能在未来的国际手机市场上拥有更多的话语权。

2. 打通产品营销渠道，更加完善售后服务体系

天语必须进一步强化在目标区域市场的营销能力，进一步强化对终端营销渠道的控制能力，逐步发展加盟连锁店、专卖店、网络营销等，从而建立起高质量的销售体系和售后服务体系。在手机市场产品同质化倾向日益严重的情况下，服务已经成为企业竞争制胜的有力武器，完善的售后服务体系将成为手机产业持续发展的重要保证。

3. 注重升级核心能力，往价值链上游转移

掌握核心技术对企业提升竞争力来说是至关重要的。核心技术在不同产品中表现为专利、产业标准等不同形式的知识。这类技术可以重复使用，在使用过程中价值不但不减少，而且能够增加，具有连续增长、报酬递增的特征。一个企业即使没有整体竞争优势，也可以通过少数几个关键技术或少数几个关键能力大获成功，这种竞争对手难以超越的关键技术和能力就是核心能力。一旦树立最先进技术代表的形象，在消费追新求异的潮流中，企业就可以享受全球既成市场，节约新产品市场开拓费用，使新技术在短期内占领市场。

作为手机产业价值链的上游，技术开发拥有较高的附加价值，而且上游技术开发能力也是中游、下游的保证。因此，国产手机在任何时候都不能忽略技术开发。由于现时国产手机的技术研发能力远远弱于国外企业，希望国产手机能够知耻而后勇，奋起直追，早日掌握自主知识产权的手机核心技术。

通过靠模仿起家之后，成功的"山寨"企业可以非常迅速地获得专业技术，尤其是在研发和新产品设计方面。通过往价值链的上游转移并升级品牌形

象的战略举措，这些企业开始逐渐摆脱原来的"山寨"模式。有一些企业甚至发展成了行业的引领者，引领新一波的产品和技术发展。

市场竞争激烈而残酷，企业要想生存和发展，没有自己的品牌不行；有了品牌，不去创新，不去适应不断变化的内外环境，企图一劳永逸也不行。品牌是依附于产品而存在的，品牌的基础是作为实物的产品，品牌创新的核心也就是产品创新。产品决定品牌，但作为抽象概念的品牌又高于产品。天语的转型经历，给那些关注质量、关注消费者权益的山寨手机企业指明了出路。品牌只有不断创新，才能避免老化和死亡，才能指引企业走向成功，走向辉煌。

品牌创新作为一种有效的品牌长期管理手段，目前引起了很多学者和实际工作者的兴趣。实际上，品牌创新是品牌管理战略的组成部分。同时，品牌创新还必须从消费者的视角出发，因为它不只是企业单向的决策问题，而且还涉及品牌与消费者之间的互动管理。如何深刻理解消费者的品牌心理状态及其变化，如何利用产品创新促进品牌创新，如何研发品牌精髓等，这些都是管理者面临的挑战，也是营销研究需要进一步探讨的问题。

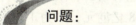

问题：

1. 如何让自己的品牌永葆青春、避免老化，将"不老的品牌"由神话变为现实？

2. 品牌重塑是一个系统工程，在这一过程中，谈谈天语手机应该如何解决以下问题：怎样保证品牌形象转换过程中保持现有客户忠诚度呢？

3. 结合"天语手机"，谈谈品牌创新有哪些策略。

案例 15　霸王洗发水品牌做凉茶：险棋还是捷径

考生角色

如果你是一家日用品公司的品牌经理，事业蒸蒸日上，公司品牌知名度越来越大，但还是遭遇了发展瓶颈。这时，你在想如何管理品牌，摆在你面前有两条路：一是用品牌创新去另辟蹊径；二是采用品牌延伸，深化品牌内涵，覆盖更多市场。你思考再三，觉得品牌创新需要高新技术支撑，不如品牌延伸来得灵活有效。那么，怎样的品牌延伸，才会得到消费者的认同并且能够积极维护品牌既有的形象呢？

你肯定知道，霸王品牌做防脱发洗发水起家，现在品牌延伸，要去做凉茶了。这无疑是个值得细加研究的案例。因为该品牌的延伸还正在进行中，是成是败，还有待盖棺论定。所以，考验你判断力的时候到了。

案例介绍

雨哗啦啦下个不停，近期南方的强降雨天气，已经影响到凉茶生意，不少凉茶企业因此一筹莫展。

就在此时，一个陌生又熟悉的面孔加入凉茶市场的争夺战，凉茶瓶身上圆形的 LOGO 嵌有一个人的头像，人们不禁想到了一种洗发水，其外包装上，似乎也有同样的头像。

这个联想没有错，以做中草药洗发水闻名的霸王品牌，又将自己的产品线延伸到了凉茶领域。

这个头像是霸王国际集团主席陈启源，他的企业正在进行着一次大胆的品牌延伸，用同一个品牌，从日化行业跨入饮料行业。

此前，霸王国际集团投资 1.8 亿港元成立霸王（中国）饮料有限公司，并在广州花都区拿到了 190 亩地作为厂房，整体投资达 4.8 亿港元，作为正式进军凉茶行业的基础。从 2010 年 6 月起这家公司开始在广州等陆续铺货，率先以华南部分地区为主，华东、华北等其他地区也会陆续跟进。

品牌延伸对企业而言，既可能是一本万利的好事，也可能是前进中万劫不复的深渊。跨行业是延续在洗发水行业的辉煌战绩，还是搬起石头砸自己的脚？业界对霸王凉茶的出现褒贬不一。

一、关联度之争

品牌延伸论述中最为常见的是"相关论"，即门类接近、关联度较高的产品可共用同一个品牌。品牌延伸应尽可能避免在类别差异性比较大的产品间进行，假如把强势品牌延伸到和原市场不相容或者毫不相干的产品上时，就有悖消费者的心理定位。

已有不少企业冒险进行品牌延伸并为此付出惨痛代价。湖北省沙市日化的"活力 28"品牌，曾在超浓缩无泡洗衣粉领域占据了国内 2/3 的市场，其当时的影响力一点儿不亚于今日的霸王，可是沙市日化错误地将"活力 28"品牌延伸到矿泉水项目上，结果招致惨败，成为其经营策略的败笔之一。

如今，霸王从洗发水行业跨入饮料行业，被一些业内人士认为有可能重蹈沙市日化品牌延伸的覆辙。

而面对外界种种质疑，霸王企业给《第一财经日报》记者书面解释为，霸王承认凉茶和洗发水在运作上是有区别，但也是有关联的。原因是，霸王的产品都是围绕中草药进行延伸的，这家公司的目标是发展成为一家中草药快消品公司。

提出"市场终端"概念、首创营销需求链实效管理的联纵智达咨询集团首席顾问何慕在接受记者采访时表示，从洗发水品牌延伸到饮料的情况确实极其少见，两行业差异挺大。

从品种联想角度看，喝着凉茶联想到洗发水，这不排除会产生一些不利因素，但假如着重点落在"中药世家"上，凉茶与中药一脉相承，又一切顺理成章。这如一枚硬币正反两面。霸王公司应该是做过利弊权衡后才做出这样的决定。从这次品牌延伸可以看出，霸王公司未来发展战略应该会将"霸王"从产品品牌扩大到企业品牌。

"海飞丝、飘柔等洗发水品牌，顾名思义，与头发紧密相关，假如这些品牌推出凉茶或矿泉水，或许会令人产生不好的联想，但霸王会相对好些，至少从字面含义看不出与哪个行业有直接联系，例如其他企业所经营的就有霸王食品、金霸王电池等，霸王这两个字泛用于多个行业，"何慕说，"其实消费者也没有那么复杂，如果霸王在拓展凉茶过程中通过广告等形式将消费者朝'中药世家'这个概念引导，霸王品牌延伸关联度问题是可以解决的。"

二、霸王选择捷径？

新品牌投入耗资巨大，在美国消费品市场，开创一个新品牌大约需要 0.5 亿~1 亿美元。而假如已拥有知名品牌的企业采取品牌延伸，使新产品一问世就已品牌化，将大大缩短市场接受时间，并有效降低广告宣传等费用。不过，未经理性决策和操作不够科学稳健的品牌延伸很危险，甚至会波及原有强势品牌在消费者心目中的地位。

宝洁较少进行品牌延伸，一方面是因为行业与产品易于细分化，可以通过性格迥异的多个品牌来增加对不同消费群的吸引力；另一方面是因为宝洁拥有雄厚财力和很强的品牌影响能力。

霸王国际在资金上也有实力，该企业 2009 年 7 月于中国香港联交所主板上市，集资 15.5 亿港元，成为内地首家在港上市的日化企业。企业掌门人陈启源和万玉华夫妇身家也迅速飙升至 64 亿港元，跃升为内地洗护发行业首富。而在品牌营销方面，霸王聪明地将洗发水与中药文化结合起来，通过花巨资聘请国际巨星成龙当形象代言人成功打响"霸王"品牌知名度。2009 年，又以大手笔聘请已隐退几年的巨星王菲出山代言，迅速将另一中药去屑洗发水"追风"品牌推向市场。

因此，霸王在这次跨进凉茶行业时，完全可借助在日化行业品牌营销经验如法炮制出一个全新品牌，规避掉品牌延伸风险，霸王此次行动令人有些不解。

凉茶营销专家章世维在接受本报记者采访时分析认为，冲着凉茶市场的发展前景，霸王选择了捷径。

原因是，凉茶行业情况比较特殊，100多亿元的市场，目前只有王老吉一家独大，占据了包装凉茶行业80%左右的份额。春和堂、上清饮、潘高寿、念慈庵、和其正、陈李济、邓老凉茶等陆续加入凉茶业激战中，但多年来一直未有第二名产生，原因是王老吉太强势以至难以出现旗鼓相当的竞争对手。

在这样的背景下，假如霸王以一个新品牌来争夺凉茶市场，则要花大量的人力、物力等，而且在很长时间内都将难与王老吉抗衡，承担市场风险甚至比品牌延伸更大。而假如霸王能够把中药文化的核心价值充分挖掘出来，巧妙地与凉茶文化对接，消费者应会迅速接受。凉茶本来就是跟中草药文化同出一源。

"霸王这次品牌延伸究竟是相悖还是相助，这两种可能性都存在，我个人认为机会应会大于风险。"章世维说。

惠州怀安堂凉茶有限公司总经理曾志锋接受记者采访时谈到，对霸王踏入凉茶行业并不感到奇怪，霸王可借助之前的渠道，迅速进入超市以及便利店等终端，至于在市场上可以走到哪个位置则不好评论。

2010年凉茶原材料涨价很厉害，有些药材价格甚至翻倍，但产品终端却不敢提价，目前整个行业除王老吉凭着规模走量以及自建有药材种植基地这两大优势消化原材料价格上涨压力外，其他凉茶企业的日子不大好过，行业2010年可能会出现一轮惨烈洗牌，或许将有一半品牌惨遭淘汰出局。

何慕称，凉茶行业几乎由王老吉垄断着，这不大正常。微软可以做到一家独大，是因为微软以专利技术壁垒将其他竞争者挡在门外。凉茶行业明显不存在这样的门槛，目前这种现状不可能维持太久，这意味着对其他后来者来说是有机会的。他认为企业攻占凉茶市场，关键是掌握三大要素：一是口味，这是命门，找到适合消费者的口感非常重要；二是卖点，王老吉"不上火"的卖点做得非常漂亮，抓住了消费者的心理；三是渠道。

"霸王闯入凉茶市场的命运究竟会如何，现在下结论还为时过早，最终答案将由市场和消费者来回答。"广东省连锁经营协会会长孙雄说。

资料来源：李溯婉：《霸王延伸：险棋还是捷径？》，《第一财经日报》，2010年6月29日第A8版。

案例分析

俗话说：进攻是最好的防守。对于品牌质量管理而言，品牌延伸就是维护品牌形象的进攻型防守。它的具体策略，可以分为产品线延伸、品类延伸和垂直延伸策略。

一、产品线延伸策略

产品线扩展是指公司在现有产品类别中增加新的产品项目，比如新风味、新颜色、新配方、新包装等，并以同样的品牌推出。这种延伸策略的好处不言而喻，可以使新产品借助原有品牌知名度迅速打开市场，节约新产品进入市场的推广费用，节约营销成本，丰富母品牌旗下的产品线，给客户带来更加完整的选择，但缺点是产品的相似性限制了品牌的长远发展。

二、品类延伸策略

主品牌涵盖不同行业的不同产品。这种策略通常见于一些大公司。比如宝马把品牌从高品质的汽车行业延伸到了服饰行业，中国的第一家专卖店开在北京东方广场，产品有男女正装、运动休闲与配饰系列。宝马之所以能延伸到服饰，是因为宝马不仅象征着非凡的制车技术与工艺，还意味着"潇洒、优雅、时尚、悠闲、轻松"的生活方式，车和服饰都是诠释宝马核心价值观的载体。

三、垂直延伸策略

前面两种延伸策略中，可以用水平延伸，也就是原产品和新产品属于同一档次，也可以采用垂直延伸策略，也就是把新产品延伸到不同的档次上去，具体分为低档产品向上延伸，高档产品向下延伸和中档产品向两头延伸。其目的主要有三：第一，要扩大市场占有率，占领更多的细分市场；第二，可以锁住客户的购买行为，阻止顾客流失，变品牌间转移为品牌内转移；第三，应付主要竞争对手的攻击性行为，特别是低价进攻行为。

（1）向上扩展：有些企业的产品线原来定位于低档产品，由于希望各档产品齐全的完全产品线，或者是受到高档产品较高的利润率和销售增长的吸引，企业会采取产品线向上扩展的决策，以高于核心品牌的价格和品质导入市场。这种策略可以提升品牌形象，因为品牌的高端版本通常可以带来积极的品牌联想。

（2）向下扩展：当企业发现高档产品市场增长缓慢、遇到强大攻击、为填补市场空缺而增加低档产品品种时，会用低于核心品牌的价格和品质进入市场。

（3）双向扩展：生产中档产品的企业在市场上可能会同时向产品线的上下两个方向扩展。

成功的品牌延伸主要有如下五步：

1. 科学评估企业及其品牌的实力

在品牌延伸之前，企业有必要对自己的内部实力进行评估。因为并不是每一个企业都有能力进行品牌延伸战略。正如前文所说，品牌延伸的目的就是要借助已有品牌的信誉和影响迅速向市场推出新产品。对一个企业来说，只有当品牌具有足够的实力时，才能保证实施品牌延伸战略的成功，如果企业在没有多少知名度和美誉度的品牌下不断推出新产品，这些新产品就很难获得品牌伞效应，因而这样与上市新品牌几乎没有什么区别。因此，科学评估企业及其品牌的实力是实施品牌延伸战略的起点。

2. 正确概括母品牌的价值内涵

延伸产品的市场定位必须体现品牌的核心价值。如果企业要进行跨行业的品牌延伸，则更应注意使品牌保持稳定，不引起消费者反感。一旦其中一个方面确定，其他各个方面都必须与之保持价值的一致性。比如万宝路给人以自由狂放的男子汉气概，延伸至牛仔裤是可行的，但若是延伸至西装，则让人感觉不伦不类。对于要进行品牌延伸战略的企业来说，只有深入地了解品牌的价值内涵，才能防止品牌淡化稀释现象的产生；反之，越是品牌延伸推出新产品，越是能强化品牌的知名度和美誉度。

3. 选择品牌延伸的策略类型

品牌延伸的类型，将决定延伸产品的选择方向，因此要加以慎重地选择。一般而言，企业都是先考虑产品线延伸，在某个领域做出相当业绩之后，再考虑品类延伸。其实，在原行业中利润空间不大、竞争过于激烈的情况下，延伸到其他行业才是明智之举。比如康佳在电视机行业中做得风生水起，但竞争毕竟激烈，所以剑走偏锋，选择了手机、电冰箱作为延伸的新品类，作为新的利润增长点。

4. 选择可能的品牌延伸对象

究竟该怎样选择延伸对象呢？要根据企业品牌的价值内涵和企业现有的自身状况（核心技术、利益等方面），并加以市场调查，正确选择企业要新进入的行业及要推出的新产品。卡普菲勒提出了一个品牌延伸能力的模型，如图2-2所示。

该模型中，纵轴是品牌类型，横轴是产品相似程度。品牌类型是指母品牌具有的某一特征，包括配方/形式、核心技术、利益、价值。产品相似程度是延伸产品与原产品的相关性。配方/形式是指原产品的固有特性，比如可口可乐的

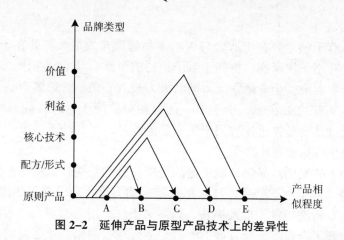

图2-2　延伸产品与原型产品技术上的差异性

配方、KFC 的包装等。核心技术是原产品所具有的技术专长，比如乌江三榨的专有技术是腌制榨菜，所以推出麻辣榨菜、川香菜片等也是情理之中。利益是品牌带给消费者的产品利益。价值是品牌特有的理念，延伸产品应与原产品保持一致。

5. 反馈控制

所谓反馈控制，是指战略付诸实践后，将相应的成果反馈回来，与原有的设想进行比较，并利用二者的偏差进行控制的过程。反馈控制其实是用过去的情况来指导现在和将来。任何战略都是需要及时得到反馈，并进行相应的调整。

根据卡普菲勒产品延伸模型，我们可以知道，选择合适的品牌延伸对象，是品牌延伸的重要步骤。品牌形象是与主导产品形象粘连在一起的，要把品牌形象延伸到其他产品上，必须保持被延伸产品与主导产品具有一定相关性。衡量产品相关性是否适合品牌延伸，主要分析两种产品的消费者是否一致，以及消费者对产品的要求是否一致。如果企业未加仔细分析，看到新产业、新的市场利益点就盲目进行品牌延伸，必将落入延伸陷阱。一般而言，当延伸的产品可以符合或强化品牌资产，则该产品才适合进行延伸。

那么，霸王从洗发水延伸到凉茶，是坠入延伸的陷阱，一旦延伸失败，甚至影响到霸王品牌的形象，造成所谓的"一荣俱荣，一损俱损"；还是会成功地拓展市场，得到消费者的极大认同，续写霸王的传奇呢？

其实，我们知道，霸王的延伸，可以走两条路：

第一条路，单品牌策略，用同一品牌涵盖旗下所有产品，GE 和 SONY 是其代表。

第二条路，多品牌策略，为不同产品或产品线分别建立品牌，以 P&G 为代表。

二者各有千秋，只在于适合与否。多品牌策略的最大长处在于识别率高，各自独立，互不干扰牵连，更利于赋予独特的个性。其不足在于，若是产品众多，源于资源有限，企业通常无力同时大力投入和精心管理多个品牌。而单品牌的最为人青睐之处在于，由于单一化，相对更便于管理；同时一旦取得成功，即可通过品牌延伸迅速应用于所有新老产品，毕其功于一役，节省了推广费用，并且更容易被客户接受。

回到霸王的案例。显然，霸王走的是单品牌的路线，试图将业已取得成功的霸王品牌延伸至凉茶产品。自从在香港成功上市之后，霸王集团势不可当，陆续涉足中草药洗护发、个人护肤、高端男士洗护用品领域，一系列品牌与品类扩张，拉开了企业多元化发展的大幕。多元化发展是企业必经的一条成长道路。而凉茶无疑也是一个不错的机会，因为目前只有王老吉一家独大，缺少有力的竞争者，其他品牌都相距甚远，无力挑战其霸主地位。

霸王集团认为，霸王的品牌核心是"中草药配方，全天然产品"，所以既可以做洗发水，也可以做中药凉茶。为此，他们对霸王创始人陈启源进行包装，于是有了这样的宣传语：

根据《罗定史志》记载以及罗定市地方志办公室对罗定当地历史文献和对陈氏家族族谱的考证，霸王国际集团创始人陈启源先生是陈朝开国皇帝陈武帝霸先的后人，其家族祖辈历代行医者众，他们谙熟各种中草药知识，对中草药的治病和养生有着独到的见解，其族人的中医药术名闻四方，陈氏家族被誉为"中药世家"。

霸王凉茶，精选上乘草药熬制，保留植物天然清新口感，生津止渴，清凉爽口，清甜中更有丝丝回甘让人回味！

他们的目标消费者也很明确，就是工作紧张的现代人：

现代人工作压力大、生活节奏快、工作紧张可导致气息不畅，气郁化火，引起心、肝火内盛。经常出现"热气"、"上火"现象。气候影响或饮食失调也可导致肺、胃火旺。现代人迫切需要解决这些健康问题。

在产品包装上，霸王凉茶的包装更加动感、阳光，以红、黄两种色调为主，也易于令消费者接受，适合在市场上进行大范围的推广。同时，霸王凉茶也推出了塑料瓶身的包装，在产品规格上也进行了大胆的创新，以期更加适应饮料人群的饮用习惯。

在产业链的布局上，霸王已在广东省租一块 500 亩的地种植中草药，预计 2011 年就可使用自行种植的中草药，保证了原材料的质量和供应稳定。

在渠道方面，据传霸王凉茶也有规划一套自己特色的推广套路。

综合来看，霸王集团在多元化发展的品类延伸方面并非一时头脑发热，而是经过了充分规划与准备，在产品、包装、渠道甚至产业链的集团业务层面整合方面，都进行了针对性的市场调整。对饮料市场，霸王凉茶可谓是有备而来！

可问题是，消费者能否接受这样的延伸呢？一些营销人质疑说，一个品牌成功与否是由消费者的心智决定的，并非因为你投下大量金钱做广告就能想改变什么就改变什么。对于消费者的心智来说，信息越简单、越清晰越有效，过多、过杂的信息，要么被抹去一些印记，要么就是拒绝。霸王已经在人们心智中确立了防脱洗发水概念，现在却要进入毫无关联、跨度颇大的凉茶业，要让消费者接受霸王凉茶就要抹去洗发水印记，由此可见霸王硬上弓是得不偿失的。这样的多元化发展战略前景堪忧，是在自毁城墙，稀释已有的霸王就是防脱发洗发水的认知。一旦霸王凉茶业务陷入困境，有可能影响霸王现有的防脱洗发水主营业务。

还有消费者说："一个洗发水品牌何以非要来做凉茶产品，何况还是一个防脱发的中草药洗发水？这实在让人不敢想，至少我是不敢买来喝的。因为每一口霸王凉茶都隐约会有一股药水味，虽则实际上或许并不曾真的有。"这给霸王的品牌延伸蒙上了浓重的阴影。

2010 年里霸王遭遇了严重的品牌危机，更是给霸王凉茶的发展雪上加霜。2010 年 7 月，中国香港杂志率先爆出霸王洗发水致癌的消息。报道称，经过香港公证所化验后，霸王洗发水含有被美国列为致癌物质的二恶烷，含有二恶烷的品种涉及霸王集团旗下的龙头产品草药洗发露、首乌黑亮洗发露以及追风中草药洗发水。消息一问世，顿时群情激愤。虽然后来霸王公司进行了辟谣，首席执行官万玉华承认二恶烷在原料上出现，但其表示全行业大部分洗发水均有，并强调含量少对人体无害。但消费者对商家的公信力普遍表示怀疑，因此销量下降，也是情理之中。在这种情况下，霸王凉茶更是岌岌可危。试想，洗发水到底是身外物，都有致癌效果，更何况凉茶是喝进肚子里去的呢？

于是，霸王凉茶投入市场半年后，本打算在高端市场旨在与王老吉平起平坐，可结果却是基本颓败，非但不能与王老吉相比，连和其正也不能超过。

其实，我们细想一下，即便做凉茶，也大可不必用霸王品牌，又不是缺少资金打造新品牌。依据阿尔·里斯的定位理论，霸王品牌的成功正在于其将传统中草药与现代洗发水有效结合，抢占了中草药防脱发洗发水品类第一品牌的心智位置。可是，在原有品类的极大成功也势必将成为其跨品类延伸品牌面临的最大挑战，因为你可以轻而易举地在任何产品上贴上你的品牌标签，但是却很难改变业已形成的在客户头脑中的品牌认知。你的品牌越是成功，这种认知越是根深蒂固，你越是难以改变。大多数时候，这种努力不只无法成功，反而会伤害到原有的品牌资产，破坏原有的品牌定位，进而危及企业的生存。为此付出惨痛代价的企业不在少数。霸王给出的"都是围绕中草药进行延伸"的解释显然不够说服力。

当然，事情没有盖棺论定之前，一切都有可能，且看霸王凉茶何去何从。但愿它能披荆斩棘，锐意进取，让所有人大跌眼镜。

问题：

1. 为什么说品牌延伸是品牌质量管理的有效手段？

2. 品牌延伸的基本步骤应该有哪些？以霸王品牌为例，思考它应该如何进行适当的品牌延伸。

案例 16　丰田汽车深陷召回门

考生角色

质量是品牌之母，品牌的生存源于质量。然而，品牌的创建、培育和维护是一项系统的管理工程，其中任何一个环节出现危机都会危及品牌质量安全。当今，企业遭遇品牌信誉危机几乎已经成为一种普遍现象。

假设你是一家汽车公司的品牌主管，请分析市场上影响自身品牌信誉的隐含要素，然后策划几份你认为对公司最经济有效的维护品牌信誉方案，在策划时请注意分析召回制度及其对品牌信誉的特殊作用，并考虑如何排除影响品牌信誉的不利因素，把维护企业的品牌信誉作为企业品牌质量管理的一项系统工程来抓。

案例介绍

长期以来，凭借提供质量出色的汽车，丰田成为全球汽车行业的标杆企业，其精益生产模式被众多希望提高效率的公司效仿。丰田的质量优势在众多汽车制造商中独树一帜，对质量的严格控制曾是丰田汽车的看家法宝，被业界推崇到无以复加的"精益模式"也一度成为制造业的标尺。

2008年丰田全球销售额超过美国三大汽车厂商的总和，令业界惊呼：世界汽车业迎来丰田时代！但等待胜利者——丰田的并不是掌声，而是麻烦。谁能预料，高速发展的丰田模式竟然隐藏着巨大的缺陷——快速的扩张、对市场份额过度追求使得丰田忽视了对企业质量生命线的严谨把控，数以百万计的丰田车存在严重的质量隐患。使得丰田的品牌信誉受到极大损伤。自2008年起，先是"刹车门"，然后是"断轴门"，再次是"爬坡门"，最后是"踏板门"！笼罩在召回阴影下的各种"门"朝丰田一连串打开。

1. 丰田"刹车门"

"刹车门"最早发生在2008年10月，据中央电视台2009年4月份报道，广汽丰田凯美瑞存在刹车制动失灵的安全隐患。国家质检总局产品管理中心随机抽取调查了200位凯美瑞车主，超过15%的消费者因刹车失灵、变硬、卡滞、有异响等原因发生过危险状况和交通事故。据悉，凯美瑞轿车的刹车失灵主要因真空助力器内皮膜出现破裂所致，而出问题的车辆于2006年5月~2008年3月生产。"刹车门"事件最终以丰田的召回并道歉而落幕。

2. 丰田"断轴门"

2009年，丰田汽车除了广为人知的"刹车门"外，还有被车主投诉因断轴而导致交通事故的凯美瑞"断轴门"，众多驾驶凯美瑞240G的车主在高速行驶过程中遭遇车轴断裂的惊魂一刻。由于厂家将责任推给检修单位和用户，并托词事故是因检测维修不良以及用户的使用不当所造成的。因此遭遇断轴门的部分车主至今还在为揭开真相、讨回权益而奔走疾呼。

3. 丰田"爬坡门"

在2009年年底，丰田迎来了最令人匪夷所思而又啼笑皆非的丰田汉兰达"爬坡门"事件。事件的起因是在温州郊区的某段约20°的坡路在POLO、夏利、奥拓甚至长安小面包均能轻松爬上去的情况下，唯独丰田汉兰达爬不上去。经某著名汽车论坛网友组织的测试活动，参加测试的丰田汉兰达无一能爬上此坡。该事件的视频和照片在网上发布以后，迅速成为互联网的超热话题。人们见面不再问"您吃了吗?"，取而代之的是"您爬坡了吗?"

4. 丰田"踏板门"

由于油门踏板的质量问题，丰田汽车于2010年1月份宣布在美国召回的问题车型约为535万辆，从中国召回7.5万辆2009~2010年上市的RAV4轻型越野车（天津产）。欧洲市场方面，召回车辆达200万辆。这样一来，丰田汽车召回总量超过800万辆，超过它2009年全球698万辆的销量。

如此大规模召回及停售在汽车史上绝无仅有，丰田也因此蒙受了巨大的损失。据贝叶斯的调查显示，丰田品牌的影响力从全球第一跌落至第五。美国管理学者吉姆·柯林斯把企业凋落的过程分为五个阶段：第一阶段是成功经验让企业过于自信；第二阶段是无限制地追求规模；第三阶段是不去承担风险；第四阶段是开始仰望救世主的出现；第五阶段是"企业存在价值的消失"。召回门事件后，丰田总裁丰田章男认为，丰田汽车已进入第四阶段，距离毁灭的最后阶段只一步之遥。召回门归根结底是丰田的质量管理出了问题，透过丰田召回门，精益生产的模式特别是其中的品牌质量管理到了该反思的时候。

自从大野耐一创建并实施丰田精益生产方式以来，丰田不仅走出了 20 世纪 30 年代的阴霾，而且不断发扬光大。那么，当精益生产方式在世界各地仍然促进许多汽车厂商提高生产效率的时候，丰田自己为何却出了大问题？

这不是丰田精益生产方式的错误，而是丰田在遭受多重压力之下偏离了正确的方向。平台战略、零部件通用，以及丰田独特的采购供应体系和疯狂的降成本计划，是导致一系列召回事件的直接诱因。丰田对规模和利润的过分追逐造成了其对产品质量和消费者满意度的忽视。分析人士认为，丰田是如此专注于成为全球最大汽车商，以至于经济危机冲击美国时，丰田未能及时削减产量——它在北美拥有 7 家装配厂。丰田内部人士也认为，过度扩张给著名的"丰田生产方式"（TPS）带来巨大压力，扩大了供应链环节的风险。

扩张与降成本，本质上并没有错。但是，丰田开始变得不再谨慎和保守了，而是采取了非常迅速，甚至是激进的扩张策略。过去十年，丰田以非常危险的速度实现扩张：产量由 2000 年的 570 万辆迅速跃升至 2007 年高峰时的 950 万辆。在截至 2008 年 3 月的财年实现了创纪录地与有优势的当地零部件制造商合作。在这种情形下，质量管理的难度增加，要在短时期内实现与其新合作的零部件制造商产品品质的零缺陷就更是难上加难了。

资料来源：张亚明、杨丽莎：《"丰田召回"危机的系统思考与启示》，《企业经济》，2010 年第 12 期，第30~32 页。

郭晓、刘玮：《丰田盲目扩张中的质量管理困境》，《经营管理者》，2010 年第 22 期，第 80~81 页。

黄栋：《营销近视症理论的曲解与产品观念的辩证回归》，《消费导刊》，2010 年第 3 期，第 51 页。

案例分析

一系列的汽车召回事件对丰田公司的经营和品牌造成了重大负面影响，其直接后果就是丰田在美国等市场的销量出现大幅度下滑。据统计 2010 年 1 月丰田在美国市场销量下降了 15.8%，市场份额下降了 4.1%。丰田股价也应声狂跌，市值损失高达 350 亿美元。"丰田"这一曾经叱咤全球汽车制造业的国际知名品牌，几乎迷失于"召回门"的旋涡之中。公众普遍为丰田生产模式扼腕叹息，然而，对该事件的反思与借鉴更应该引起人们的特别关注。

一、"丰田召回"危机的反思

（一）召回暴露丰田的品牌质量管理缺陷

以确保零部件和制品的质量为目的的全面质量管理，是丰田精益生产方式的一个重要的支撑。从理论上讲，丰田生产系统中没有在制品保险储备。在这种环境中，为避免出现不合格的零部件制品，就会自然形成了一种"确保生产合格制品"的强制性约束机制。这就是全体人员参加的、涉及生产产品全过程的全面质量管理。20世纪60年代兴起的全面质量管理是继传统质量管理、统计质量管理之后的新阶段。它强调质量管理从过去以生产为中心，转向以顾客为中心，围绕顾客的需求设计、制造产品和供应消费者。

比较两者，我们可以看出丰田的全面质量管理仍然是围绕生产本身，与全面质量管理的新阶段并不相符。回顾丰田召回的汽车，从设计缺陷到检验不严，配套零部件出现质量问题、路试不严等，质量问题反映在设计、生产、检验过程的各个方面。更为严重的是丰田的全面质量管理脱胎于福特的大流水线模式，成批量的生产产品，在控制成本方面有一定优势。在关注顾客需求，尤其是顾客多样化需求则明显不足。丰田此次在欧美大规模召回汽车，很大一部分原因在于没有充分考虑欧美人的体形特点，在刹车和脚踏板的位置设计上沿用了本土的标准，显然是错误的。

（二）召回暴露丰田的品牌营销短视

丰田是精于营销的企业，这一点毫无疑问。从概念设计、产品规划、定价、广告宣传，到渠道系统的构建，无不显示出一个成熟企业的风范，它也不乏一流的营销人才。但最后居然是令人意想不到的质量与安全问题报复了它——一块小小的油门踏板将它拖入了深渊。设想如果丰田的营销理念"落后"到还停留在产品观念阶段，只知道吹毛求疵地苛求产品的质量，可能它登不上全球最大车企的王位，但也总比由于质量和安全问题遭遇信任危机要好。

丰田出现了典型的品牌营销短视症状：求大心切和成本导向。丰田近年来为争产量世界第一扩张太快，导致管理难度增加，最终产生疏漏。

让丰田声名显赫的精益化生产方式基本思想就是所谓的 JIT（Just in Time），即"只在需要的时候，按需要的量，生产所需的产品"。这其中，"零库存为王"、"重视时间成本"、"发掘职工节约潜力"等，都是精益化生产的重要理念。一句话，就是节约生产成本，被称为"拧干毛巾上的最后一滴水"。这种以过度追求"成本领先"为主导的扩张竞争战略，不仅完全背离了传统精益生产方式的理念———以缺陷预防为主追求"零"不良的高质量产品，而且由此引发的频繁质量事故严重地损害了公司的信誉与形象。如此次丰田因"油门踏板缺陷"等问题被迫大规模召回，与其过于"节约成本"不无关系。

又如，丰田的许多新车测试是在室内台架和赛道等试验场地进行。而欧系车的新车测试是经过 300 万公里及以上距离的实地行驶，这显然更接近于不同消费者的各类极限驾车环境。此次油门踏板问题，如果多进行极端环境路试，许多问题在大规模上市前就会被发现，不必让消费者做试验品。丰田减少路试显然是出于节约时间和费用考虑。此外，丰田这次召回的车，涉及凯美瑞、卡罗拉、汉兰达、RAV4 等多款主力车型，总量达 800 万辆以上，也与其一味追求"通用产品平台"概念有关。丰田力求用相同的平台生产多款车型，以节省新车投产或车型变更时的前期投入。据了解，超过 2/3 的丰田新车使用了先前车型的零部件。此次产品缺陷，与其同样的设计和零部件平台脱不开干系。否则，也不可能让一个小小的油门踏板把几乎所有主流产品"一网打尽"。

（三）召回暴露丰田客户至上经营理念的淡薄

在市场占有率不断扩大，业绩和行业地位大幅提升的同时，丰田公司对消费者利益的关注却越来越少，甚至达到漠视程度，顾客至上的经营理念日益淡薄。例如，在"踏板门"等严重质量问题频频出现、丰田面临着严重的全球信任危机的情况下，居然在中国市场上仍然存在大量的不合格零配件；更有甚者，丰田公司在"召回门"中对待中美消费者竟然采取"双重"标准，以行业老大形象自居，迟迟不肯给消费者一个满意的答复，完全漠视中国消费者利益，使得中国消费者为之寒心。所有这些对消费者利益漠视行为都导致并加剧了丰田品牌和日本制造的全球信任危机。

事实上，丰田公司仅靠对问题车的召回以及口头表达的歉意都是无法将丢失的经营理念和消费者的信任重新召回的，必须切实拿出令公众信服的高质量产品和良好的服务，特别是要拿出能够征服人心的诚信理念来打动消费者。只有切实履行企业社会责任，才有可能从根本上扭转产品、公司形象和品牌上的败局。

（四）召回暴露丰田的危机管理能力欠佳

有故障的产品召回都是很正常的商业行为。即使丰田汽车由于严重的质量问题而导致召回的数量较大，但如果在该事件发生后，丰田公司能够对该问题作出快速反应并妥善解决的话，该事件就不会弄得如此沸沸扬扬，导致丰田公司面临利润、市场及公司信誉和形象的三重损失。事实上，这与丰田管理模式的落后是分不开的。丰田公司是日本传统企业经营模式的典型，即不同国家、不同地区的分公司相互割裂，由日本总部紧握大权。这种落后既体现在产业链中的设计、生产销售部门的沟通不畅，也反映在售后信息反馈的传递不快导致丰田公司的危机管理体制存在严重的漏洞。

因此，即使丰田汽车在全球市场上出现了问题，总公司也无法对此作出快速反应。再加上遭遇危机时，公司内部"保护来自创业家族的总裁"的呼声很高，致使丰田章男迟迟没有出面协调，从而错失了化解危机最重要的时机。同时，丰田公司对当今新媒体环境下新型危机公关工具与手段的忽视，也使丰田自动放弃了美国民众的支持力量。事实证明，只有建立一套完备的应急管理体制，提高公司对突发事件的危机管理能力，才能使决策者在危机面前时刻处于主动地位，并抓准时机针对危机作出正确判断和处理，从而进一步化解危机。

二、"丰田召回"危机的启示

（一）树立质量第一的品牌经营理念

质量是品牌的生命之本，也是企业的生命之本。汽车品牌的核心价值是什么？汽车工业的核心价值观是什么？宝马原来强调"驾驶乐趣"，后来改成了"宝马之悦"，即所谓快乐、责任和环保的概念。奥迪强调"科技"，沃尔沃强调"安全、环保、品质"。我们可以看出，以质量保安全永远是最重要的，是汽车工业的责任，是消费者最基本的需求。质量高于一切，在与成本的博弈中永远优先。

由于丰田汽车陷入召回事件的泥沼，许多国内的汽车厂家纷纷擦亮自己的品牌，跃跃欲试，试图在丰田已退出的市场上分得一杯羹，甚至取而代之。尤其是在 2009 年，中国取代日本成为全球最大的汽车生产国，取代美国成为全球最大的新车消费市场，国产汽车业的信心大为膨胀。但同时，我们还是要清醒地认识到，国产本土汽车和国际名牌汽车的差距还很大，千万不要像丰田那样为了追求成本最小化而盲目扩张，却丢掉了质量这个决定企业生死存亡的根本。这一点中国车企一定要引以为鉴。中国汽车工业协会常务副会长兼秘书长董扬近期表示，像丰田这样一个以质量和技术见长、在全球范围具有良好品牌信誉的汽车制造商都会出现质量与成本冲突的矛盾，国内汽车企业更不能对此掉以轻心，要充分完善企业自身的经营理念，建立信息双向沟通和反馈机制，以质量和创新为基础，在成本和质量之间寻找一个平衡点。在某种意义上来说，丰田的召回，给"日本制造"敲响了丧钟，却给"中国制造"敲响了警钟。

（二）扩张中须重视社会责任

丰田作为国际化的大公司，应该认真履行公司社会责任，不能仅仅以最大限度帮股东赚钱作为唯一目的。在创造利润、对股东承担法律责任的同时，还应当关怀和增进除股东之外所有品牌利益相关者的利益，这当中包括消费者、公司内部员工、当地社区、政府、合作伙伴、中小竞争者等。这种社会责任要求企业必须超越把利润作为唯一目标的传统理念，强调在生产过程中关注人的价值，强调对消费者、对环境、对社会的贡献。

对于企业来说，产业经营与履行社会责任是统一的。一个企业只有得到了社会和消费者的认同，才能够取得更长期的发展。"竞争战略之父"迈克尔·波特将企业社会责任划分为两种类型：反应型和战略型。前者致力于做一个良好的企业公民，参与解决普通社会问题，比如进行公益性捐助、自然灾害中的资助行为，影响立竿见影但无法持续。通常情况下，这种行为更多地被理解为公关举措，所谓"责任"往往变成一种粉饰。而后者则是寻找能为企业和社会创造共享价值的机会，包括价值链上的创新、针对竞争环境的投资等，会在企业发展过程中产生长久和重要的影响。有眼光的企业毫无疑问会选择后者。

首先，企业应真正实施"顾客第一"的经营理念，这既是对顾客承担的基本责任，也是企业履行其他一切社会责任的基础。不对顾客承担必要的责任，企业的经营是没法保障的。

其次，在企业社会责任建设中，创新无疑占有重要的一席之地，只有创新才能实现可持续发展。企业应针对自身特点打造高起点下的活力创新机制，在生产体系中不断导入领先的生产设备，并且大力导入"创意改善提案制度"，致力于在每一个岗位上进行自我改善，通过不断创新提高生产效率、提升产品品质，进一步提升产品在市场上的竞争力。

142

再次，承担保护员工健康和确保员工待遇的责任。人力资源既是社会的宝贵财富，也是企业发展的支撑力量。保障企业员工的生命健康和确保员工的工作与收入待遇，这不仅关系到企业的持续健康发展，而且也关系到社会的发展与稳定。不能像丰田那样，冷漠无情的成本管理打击了员工的创造热情；丰田挤干了毛巾，但挤出来的利润并没有惠及全体员工，违背了企业与员工共同发展的初衷。

最后，企业还要承担保护环境、节约资源的社会责任。随着全球经济的发展，环境日益恶化，森林与矿产过度开采。水、大气和土壤的日益污染，给人类的生存和发展带来了很大威胁，环境问题成了经济发展的瓶颈。因此企业一定要担当起保护环境、节约资源的重任。

（三）重视企业危机管理能力的提升

综观这次事件，如果说由大幅度缩减成本引发的质量问题是根本原因，那么，有效的危机管理的缺失则是导致危机扩大的关键因素。丰田事件引发了世界各大汽车厂商召回的多米诺效应，证明汽车的质量问题不仅仅存在于个别厂商，企业的危机管理能力更应与质量管理相协调。企业要加强自身的危机处理能力，完善公司的危机防范体制，尽力提高公司的售后服务水平，建立公司良好的社会形象。

首先，企业应该首先加强事前监控，对于各种危机信号给予高度关注。具体表现为成立网络信息监控小组，建立完整的信息搜集、监测系统，收集与企业发展有关的信息，对企业经营和发展有重大或潜在重大影响的外部环境的信息进行加工，根据加工结果决定是否发出危机警报，从根本上阻止由事件到危机的演化过程。

其次，企业应重视以控制危机信息流、引导危机影响流、消解危机噪音流为核心的危机管理，提升企业的危机管理能力。充分利用新媒体环境下各种媒体的力量，坚持透明的信息传播，摒弃侥幸心理，迅速采取一系列抵制危机的措施；与顾客真诚沟通，勇于承担责任，以谦逊的态度获得社会各界的理解和支持；坚持政府公关、企业内部公关与外部公关系统运行的原则，借助权威机构的证实及时转"危"为"机"。

最后，重视危机之后的恢复与总结。通过信息检测中心，及时对此次危机进行评估，并利用网络资源调查企业形象的恢复情况；在防范危机再次发生或升级的同时，及时将企业的工作重点转移到正常的生产经营上来。

（四）培育具有全球视野和政治智慧的企业家

丰田事件看上去是一个个案，但也反映出日美之间政治经济关系中的长年积怨。而要正确认识并把握这种关系，对企业家的全球视野和政治智慧都有很高的要求。众所周知，2008 年日本丰田超越美国通用成为全球汽车行业的老大。受国际金融危机的影响，美国东部时间 2009 年 6 月 1 日，通用汽车公司正式向美国政府申请破产保护，之后美国财政部向重组后的新公司提供了约 300 亿美元的额外财政援助（不包括先前政府已经提供的 200 亿美元），成为重组后"新通用"的大股东，拥有 60.8% 的股份。如此看来，丰田召回事件就成为了美日两国间争夺有限的汽车市场的博弈行为的导火线。在这次事件中，美国本土汽车产业成功利用丰田汽车出现的质量问题，通过媒体的大肆宣传，对日本丰田公司造成了极大的压力，重创了丰田品牌，使得美国汽车在国际市场上的被动局面彻底扭转，反客为主。在这一轮博弈中，丰田对于两国间政治经济形势的矛盾认识不够深刻，与美国相比，其政治智慧明显处于下风。有了日本的前车之鉴，我国企业（不仅仅是汽车制造业）在打造跨国品牌的过程中，培育具有全球视野和高度政治敏锐感的企业家是至关重要的。也就是说，中国的企业家必须密切关注国际间的政治经济形势的变化，尤其是竞争对手的动作，并能采取积极的防范风险的策略。

143

三、结语

虽然现在丰田公司正处于危机后的逐渐恢复阶段，但无论如何，此次全球范围的召回事件对其品牌形象和经济上的打击是空前的。在总结丰田召回原因的同时，也要清楚地认识到丰田今天面临的难题有可能成为我国众多企业明天的桎梏。随着世界经济一体化格局的呈现，我国企业应调整经营管理理念，把质量当做生命线，将品牌质量管理当做一个系统工程来抓。

问题：

1. 通过丰田汽车召回事件谈谈如何在复杂的品牌信誉危机情境中制定正确的品牌信誉危机应对策略和措施。

2. 结合本案例谈谈丰田"召回门"对企业品牌质量管理的启示。

3. 丰田汽车召回事件对我国汽车工业有何借鉴意义？

144

第三部分

品牌营销管理

学习目标

知识要求 通过本章的学习，掌握：

- 品牌营销的概念与意义
- 品牌营销策略
- 品牌营销的本土化策略
- 娱乐营销的方式与内涵
- 品牌延伸的策略

145

技能要求 通过本章的学习，能够：

- 熟练品牌营销策略
- 为新进入中国大陆市场的国际品牌制定本土化策略
- 为某一中国本土品牌实施娱乐营销
- 给中国民营工业企业的品牌营销提供建设性方案
- 根据品牌延伸的原则和策略，规划某一品牌的延伸蓝图

学习指导

1. 本章内容包括：品牌营销的概念与意义，品牌营销的各种策略，如何实施品牌营销的本土化战略等。

2. 学习方法：通过成功的、卓越的品牌建设案例来领会品牌营销的各种策略；选择一个品牌，根据时间顺序用树形的方式画出其品牌延伸的路线图，然后分析品牌延伸的多元化、创新、策略，并衡量它每一步延伸的利弊得失。

3. 建议学时：6 学时。

导　语

品牌：营销的更高境界

美国著名营销理论专家莱利·莱特早在 20 多年前就说："未来的营销是品牌的战争。商界与投资者将认清品牌才是公司最宝贵的资产，拥有市场比拥有工厂重要得多，而拥有市场的唯一途径就是拥有具有市场优势的品牌。"品牌营销是现代营销中最具有代表意义的一种竞争形态。作为一种立足于企业或品牌长期发展的战略性营销活动，品牌营销是各种营销模式和竞争形态在更高层面上的集中反映。

营销是根据市场需要，组织生产产品，并通过销售手段把产品提供给需要的客户。在整个企业营销系统程序中，品牌是帮助企业实现最佳效应的基本元素和核心价值。品牌贯穿于整个营销活动，它通过有机的整合平衡地把企业的核心竞争力转化为竞争优势。以现在的技术手段推广来看，目前市场上的产品质量其实已差不多，消费者看重的往往是商家所能提供的服务和效果如何。从长远竞争来看，建立品牌营销是企业长期发展的必要途径。

在世界范围内，与经济发展相伴随的市场竞争一般表现在五个方面：产品竞争；技术竞争；资本竞争；品牌竞争；知识竞争。其中品牌竞争在 20 世纪后期最具有代表意义，它在一定程度上折射和包容了其他的竞争形态。因此，在现代营销中，品牌竞争成为一种具有典型意义的营销模式。①最高级的营销不是建立庞大的营销网络，而是利用品牌符号，把无形的营销网络铺建到社会公众心里，把产品输送到消费者心里，使消费者选择消费时认这个产品，投资商选择合作时认这个企业。品牌营销的特征从三个方面体现出来：品牌效应与品牌张力；品牌营销基本模式；品牌化及其品牌驱动。品牌营销主要通过营销与传播、品牌与相关利益者这两条路径来建构品牌关系。

研究品牌与消费者的关系，首先要从消费者的需求出发来开发产品品牌；其次要将产品定位上升到品牌定位的高度以便扩大与其他品牌的差异，形成品牌竞争优势；最后寻求消费者对品牌的忠诚度。任何一次成功的营销活动，都离不开企业对消费者情感的把握与煽动。产品本无生命也无情感可言，但是当

---

① 卫军英、任中峰：《品牌营销》，首都经济贸易大学出版社，2009 年版，第 23 页。

产品打上品牌，并且通过系列的包装推广之后，产品被赋予了独特的个性与内涵。而营销传播的目的就是要将品牌个性之处传递给消费者，并且引发他们的共鸣。在一个全新的市场环境中，如何在品牌与消费者之间找到有效的连结点，以消费者最容易接受、感兴趣的方式将品牌的信息传递给他们，是营销制胜的关键所在。

在充分认识品牌营销功能的基础上，进一步分析品牌认同策略、品牌市场策略、品牌渠道策略等对营销的影响；从品牌创建和品牌维护的角度，分析如何超越传统媒体广告，综合运用广告、促销策略和公关手段，通过网络传播等多种方式整合营销传播，有效地实现品牌营销。

通过对本章案例的学习，你可以充分认识到品牌对于企业营销的重要意义。案例维珍、娃哈哈、欧普等通过其不同的品牌营销策略体现了品牌对于企业营销的根本性意义。此外，你还可以通过杜邦的工业品牌化之路和可口可乐高居榜首的品牌价值来感受百年品牌对于营销的巨大力量。

案例 17　维珍：打造没有边界的品牌

考生角色

假设你身在一家大公司，正担任品牌经理。这家公司以饮料起家，经过 10 年经营，拥有了很高的知名度，市场占有率也相当不错，成为业内响当当的品牌。但是随着企业发展，单单是饮料，已经很难带来更多的效益。

于是公司高层决定拓展品牌边界，拓展产品种类，进一步开拓市场。那么，该如何进行延伸，延伸什么产品呢？这些任务，就压在了你这个品牌经理的身上。

于是，你开始进行市场调研，并整理许多经典案例，希望能从中汲取相关的经验。而维珍公司作为世界上最成功的品牌延伸案例，自然进入了你的视野。

那么，就让我们一起来看看维珍公司是如何打造没有边界的品牌吧。

案例介绍

如果说追求创新、自由、反传统、时尚情趣最能代表一个人独特的个性，那你一定会漫步于维珍（Virgin）折扣商店或其他超市商场选择一张"维珍唱片"、一瓶"维珍伏特加"和"维珍可乐"、一条"维珍牛仔"……品味"维珍"带给的时尚、创新、情趣；甚至会利用每一个可能的机会搭乘印有"维珍"标识的大西洋航空公司的航班，领略一番没有头等舱和安装了大规格睡椅的舒适、自由和物超所值的航程服务，让飞行充满情趣。因为"维珍"就是这样一个用反传统思维诠释品牌个性，追求创新、自由、时尚、价值和富有情趣。面对人们经常善变的消费需求和个性化消费时代，"维珍"正用一种"为顾客做得最早，做得最妙的罗宾汉"的创新哲理，不断创新，不断追求，满足消费者不断变化的需求，在消费者心目中便成为一种追求自由，体验创新和乐趣，享受价值的象征。

1968 年，18 岁的理查德·布兰森凭借自己追求时尚、自由激进的活力，毅然放弃上学的机会，与萨特、爱莉丝·华克、詹姆斯·鲍德温一道，共同出版一本叫《学生》的杂志。1970 年，理查德·布兰森和他的最初创业伙伴又在伦敦成立了一家小型的邮购公司，取名为"维珍"（Virgin，即"处女"的意思。因为他们当时正值青春年少，商业经验又稚嫩不成熟）。1971 年，由于英国邮政工人大罢工，维珍（Virgin）邮递公司被迫转为以经营唱片为主的折扣零售商店。1973 年，理查德·布兰森与一个极具音乐天赋的朋友麦克·欧菲尔德一道，在唱片商店的基础上，开始录制和销售印有"Virgin"标志的唱片，并成立了维珍（Virgin）唱片公司。在当年出版的第一张专辑名叫 *TOBVLAR BELLS* 的唱片，销售十分好，全球唱片销售量达到 1000 万张，为理查德·布兰森赚来了第一个 100 万英镑。到 1984 年，经过 13 年苦心经营的"维珍"，已发展为集维珍唱片公司、维珍折扣零售商店为一体的，英国最大的独立唱片商号，旗下拥有 50 多家分公司。

1984 年，在唱片娱乐业和连锁零售业已取得相当成功的理查德·布兰森，凭借租用的客机和"让各阶层的旅客花最少的钱，享受最高尚的服务"的理念，计划将"维珍"在娱乐业的成功经验和价值取向引入航空运输业，开始"维珍"的第四次创业之旅。

经过力排众多董事的不赞同和三个月的筹备，第一个维珍大西洋航空公司的航班，终于从伦敦加特飞机场起飞，标志"维珍"向航空业的进攻全面展开。经过几年的健康发展，维珍大西洋航空公司已成为世界第三大航空公司。截止到 1997 年，维珍大西洋航空公司累计发送旅客 3000 万人次，年销售额达到 35 亿美元。

从此，"维珍"多元化进程一发不可收：1998 年，理查德·布兰森开始投资铁路；1999 年涉足饮料业，成功推出维珍可乐、维珍果汁，在全球市场展开与可口可乐、百事可乐的可乐争夺战；2001 年，维珍出资 1.5 亿美元与美国著名的 Sprint 电信公司组建合资公司，并提出移动虚拟运营商（Mobile Virtual Network Operator，简称为 MVNO）的概念，成为全球最大的 MVNO 移动网络运营商，成功地进入美国移动通信市场。

所谓移动虚拟网络运营商，是指一些类似于银行或零售商的公司，它们没有自己的网络，但从网络运营商处买来业务，打上自己的品牌提供通信服务。MVNO 约在 1998 年已在欧洲出现，目前在欧洲约有 10~12 家，单在英国就有 7 家。维珍移动宣布以 MVNO 的方式进入新加坡市场，然后以此为基地进入包括中国在内的其他亚洲国家。维珍品牌在电信领域成功延伸的关键在于确立并延伸了维珍品牌的终极价值：创新、乐趣、流行、友好、质量，布兰森又成功地传达了这些终极价值。

目前 Virgin 集团已成为旗下拥有全球 150 家分公司，雇员达 2.4 万人，年销售 50 亿美元，股票市场价值达 15 亿美元，Virgin 已成为涵盖唱片、娱乐、航空、铁路、饮料、酒类、电信、金融、网络、安全套以及通信设备和零售、婚庆服务等产品和服务领域的全球性知名品牌。

而更让人津津乐道的，是维珍公司与布兰森林林总总匪夷所思的事迹。

理查德·布兰森是在充斥着流行音乐、长发、自由思想和自由性爱、毒品的当时社会环境中成长起来的。从某些方面来讲，正是他有了这样一段生活背景，才有了他充满个性的人格魅力和创新精神，使经营伙伴、员工、客户忠诚地支持着他。他与他的维珍品牌的标志总吸引着追求反传统、反习惯的顾客。与其他品牌塑造不同的是，理查德·布兰森总喜欢通过自己对生活的创新意识和态度来赋予维珍品牌更多人性化的东西，从而形成自己独特的品牌个性。"维珍"的品牌符号是理查德·布兰森手写的英文体"Virgin"，这与传统的四平八稳的铅印字形成鲜明的对比。他要告诉消费者，这不是你们司空见惯的传统公司。在经营上，理查德·布兰森更是敢于挑战权威，用创新和反传统思维进入高手云集的行业和市场。在当时仅凭在享受音乐的年轻一族中形成的维珍品牌，要扩展至航空、铁路、可乐甚至以后的金融、信用卡、通信、出版等行业领域，简直令人百思不得其解。但理查德·布兰森和他领导的维珍帝国成功了。面对不列颠航空、不列颠铁路的正面竞争和反面"挤压"；面对可口可乐和百事可乐在全球可乐市场的领导地位和垄断竞争，理查德·布兰森没有采用传统的品牌战略，而是通过改变机舱的睡椅，设置儿童安全带，提供飞行信息、录像屏幕以及超一流的服务内容来改变传统航空公司和铁路公司在消费者心目中的传统认识，从顾客的真正需求中找到与竞争对手的差距，并以"服务品质、创新精神、富有情趣、物超所值"的品牌理念，满足顾客所需要的而竞争对手又无法提供的个性服务和个性价值。在维珍品牌的传播和宣传上，理查德·布兰森更是以创新价值手段和反传统的传播方式区别于传统的品牌塑造模式。理查德·布兰森亲自为维珍的品牌塑造担纲广告代言人，这在全球都是极为罕见的。1984 年维珍首航时，理查德·布兰森和他的朋友、记者坐上该班飞机，并在机舱内录像播放一盘音乐让顾客真正感受航空旅程轻松、快乐和维珍让飞行富有情趣的价值承诺。理查德·布兰森还与机长走进客舱向顾客挥手致敬。为了宣传维珍的品牌形象，理查德·布兰森亲自驾驶坦克进入纽约的"时代广场"，或碾过可口可乐的瓶子宣布维珍进攻可乐市场或宣布维珍大型唱片零售点将征服美国市场。当维珍婚莎开业时，理查德·布兰森亲自穿上结婚礼服出现在开业典礼上；当位于纽约时代广场的维珍商场开业时，理查德·布兰森驾驶着热气球从 100 英尺的高空降落。从这些出其不意的品牌创造与形形色色的广告创意中，将维珍不受拘束、富有情趣、追求卓越价值和挑战权威的品牌个性，展现得淋漓尽致。在具有反传统的品牌精髓里却彰显出理查德·布兰森个性化的创新思维和挑战魅力。

案例来源：万兴贵：《维珍（Virgin）：没有束缚的"处女"品牌》，中国营销传播网，2008 年 1 月 2 日。

案例分析

维珍，一个叛逆、不羁、充满争议的品牌，在众多商业评论家及品牌专家们的讥笑和指责中，走过了近 40 年的扩张历程。今天，它依旧我行我素地在商业世界里寻求扩张的机会，并成为因"扩张"而成功的少数品牌之一。最近进行的一项民意调查显示，96% 的英国消费者知道维珍这个品牌，其中 95% 的人能够正确指出维珍的创办人就是理查德·布兰森。维珍最大的魅力来自其叛逆的个性，它几乎打破了所有品牌理论的条条框框，成为品牌世界里最彻底的颠覆者。

著名营销大师里斯说：毁灭一个品牌最容易的方法就是把这个品牌名称用在所有事物上。这条关于品牌营销的戒律早已成为业内的共识。

然而，理查德·布兰森却不信这一套，他说："我相信一个品牌可以做的事几乎没有限制，不过你必须适当加以运用。"因为在他看来，品牌营销和延伸有太多好处。

一、何谓品牌营销

所谓品牌营销，是通过市场营销使客户形成对企业品牌和产品的认知过程，是企业要想不断获得和保持竞争优势，必须构建高品位的营销理念。最高级的营销不是建立庞大的营销网络，而是利用品牌符号，把无形的营销网络铺建到社会公众心里，把产品输送到消费者心里，使消费者选择消费时认这个产品，投资商选择合作时认这个企业。这就是品牌营销。

二、维珍的品牌营销策略

从一般意义上讲，产品竞争要经历产量竞争、质量竞争、价格竞争、服务竞争到品牌竞争，前四个方面的竞争其实就是品牌营销的前期过程，当然也是品牌竞争的基础。从这一角度出发，要做好品牌营销，以下四个方面不可等闲视之。

1. 质量第一

任何产品，恒久、旺盛的生命力无不来自稳定、可靠的质量。维珍的质量得到了公认。有人说，在英国，你可以这样度过一生：

喝着维珍可乐长大，到维珍百货店买维珍电台上放过的唱片，去维珍院线看电影，通过维珍.net 交上一个女朋友，和她乘坐"维珍航空"去度假，享受"维珍假日"无微不至的服务，然后由"维珍婚纱"安排一场盛大的婚礼，幸福地消费大量维珍避孕套，直到最后拿着维珍养老保险进坟墓。

维珍品牌在英国的认知度达到了96%，从金融服务业到航空业，从铁路运输业到饮料业，消费者公认这个品牌代表了质量高、价格廉，而且时刻紧随时尚的消费趋势，这是其他品牌无法与之相比的。

2. 定位准确

著名的营销大师菲利普·科特勒曾经说过：市场定位是整个市场营销的灵魂。市场定位并不是对产品本身采取什么行动，而是针对现有产品的创造性思维活动，是对潜在消费者的心理采取行动。因此，提炼对目标人群最有吸引力的优势竞争点，并通过一定的手段传达给消费者，然后转化为消费者的心理认识，是品牌营销的一个关键环节。

维珍的品牌定位是："市场挑战者。"敢于向竞争者或向市场领导者品牌挑战，是维珍以竞争为导向的有效品牌定位策略。

3. 个性鲜明

大卫·艾克在"品牌三部曲"之一《创建强势品牌》关于品牌识别系统的论述中，提到了"品牌个性"的概念。他认为，作为个人的品牌，即品牌个性，可以解释为一个品牌拥有的一系列人性特色。它是独特而具有延续性的，并且消费者的表面识别率很高。维珍在品牌发展中形成了自己独特的个性。它的个性强烈，甚至还有些另类，充分体现了它生机勃勃的创新意识，及其创始人布兰森的价值观和行为作风、创新意识。如果维珍是一个人，那么他是：游离于规则之外，富有幽默感，有时有些出格，敢于挑战权威，能力过人，自我要求

151

很高，事情也办得很漂亮。维珍成功的关键在于布兰森本人将自己的个性都变成了维珍的个性，而且彰显无余。

4. 巧妙传播

有整合营销传播先驱之称的舒尔茨说：在同质化的市场竞争中，唯有传播能够创造出差异化的品牌竞争优势。在 20 世纪的 80 年代，简单的广告传播便足以树起一个品牌；到 90 年代，铺天盖地的广告投入也可以撑起一个品牌；时至今日，品牌的创立就远没有那么简单了，除了需前述四个方面作为坚实基础外，独特的产品设计、优秀的广告创意、合理的表现形式、恰当的传播媒体、最佳的投入时机、完美的促销组合等诸多方面都是密不可分的。

维珍在品牌宣传中总显得与众不同，标新立异。

他们的公关广告总是能出人意料，发挥奇效，远非一般公司能比，甚至常常不惜进行品牌冒险。在传统公司看来这些创意会损害品牌形象，破坏所谓自己在品牌守则中规定的创意及公关原则即品牌绝不能和不健康的东西联系在一起，如性、战争、同性恋等。但维珍丝毫不会考虑这些，相反还有意这样做。在公关活动方面，布兰森时常有出人意料的创意，他亲自开坦克车碾过放在时代广场上的可口可乐，确实让维珍汽水增添许多的话题性，而受到媒体高度的关注。但这个宣战的动作，对维珍全体来说，却是一个认真的仪式，宣示维珍集团正式进军饮料界。布兰森曾经驾驶坦克进入纽约的"时代广场"，象征他的世界性超大型维珍唱片连锁店即将征服美国。维珍还开了全球第一家同性恋用品专卖店。甚至为树立公司形象，在波斯湾战争期间他斡旋于英国与伊拉克之间，带领他的飞机直接进入巴格达接回人质。以至于欧洲人对他的感觉是：真不知道下一步他要干什么？

而在广告方面，布兰森曾多次以刁钻古怪的宣传手法，取得促销奇效。布兰森曾在英吉利海峡某处浅滩裸跑，然后双手遮着下体跑回岸上，悠然自得。这是在英国首播的电视广告短片中，他为自己的维珍集团做宣传的一个镜头。维珍的"天马行空"的广告创意作为维珍品牌形象的一部分，将维珍品牌个性发挥得淋漓尽致。这是任何企业都难以模仿的。

三、维珍品牌扩展之道

从 1971 年维珍创立到现在，维珍的名字已经出现在金融、航空、零售、娱乐、饮料、铁路、服装乃至性用品等多个商业领域，与人们的生活建立起千丝万缕的联系。

也许理查德·布兰森不会知道，当初以创新、自由、反传统的追求理念将"维珍"符号记录和刻印在每一个想做的产品和服务上，会成为今天营销界研究品牌战略的经典案例。他在告诉我们：一个成功品牌可以任意延伸到人们想要的任何东西上的品牌神话。他常常出乎人们的意料之外或让竞争者不可思议。

首先表现在延伸战略反传统。按照传统的品牌策略，一般传统的公司都会认为品牌延伸时，如果采用单一组合品牌策略，应充分考虑品牌核心价值与产品的关联性，往往只延伸到与品牌核心业务相关的产品上。而维珍则一反传统，认为只要有市场和利润，都可以做。从维珍唱片、维珍零售店、维珍化妆品、维珍可乐、维珍伏特加酒、维珍航空、维珍铁路到维珍信用卡、维珍手机、维珍牛仔……甚至还卖起了维珍避孕套、搞起"维珍婚纱"服务机构；进入高科技领域如办起了维珍集团的门户网站，向消费者提供维珍产品供求信息和维珍娱乐资讯；进军美国的移动通信市场、成为全球最大的移动虚拟网络运营商。可以说是无所不包无所不做。

其次是维珍坚持单一组合品牌策略（即品牌化组合），采用"维珍+产品描述性词语"的单一品牌组合模式，将拷贝到每一个想要延伸的品牌上。如果说从维珍唱片到维珍航空、维珍可乐都还符合品牌联想逻辑思维和消费者的接受原则，但是从维珍可乐、维珍伏特加到维珍避孕套的延伸，看上去似乎有点不可想象。按照传统的品牌延伸理论，一个企业即使想做，它很可能会采取多品牌化延伸策略。然而维珍却出乎意料，自始至终都是采取单一品牌策略，获得了成功。

从维珍涉足航空业开始，许多世界知名的商业评论家便对它大加指责，认为维珍必将自尝苦果，破产于它的过度延伸上面。一些商学院的教授甚至提前将维珍作为一个失败的案例搬上了讲台，向学生灌输他们的品牌延伸理论。令人惊讶的是，理查德·布兰森——这个被称为"嬉皮资本家"的商界怪才，不但没有倒下，反而几乎在每一个领域都取得了不凡的成就。

尽管维珍颠覆了大部分经典品牌理论，但是如果我们换一个角度看维珍，就会了解它的奥妙所在。其实，维珍不只是一个品牌的名字，它更意味着一种生活态度：自由自在的生活方式、叛逆、开放、浪漫、崇尚自由。维珍鲜明而独特的品牌个性和文化为其品牌延伸提供了基础。

纵观维珍30年的发展足迹和品牌历程，自由、创新、价值、反传统的个性和物超所值的品牌价值始终承载着"维珍"品牌，用具体的个性化产品策略和物超所值的服务措施与目标消费者的情结联系起来，铸就了今天永远创新的"Virgin"。Virgin意味着追求一种全新的生活理念和个性的生活态度：反传统中追求开放、情趣、自由；创新中体味浪漫、享受价值。这种品牌个性从第一张维珍唱片开始并在产品、市场营销和品牌塑造与推广中表现出来。就维珍品牌而言，恐怕没有谁能说出它到底是什么，是唱片、可乐，还是航空、音乐？但它却以创新、价值、自由和反传统的品牌个性，吸引着全球追求创新和自由的消费者不断接受维珍，直至最后更爱和忠诚维珍品牌。

理查德·布兰森凭借对商业机会的敏感性和对思维的反传统性，以及创新精神，将一个以邮购折扣为主的零售商店发展成今天跨行业、跨地区的商业帝国，创新、自由、价值、反传统的价值观承载的维珍品牌，成为凝聚企业、市场、员工、消费者的纽带。

当大多数消费者把维珍看成品质、价值、创新、娱乐、挑战的代名词，他们能感觉到维珍不仅仅是航空、CD 或者保险，更意味着一种生活态度：自由自在的生活方式、叛逆、开放、崇尚自由以及极度珍贵的浪漫。维珍鲜明而独特的品牌个性和文化为其品牌营销和延伸提供了基础。

所以，在变与不变之间，维珍掌握着一种微妙的平衡：变的是维珍经营的内容，不变的是维珍的品牌核心价值。布兰森说："我们的维珍不是一个标语，它是一种终生的关系。我们延伸到那里，只要维珍品牌加在某个事物上，我们就是在做出一种承诺。维珍成功无秘密可言，维珍坚持它的原则，并且信守它的承诺。"

这才是维珍品牌营销和扩张的成功秘诀！

问题：

1. 品牌营销有哪些策略？

2. 维珍打造了没有边界的品牌，其成功要诀中，坚持了品牌的哪些特性？对你有什么启发？

案例 18 娃哈哈的品牌营销之路

考生角色

如果你经过多年资金积累，开了一家营养品公司，正在推出新产品，想在打入市场时获得开门红，并建立属于自己的品牌。于是，你开始需要搜寻相关的成功经验。这时娃哈哈的成长历程，成为了你值得参考的案例。因为它是品牌营销的成功典范，但它在成长过程中，既有过品牌营销的成功，也遭遇过品牌营销的失败，走得相当艰辛。这个案例，对你肯定会很有启发。

案例介绍

娃哈哈的成功很富于传奇色彩。1987 年，娃哈哈创始人宗庆后带领两名退休教师，以 14 万元借款起家，开始了漫漫的创业之路。

娃哈哈公司前身是杭州市上城区校办企业的经销部，创业之初宗庆后靠两口大锅、三个罐子生产娃哈哈口服液，1990 年凭借 "喝了娃哈哈，吃饭就是香" 的广告词，使娃哈哈一举成名，迅速走俏大江南北。

1991 年，在杭州市政府的支持下，娃哈哈公司兼并了杭州罐头食品厂，成立了杭州娃哈哈集团公司，并延伸推出了多种产品：1991 年娃哈哈成功推出果奶；1995 年，娃哈哈以 "我的眼里只有你" 的广告进军纯净水行业，并获成功；1998 年娃哈哈 "非常可乐" 上市；2001 年娃哈哈有了茶饮料……

目前娃哈哈已成为中国最大的食品饮料企业，旗下拥有纯净水、乳饮料、碳酸饮料、罐头食品、医药保健品等六大类三十多种产品，其中纯净水、乳饮料、八宝粥罐头多年来销量一直位居全国第一，娃哈哈连续多年成为中国饮料行业的营业规模和利税的双料冠军，被誉为 "中国饮料之王"。

娃哈哈的成长之路，却并非一帆风顺，其中经历了成功与挫折，仔细分析，我们会得到许多启示和借鉴。

一、推出果奶，成功之举

娃哈哈儿童营养液由于切中了儿童市场的空白点，并在强力广告的推广下，其销售额直线上升，1990 年销量突破亿元，1991 年更是增长到 4 个亿，娃哈哈迅速成为一个家喻户晓的儿童营养液品牌。

1992 年，娃哈哈又推出针对儿童消费市场的第二个产品：果奶，从营养液向果奶的延伸是娃哈哈品牌延伸的第一步，也是成功的一步。

娃哈哈儿童营养液的产品诉求是 "给小孩子开胃" 的 "营养饮品"，而娃哈哈果奶目标消费群体仍聚焦于儿童，更突出 "有营养" 和 "好味道"，和儿童营养液基本处于一类诉求点。这次品牌延伸不存在和原来品牌利益的冲突，是稳健成功的。甚至于宗庆后事后都不把它看做一次真正意义上的延伸，"而更应该说是产品线的扩张"。

在当时的市场上，虽然已有不少其他同类竞争品牌，但娃哈哈凭借强大的品牌影响力，以及两年来积累的销售渠道和生产能力，使果奶迅速突入市场，一度占据果奶市场的半壁江山。

二、突入纯净水，品牌变脸

娃哈哈经过营养液和果奶的发展和积累，实力逐渐雄厚，扩张欲望也日益强烈。1995年，娃哈哈决定延用"娃哈哈"品牌生产纯净水，突入成人饮料市场。

娃哈哈原本是一个儿童品牌，其目标消费群体是儿童，品牌形象也是童趣、可爱。娃哈哈推出纯净水可以说是娃哈哈品牌的一次变脸，娃哈哈纯净水"我的眼里只有你"、"爱你等于爱自己"等广告展示了其青春、活力、时尚的品牌形象，目标消费群体也改变为成人。一个儿童品牌如何能打动成人的心，娃哈哈面临很大的挑战。

从理论上讲，娃哈哈起家的营养液和新产品纯净水无论是产品利益还是形象利益都有较大的差别，娃哈哈品牌内涵从童趣、可爱转向青春、活力、时尚，品牌核心价值几乎推倒重来。因此，娃哈哈的品牌变脸受到了众多的非议，很多人认为此举非但不能利用娃哈哈原有的品牌优势，还会让品牌个性变得模糊，甚至还有人预言娃哈哈会因品牌变脸而害及自身。

然而，宗庆后考虑到娃哈哈当时的资金情况以及创造新品牌的巨额推广费用（估计每年要在1亿~2亿元），毅然地坚持了品牌扩张之路。

出乎意料的是，娃哈哈不但没有倒下，反而发展壮大。1997年娃哈哈总销售额超过20亿元（其中纯净水超过5亿元，八宝粥超过1亿元），2001年总销售额更是超过60亿元。而且，娃哈哈借助于纯净水的成功，确立了自己全国性强势饮料品牌的地位，变脸后的娃哈哈更有了海阔天空之感。

三、拓展童装，能否辉煌

2002年8月，娃哈哈在业务上又进行了一次大胆的飞跃，开始进军童装行业，希望打造中国童装第一品牌。娃哈哈宣称他们的战略目标是2002年年底在全国开2000家专卖店，计划年销售额10亿元，娃哈哈童装的运作方式是以OEM进行贴牌生产，委托专业童装设计单位完成设计，以零加盟费的方式完成专卖店的布局。

然而一年后，800个专卖店的建立、两亿元的销售额和巨大的投入显然不相匹配。初次受挫后，宗庆后并不承认是品牌延伸上的问题，坦言是"对整个市场需求的估计不足"。

娃哈哈拓展童装，能否再现辉煌呢？

不可否认，当时中国儿童近3亿人，而我国童装年产量不到6亿件，童装市场可谓潜力巨大，并且行业内长期以来尚无强势品牌。然而，童装行业同饮料业有所不同，童装是一个消费需求多元化、个性化的行业，这也是目前国际童装市场上尚无一呼天下应的主导品牌的原因，娃哈哈以饮料行业的运作模式进入个性化需求的童装行业，确实面临一定风险。

据宗庆后所言，娃哈哈多年积累的巨大品牌影响力至少为娃哈哈童装节约数千万甚至上亿元的品牌建设费用，娃哈哈童装的市场推广费用可能仅需要同类品牌的 1/3~1/2，这是娃哈哈进军童装业的最大竞争优势。然而，综观国际童装市场，还没有一个仅靠广告获得成功的品牌，娃哈哈的品牌影响力只能带给童装一定知名度和首次购买行为，并不能带给娃哈哈童装长久的美誉度及消费者的忠诚，所以娃哈哈童装要想成功，还有很长的路要走。

最为关键的是，娃哈哈经过多年的发展，采取了一系列淡化儿童形象的措施，以"我的眼里只有你"的广告进军成人饮料市场，使娃哈哈从一个童趣、可爱的儿童品牌变成了现在青春、活力、时尚的成人品牌，其儿童性基本上荡然无存了。那么推出童装无疑是对娃哈哈现在品牌核心价值的颠覆，对旧品牌核心价值的复辟，让消费者对品牌内涵产生模糊理解，会大大影响消费者对娃哈哈品牌的忠诚度。而且，纯净水和童装之间很可能是一种此消彼长的关系，这对于娃哈哈品牌的损害是无法估量的。

总而言之，娃哈哈要获得童装的成功要克服行业差异、品牌延伸等多种障碍，即使娃哈哈童装获得了成功，也会面临对娃哈哈纯净水、茶饮料青春、时尚的品牌形象稀释的风险，娃哈哈童装的年目标营业额只有 10 亿元，而娃哈哈纯净水、茶饮料的营业规模已达 30 亿元，娃哈哈冒"30 亿"被损害的风险而追逐"10 亿元"的利益，是否是"舍本逐末"之举呢？

四、止步石油，明智之举

2007 年 3 月 7 日，杭州娃哈哈集团有限公司董事长兼总经理宗庆后透露，娃哈哈已经放弃向石油领域扩张的计划，巨大的投资风险及三大国有石油商的"垄断地位"，使娃哈哈望而止步，最终选择放弃。

此前，宗庆后曾多次在公开场合畅谈自己的能源梦想，在宗庆后的战略构想中，饮料等快速消费品很难做成航空母舰，进入石油等能源领域会有更大的发展空间，也许 10 年后娃哈哈的销售额就能达到 1000 亿元，尽管"标准石油"的公司名字都已想好，然而详细的市场调研最终让宗庆后不得不放弃了能源的梦想。

娃哈哈止步石油，应该说是明智之举。

多元化经营是中国许多企业家的共同理想，但是石油领域的竞争还不是公平的市场竞争，规模小、资金少、起步晚、技术力量弱等都成为民营企业难以跨越的障碍。一些民营企业进军石油领域的铩羽而归的事实一再证明，石油领域对民营企业而言依然是海市蜃楼。

娃哈哈作为中国饮料行业叱咤风云的知名品牌，经过多年的市场锤炼，已积累了丰厚的品牌及人才、渠道等方面的优势，然而娃哈哈的种种优势都是在食品饮料行业，进入石油行业这个全新的领域，娃哈哈许多方面势必要从零开始，在缺少核心竞争优势的情况下，娃哈哈必然面临巨大的风险。

五、谜样的啤儿茶爽

2009 年，娃哈哈又推出了一款啤酒加茶的新产品——啤儿茶爽。这是一个什么样的产品？娃哈哈说：啤儿茶爽萃取天然绿茶添加香浓麦芽，采用混比充气，二位一体灌装技术，零酒精，低热量，高营养，像啤酒一样酷爽，像绿茶一样健康……

但它究竟是什么？没有答案。

据了解，啤儿茶爽主要针对那些想喝啤酒却怕喝多，或对酒精过敏，没有酒量等人群，比如司机、女士等，满足他们对喝啤酒的需要，因为喝啤酒喝的是"爽"的感受，所以，啤儿茶爽也强调"爽"的感觉。但这种似酒非酒、似茶非茶的饮料，到底是否能满足这部分人群需要，这部分人群到底有多大？

啤儿茶爽定位比较怪，是酒还是饮料？我们买东西首先是清楚自己买什么，然后才能进行选择，是买酒还是买茶饮料，这种啤酒味的茶饮料猎奇还可以，但长久做下去难免会缺少支撑自己的品类市场。

啤儿茶爽面对更加残酷的市场竞争。啤儿茶爽是啤酒吗？从容器瓶的外观和液体的色泽来看，酷似，但它没有啤酒必须含有的酒精，而且掺入了绿茶，显然对啤酒市场构不成威胁。那啤儿茶爽是绿茶吗？它在绿茶里加入了啤酒所含有的麦芽，好像绿茶也不是啤儿茶爽的竞争品类。那啤儿茶爽可以取代茶饮料吗？由于其特殊的人群，决定了它也不能动摇茶饮料的地位。因为有啤酒味的茶毕竟不是所有人都喜欢，而纯正的绿茶饮料和红茶饮料，确能符合广大消费者的需求。正因为啤儿茶爽说不清自己到底是什么，当然也就无法明确自己的竞争对手是谁。事实上，啤儿茶爽无意间陷入到与众多啤酒和饮料品类为敌的境况中。

有品牌专家指出，啤儿茶爽这种产品注定是一个短线产品，如果想长远做下去，一定要把自己定位在某一个品类内，然后做重点宣传。

其实，中国的饮料市场潜力依然巨大，可口可乐能将碳酸饮料做成全球第一品牌，说明娃哈哈在食品饮料行业还有漫长的路要走，充分发挥自身的品牌优势，发掘传统产业的新价值，才是娃哈哈的应走之路！

资料来源：杨兴国：《娃哈哈品牌发展之路的反思》，http://www.brandcn.com，2007 年 8 月 16 日。

案例分析

在娃哈哈成长的道路上，其成功和失败，我们都可以从其品牌营销中来探询。所谓品牌营销，是指企业通过利用消费者的品牌需求，创造品牌价值，最终形成品牌效益的营销策略和过程，是通过市场营销运用各种营销策略使目标客户形成对企业品牌和产品、服务的认知过程。品牌营销在高层次上就是把企业的形象、知名度、良好的信誉等展示给消费者或者顾客，从而在顾客和消费者的心目中形成对企业的产品或者服务品牌形象。那么，娃哈哈是如何进行品牌营销的呢？

一、娃哈哈儿童营养液打动亿万家长的心

娃哈哈的成功，首先源于定位准确，着力开拓目标市场。

娃哈哈集团公司创办之初，规模极小，幸亏宗庆后得到了一个纯天然食品成分的新营养液产品的配方，所以他们决定专攻营养液。

尽管宗庆后已做好一切准备，但市场调查无情地显示：“中国市场已有38种营养液，市场供求几乎饱和……”在这种时候，绝大多数人都会泄气后退。但宗庆后仔细分析了市场后，突发奇想：“我们可不可以给产品定定位？国内38种营养液都属于老少皆宜的全能型产品，我们与其生产第39种这样的营养液，不如去生产第一种儿童专用的营养液。”

他说：“如果我们是在儿童营养液市场上喝了头口水，而这个市场有3亿个消费者，1/10就是3000万，这不是个大空档，大机遇吗？”

恰在此时，《杭州日报》《钱江晚报》在头版头条登了这样一条新闻：“中国学生营养促进会会长、著名营养学家于若木先生在目前的一次研讨会上透露，全国3.5亿儿童和中小学生中有1/3营养不良，仅浙江省8~12岁儿童中就有47%的人营养不良。于若木等有关专家呼吁请家长注意儿童的营养均衡。”这条新闻的刊登，可以说对宗庆后决心开发儿童营养液市场起了极大的作用。“使祖国未来的花朵茁壮成长，这不就是市场需要吗？何况，既是校办工厂，就应该全心全意为学校儿童服务，为儿童健康献上自己的一点儿力量。”他下定决心，生产儿童营养液，要使中国的每个娃娃，都能笑哈哈地成长，他马上去向工商局申请注册“娃哈哈儿童营养液”商标的生产经营权。

1988年10月20日，“娃哈哈儿童营养液”终于投入批量生产。宗庆后策划了一次“娃哈哈”儿童营养液效果的研讨会，请专家医生鉴定，发表意见，提出改进意见。专家们的测试鉴定以后，肯定了“娃哈哈”的营养价值。专家们的权威意见，使消费者买得放心，吃得开心。

而后，娃哈哈广告登陆杭州媒体。电视广告中，一位母亲看着身边的众多食品，看着对这些食品毫无兴趣的瘦弱的儿子，声音几近绝望："小祖宗，你可让我怎么办呀！"怎么办？旁边一些孩子们跳着蹦着，"吵"出了答案："喝了娃哈哈，吃饭就是香！喝了娃哈哈，吃饭就是香！""娃—哈—哈"。多么动听的呼唤，开口呼，声音响亮，嘴越张越大，可以尽情尽力；平声调，音节悠扬，呼吸从容，能够越传越远。如此入耳上口，谁都能听着舒服，谁都记得牢实，谁都能脱口而出。听着、呼着这样的名称，家长的脑际一定会出现哈哈而乐的娃娃，娃娃乐了，家长自然就高兴了。

广告播出后，杭州城第一个月市场反馈回来的需求量便突破 15 万盒，第二月冲上 20 万盒，并连锁带动起浙江的其他城市市场，逐步扩及省外市场，"娃哈哈"自此一炮走红。

娃哈哈儿童营养液推广成功后，开始了产品扩张。这时，宗庆后主要采用跟进模仿法，节省了大量的前期费用，减少了市场风险，提高了新产品推出的成功率。可以说，娃哈哈是一家稳健型的企业，也是运用跟进战略最成功的企业。

二、明星歌曲广告策略，给纯净水穿上时尚的外衣

在矿泉水、纯净水市场风生水起之时，娃哈哈推出了纯净水，致力于打造饮料王国的第一品牌。娃哈哈之所以能够在短期内独占鳌头，他的品牌营销手段与当初推广"娃哈哈儿童营养液"不同，因为目标顾客是时尚的年轻人，所以他采用了明星歌曲广告策略。

众所周知，"娃哈哈纯净水"面市，在当时众多瓶装水纷纷以纯净、健康、卫生为诉求的情况下，"娃哈哈"独辟蹊径，走出了一条情感诉求的路线。在广告片中，我们可以感觉到高楼大厦、名车美女、衣着时尚的青年、温婉动人的歌曲和浪漫温馨的情侣，虽然看起来并不新鲜，但这无疑迎合了众多消费者追求浪漫时尚的心态。伴随着那首青春浪漫、脍炙人口的流行歌曲——也就是娃哈哈的广告语："我的眼里只有你"，娃哈哈的产品——娃哈哈纯净水也深入到娃哈哈的目标消费群——广大青少年心中，产生了巨大而持久的广告效应。

1999 年，台湾歌星王力宏因为身上独具的纯净、年轻、诚恳、都市和时尚气质，而这正是"娃哈哈纯净水"所要表达的产品的特质和形象，他成为"娃哈哈纯净水"新的广告代言人。随着大范围的现场推广、广播电视报纸广告大密度传播以及媒介对歌星的跟踪采访、歌迷的歌曲点播，一时间，王力宏这首"爱你等于爱自己"娃哈哈广告歌曲及其优美动听的旋律传遍了大街小巷。

"明星歌曲策略"贵在轰动，更贵在坚持。在娃哈哈纯净水代言人这一表

象的变化背后有一脉相传的东西，所以在竞争对手不断变换广告策略、纷纷起用名人的情势下，娃哈哈所一贯坚持的"健康、青春、活力、纯净"这一品牌核心内涵却日益凸显出来，这个在消费者心中区别于众多品牌的、鲜明而清晰的品牌概念无疑成了娃哈哈宝贵的品牌财富。

娃哈哈一直在努力加强与消费者的情感沟通：不论是"我的眼里只有你"的娃哈哈纯净水；还是"有喜事当然非常可乐"的非常可乐都体现了娃哈哈产品极富亲和力的情感诉求。

此后，宗庆后逐渐形成了自己的促销风格。他把传统的推销术称为"渗透流"，即平衡使力，一点一点地渗透市场。而他则自称为"宇宙流"，即集中资金，全力投放一个市场，力争在最短时间内将相对集中的资金和人力投入，达到突破一点、辐射全局的奇效。

品牌定位准确、广告推广得力，娃哈哈系列产品的销售量直线上升。

三、延伸品牌模糊，娃哈哈遭遇挫折

而娃哈哈在进入童装业，开发啤儿茶爽时，遭遇了很大的挫折，其原因主要是品牌营销不利，模糊了品牌形象。

对于推出童装，娃哈哈的解释是：娃哈哈的品牌内核，是"为少年儿童提供健康产品"，所以娃哈哈营养液符合，童装也依然符合。不过，消费者能接受这样的延伸吗？

再后来的市场表现中，我们可以看到这样三个问题：

1. 品牌认知尚未得到顺利过渡

当我们一想到娃哈哈，立即想到儿童食品。如今，娃哈哈在没有引导或者说引导力度不够的情况下向穿靠拢、推出童装，就容易给以前掏钱购买娃哈哈产品的消费者很突兀，甚至是怪异的感觉。消费心理一旦不适应，自然就会影响消费者对娃哈哈童装的接受能力，并进而影响其消费行为。

2. 没有对品牌形象进行承上启下的动态再整合

正如前述，娃哈哈最重要的品牌认知部分是有关儿童"食喝"的，再往下想呢，是一些有关健康、营养、快乐成长的东西。如果顺着这条思路，继续想下去一定能够从中找到改变其童装消费不适感觉的重要工具。那就是"妈妈我要娃哈哈"中寓意丰富的"妈妈我要"四个字。试想一下，孩子们能够从"妈妈我要"中得到什么？营养液、果奶、AD 钙奶……还有娃哈哈童装！这不但能够尽量规避娃哈哈由童装带来的品牌凝聚力稀释问题，而且，"妈妈我（还）要娃哈哈童装"伴随着其童装上市大江南北的传唱，娃哈哈品牌认知的延伸和其形象的再整合问题，可能也就比较好处理了。

3. 感觉不到"高中档的服装，中低档的价格"

娃哈哈童装的市场定位"高中档的服装，中低档的价格"。但事实是，娃哈哈的这个定位，未能在实际中得到充分的体现，没有获得消费者乃至商家的认可。

总之，娃哈哈为其童装的消费者卖点提炼和卖点不明确、营销推广不力、落实市场定位时的偏差，付出了实实在在的代价：在消费受众的心中，形成了档次不及许多高中端品牌，性价比又难以拼过杂牌货的品牌印象。

当然，娃哈哈在进军石油产业的中途刹车，自然让我们松了口气，否则娃哈哈的品牌形象，真要模糊一片了。

至于啤儿茶爽，其产品本身就非驴非马，一出生就被营销界扣上死亡的咒语。当时他们是这样评价啤儿茶爽的：

①误导儿童饮酒的嫌疑犯及慢性杀手；②复合型后的迷失者；③脱离饮料本质诉求、简单创新哗众取宠者；④没有品类的孤儿；⑤先天畸形的私生子……

结果，啤儿茶爽被他们言中了，自从被摆上货架，就不太有人问津。2010年初，啤儿茶爽终于忍受不住这份静寂，开始了买赠及疯狂的降价，结果收获寥寥，在 4 月份就纷纷下架了。由此可见，没有鲜明的产品特色，纵然是娃哈哈这样的大品牌，品牌营销有时也会遭遇失败。

问题：

1. 在品牌营销中，娃哈哈有哪些值得借鉴的地方？

2. 从娃哈哈的案例出发，谈谈品牌营销如何避开风险，维护品牌形象，获得消费者认同。

案例 19　欧普照明：用心创造光明

考生角色

品牌的存在使消费者能极大地降低消费信息搜寻成本，有效规避消费风险，并能为生产商和经销商带来巨大市场利润和财富。因此，对于在市场上已占有一席之地的某灯具品牌，如何创建维护自己的品牌并彰显其品牌的力量获取更多的市场份额？假设你是该灯具公司的品牌主管，请你策划出几份最经济有效的品牌营销策略的方案。

案例介绍

欧普照明是中山市欧普照明股份有限公司旗下的主打产品之一，所在公司成立于 1996 年 8 月。欧普照明的产品涵盖家居、商照、电工、光源等领域，是集研发、生产和销售于一体的综合性照明企业。目前有 28 个办事处和遍布全国 1300 多家专卖店，5000 多家销售网点，产品远销世界十几个国家和地区。

欧普照明已成为照明业内公认的名牌，2002 年荣获"广东省著名商标"和"广东省名牌产品"，同年荣获"国家免检产品"；2004 年入选中国 500 最具价值品牌；还获得了国家 3C 认证、节能认证等国家权威认证，同时获得欧盟 CE、德国莱茵实验室 ISO9001 等国际权威认证，公司拥有先进的检测设备，有严格的质量控制和检测，为海内外消费者提供优质的照明产品。

欧普品牌的打造经历了入行期（1996~1998 年）、创立期（1999~2000 年的企业定位期、2001~2004 年的打造企业规模基础期）两个阶段，通过对品牌的精心打造，确立了欧普在市场上的品牌地位，为日后的品牌营销奠定了坚实基础。

公众形象与社会责任成为企业品牌建设走向大众的突破口。例如欧普早期携手央视举办"春暖光明行"晚会，捐款资助白内障患者引来关注，随后为四川地震灾区捐资 1000 万元更是引起轰动。2009 年 9 月，欧普正式成为上海（中国）世博会民企联合馆的参展企业，并为民企馆提供所有照明应用解决方案，展现了欧普作为照明专家的独特品牌形象。欧普传播品牌的投入大，途径广泛，横纵深入。尤其是向央视重投广告，被看做是欧普向大众品牌转变的标志性事件。此外，欧普照明积极响应国家政策，充分利用其遍布全国 1 万多家、覆盖了全国 95% 的县级以上城市的终端店面，对消费者进行照明节能的科普教育与推广，进一步提升了品牌的影响力。

除此之外，欧普照明还在报纸杂志、户外广告、网络等投放广告，并通过终端宣传与推广"照明设计解决方案"，倡导正确的照明产品消费。

资料来源：张金海、佘世红：《中外经典品牌案例评析》，华南理工大学出版社，2009 年，第 229~235 页。

案例分析

欧普照明非常明确品牌对企业的作用和意义，因此相当重视对品牌的建设与保护。早在 1999 年就将"欧普"正式确定为公司名称和产品品牌，并注册了商标以防止不法分子的仿冒。"欧"体现对技术领先的追求，"普"体现为中国消费者提供优质照明产品的愿望，并进行了 CIS 系统建设。为使营销传播达到整合统一的要求，公司名称也变更为"广东欧普照明有限公司"。

一、欧普品牌化历程

（一）入行期：1996~1998 年

在此期间，确定了"品质优先"的经营原则。

1996 年 1 月，欧普公司正式创建工厂。创建伊始，员工仅 8 人。主要产品为三基色粉节能灯。1997 年 8 月，开始投产吸顶灯。由于欧普公司在严格控制成本的基础上，采取了高性价比定价策略，迅速打开了市场。但是，随着新加入的厂家增多，行业竞争加剧，各厂家的价格一路往下调。更有部分厂家为了在激烈的市场竞争面前求得生存逐渐开始忽略对产品品质的严格要求，这极大地损害了广大消费者的利益和行业的健康发展。

面对充斥着劣质低价产品的畸形市场，严格自律、坚持打造品牌效应的欧普公司由于产品成本远高于劣质产品，因此市场占有率曾出现过一度停滞甚至下跌的迹象。新生的欧普公司第一次面临着来自市场混乱的严峻考验。

1998 年初，董事长王耀海和总经理马秀慧等公司领导经过研究认为，如果一味盲从市场，一味降低成本，产品品质将难以得到保证。而如果以牺牲产品品质为代价谋取短期的效益，不但影响企业和品牌形象，最终受害的也还是消费者。对于是守住市场还是对消费者负责，欧普公司高层达成共识：在严峻的市场形势下，欧普坚持一贯的品质追求，以主流品牌的姿态，全力维护经销商和消费者的利益，决定守住价格、守住品质，以优质产品赢得消费者信任。由于对品质的一贯重视和良好的成本控制，曾经失去的节能灯市场份额渐渐收复，新上马的吸顶灯也很快得到了市场认可，欧普的品牌形象也开始在众多竞争对手中脱颖而出。

1996~1998 年的起伏，让欧普公司充分认识到品质的重要。公司确定了企业的战略目标："以提供优质'绿色照明'为己任，把好光源带到世界上每个需要光明的地方，为创造光明的神圣事业拼搏、奋斗、坚持不懈。"至此，欧普明确了本企业在行业中的定位和奋斗目标，真正从企业到心灵全方位地投入到照明行业。这段时间是欧普进入照明行业的"入行期"。

（二）创立品牌期

1. 1999~2000 年为"企业定位期"

这期间创立了欧普品牌，确立"品牌经营"原则。

作为一个在照明行业内打拼多年的企业，欧普人有深深的产业和市场情结，更有着作为弘扬民族产业自立自强的民族企业家情结。在欧普公司高层的坚持下，当时弱小的欧普没有随波逐流，没有直接在市面上找几款好销的产品稍微改动一下重新打包上市，而是严格进行市场调研，苦练内功，引进专业的技术人才，以契合市场的做法打造自己的品牌。

欧普高层认识到，如果停留在最基本的竞争层面，即价格、款式、性能等方面的竞争，企业将无法形成自己的核心竞争力，唯有走"打造民族品牌"的道路，才可在市场上树立自己的强者地位！确定了企业目标之后，公司经过反复论证，通过对品牌和公司名称的变更，为企业的品牌化运作打下了良好基础。

2000 年，欧普公司进一步确定发展以市场为先导的战略模式，扩充渠道网络和产品销售商建立利益共同体，让经销商的收益稳定增长，在全国范围内形成终端优势，建立品牌优势。经过一段时间的努力，凭借着过硬的产品质量和高品位的产品外观设计，以及积沙成丘的品牌推广、大手笔的宣传投入，市场终于给了欧普公平的回报，欧普逐渐成为中国照明行业的最著名品牌之一。

截至 2001 年底，欧普以其产品的优良品质和鲜明的品牌形象，成为灯具行业知名企业，确定了市场竞争中的优势地位。2002 年欧普荣获广东省著名商标，广东省名牌产品，节能灯"国家免检产品"等荣誉；2004 年全国优秀经销商大会（500 强）召开，专卖店系统启动，在迪拜开设分公司，迈出向海外市场扩张的一大步；世界品牌实验室授予其"中国最具品牌价值 500 强"荣誉称号，欧普是照明行业唯一入选企业；2006 年，欧普荣获"中国名牌产品"称号。

2. 2001~2004 年为"打造企业规模基础期"

这期间通过对营销网络的深化管理和整合，通过强化内部管理和对供应链管理，提升了整体经营能力，打下进一步扩张企业规模的良好基础。

从 2001 年开始，欧普公司对营销网络进行了分阶段的调整和整合。这方面的工作主要包括：

（1）对市场进行深度发掘。通过合理、密集布点，改变照明产品市场的坊店式独家经营传统，建立从省会城市的专业市场到地级市乃至县镇级的分销网络。

（2）建立良好的物流体系。公司在各省会建立物流中心，各市场、地级市设专卖店，各专卖店下面设分销商，层层配送，统一管理，减少中间各环节的积压，提高流通速度和对市场的响应速度。

（3）向后生产运营整合。欧普公司加大对产品研发的投入，添置大量检测设备，加强对各种原材料检测、制程检测、成品检测等环节的技术队伍培养；进一步完善质量管理体系，公司管理从粗放的经验管理转化为制度化、程序化、专业化的现代化管理。

（4）对供应链进行整合。欧普公司通过投资、扶持重点供应厂商成为战略伙伴，提高他们对市场的把握能力和反应能力，与重要供应商建立了良好的合作关系；把满足市场需求的工作提前到供应环节上进行，从而保证了欧普产品的技术和成本控制处于同行中的领先地位。

二、欧普的品牌市场策略

（一）品牌定位：做更专业的家居照明

欧普将自己的品牌定位于"光价值的传递者"，通过对光的开发、利用来引领美好生活。这个品牌定位一是诠释了照明产品的物理特性；二是广泛满足了人们购买照明产品的感性需求。

由于照明行业准入门槛偏低，市场潜力巨大，生产节能型照明产品很好地解决了企业在市场准入、立足的问题。但是随着市场的不断扩大，需求多样化也越来越明显，单一产品要想满足整体市场需要已经越来越困难了，因此很多企业开始寻求开发生产多品类产品去填补市场空白。

欧普也一样，在产品多样化之后，由于不同产品的目标对象不同，销售渠道不同，生产工艺不同，从而造成了企业资源被严重分散，生产效率下降，市场运营无力。对此，欧普果断地放弃了多品项发展的诱惑，采取单一产品策略去应对多品项的市场需求，将核心资源集中在家居照明的生产上。事实证明，这种策略是欧普能够从众多企业脱颖而出的关键所在。

从此，欧普照明定位在家居照明上，市场细分的成功使品牌和产品在行业取得了领先的地位。欧普选择了从吸顶灯所在品类的家居照明入手，利用欧普的品牌影响力打造欧普家居照明的概念和整体形象。一方面利用了吸顶灯强势的品牌担保解决了品牌延伸的问题；另一方面也避免了渠道成本的增加，提高了渠道运作的效率。市场证明，欧普家居照明形象已经被市场和消费者所接受，欧普家居照明产品进入了良性的市场运营状态。

（二）品牌LOGO："东方的启明星"

欧普照明的LOGO是"东方的启明星"，其包含的寓意是：在那黎明前的黑暗里，给予人们光明的启示，引导人们走向光明。关于欧普照明的商标解释主要有以下三点：

（1）欧普照明运用"东方的启明星"为公司的宣传商标，首先符合了企业的产品形象，欧普是注重"光"的企业，而不是单纯生产灯具。通过其品牌文化内涵，让人感到欧普能给予人一个温暖的家。而且"启明星"很好地表达了公司的核心价值理念，给人们带来光明。欧普照明给人们带来的"光"不仅仅是普通意义上的"光"，更多的是心灵上的"光"。当你在黑暗中徘徊时，欧普能给你带来光明。"启明星"让人们感觉"欧普之光"是充满灵性的。另外，"东方启明星"中的"东方"代表着中国。欧普实际上是向人们宣誓，它代表民族企业的崛起，在国际上推广民族企业的形象，充分体现欧普照明强烈的社会责任感。

（2）运用"OPPLE"为商标的英文名字，使整个企业变得时尚，充满活力，也便于公司的国际化发展。

（3）"专注光的价值"这个品牌定位，告诉大众欧普照明能够给消费者带来光明，而不只是"卖灯"的，让欧普充满灵性。

三、欧普的品牌认同策略：从"感受光的魅力"到"用心创造光明"的品牌诉求

欧普照明确立的品牌定位是"专注光的价值"，一直以来它的广告诉求都离不开"光"，其实这和它是照明企业紧密相连。欧普照明最初的广告语是"感受光的魅力"，现在正在使用的广告语是"用心创造光明"。

欧普照明一直以来的竞争对手——雷士照明的定位是"光环境专家"，雷士照明在传播中侧重于理性诉求。雷士的主打产品是工程照明，而工程照明更多需要的是科技、稳定、效用等理性诉求点。"光照明专家"突出的是"专家"，以光环境专家的身份出现在受众面前，给人权威、信赖的形象。

而欧普照明在广告诉求上一直侧重于情感，无论是"感受光的魅力"还是"用心创造光明"都是从个人内心的情感出发，在品牌传播方面侧重于赋予品牌"家"的温馨，使其与生活更贴切。它力求亲切、柔和、真诚，这种品牌推广策略，能够给予终端消费群更大的价值，给予消费者更强的情感共鸣，更容易打动消费者。

四、欧普的品牌促销策略

（一）体验营销：建立优秀卖场

建立优秀的卖场形象无疑是一个能为代理商与经销商树立信心的举措，更重要的是整体提升了品牌的知名度与信誉度，加深消费者对品牌的认可与赞同。欧普照明从 2004 年开始打破以往区域代理商建立各自分销网络的营销模式，全面建设自有品牌专卖店，建立从省级诚实的专业市场到地级城市乃至县级城市的分销网络。到目前为止，欧普在全国拥有 6000 家销售网点，600 余

家品牌专卖店。

欧普卖场不仅仅是买灯的场所，它有着与竞争对手不同的卖点：

（1）"幸福之家"的环境氛围。欧普卖场的设计方向就是营造"幸福之家"的氛围。这是体验营销最基本的一个步骤，欧普营造的"幸福之家"向消费者传达欧普的品牌理念，加深消费者对其品牌的认识。

（2）设立"光源体验区"。消费者可以在光源体验区上感受欧普的灯具与普通灯具不同的效果。通过比较，让欧普公司照明产品的差异化特点最大限度地展现在消费者面前，这无疑是个明智之举。

（3）生动化传播。生动化传播往往是最容易被企业所忽略的，但是在向消费者传达信息上，它起到不可替代的作用。欧普照明非常看重对消费者信息的传播效果，在卖场上放置书籍、刊物等。

欧普继续推行以专卖店体系为核心的体验营销，它相信从传统的价格竞争和产品竞争升级为品牌和服务的全面导入，才能使得业务更具有竞争力和生命力，才能提升品牌的形象，增强品牌的资产。

（二）娱乐营销：打造"音乐与光"的盛会

这是一个全民娱乐的时代，这是一个娱乐营销的时代。有人说，19 世纪的营销是想出来的，20 世纪的营销是做出来的，21 世纪的营销是"玩"出来的。娱乐营销已经成为当今营销的重点和时尚，欧普照明公司也创新性地实施了娱乐营销。

在 20 世纪 90 年代，大量的照明企业异军突起，在竞争尚未激烈的市场中都分到一杯羹。到了 21 世纪初，照明行业竞争异常激烈。欧普照明如何才能突出重围，获得可持续的发展？那就必须要进行成功的品牌推广。鉴于照明行业的特殊性，很多企业认为没有必要进行大众化推广。大家都认为"灯具"是耐用品，没有日化行业更新那么快，消费者通常几年才会换一盏灯，而且"节能灯"等产品的价格通常也只有几十元，经过很长时间才能把所花的费用挣回来。欧普照明针对这个问题却有不同的看法，随着竞争对手的增多，只注重产品研发而忽略营销会导致市场的流失。虽然固有市场会因为产品的优良而不会被竞争对手所抢夺，但是潜在市场在缺失营销推广的情况下就会流失。正因为众多同行企业不愿意投入资本进行品牌宣传，因此欧普照明公司可以先入为主，利用大众媒体来提升自己的品牌形象，这样更加有利于在消费者心中打上牢牢的印记。

如何利用媒体来传播自身的形象？欧普照明与"同一首歌"节目展开合作，借"同一首歌"的高知名度来把自身品牌推向大众，这也开启了行业内娱乐营销的先河。

"同一首歌"栏目组也不是有赞助商就举办，也需要符合一定的条件才能共同合作，所谓合作也要讲究"门当户对"。在"同一首歌走进欧普"前，"同一首歌"栏目组已经跟几个大型企业开展了合作，包括"同一首歌相约宝洁"、"同一首歌走进惠普"等。但是这些企业都是跨国集团，年销售额达几百亿美元的大"鳄鱼"。欧普当时的年销售额只有 10 亿元人民币左右，而且知名度较低，很难达到"强强联合"。欧普照明经过精心策划期望打造一场"音乐与光的盛会"，"同一首歌"的负责人孟欣当时看重的就是"音乐与光"的结合，所以这个晚会也就应运而生。

"同一首歌——走进欧普'魅力之光'大型演唱会"于 2007 年 11 月 4 日晚再次走进广州天河体育场。在此之前欧普公司已经在中央电视台的 CCTV-1、CCTV-3、CCTV-8 三个频道上播放广告，为整个晚会预热。与此同时，欧普在全国各地的经销商、分销商纷纷利用自身店面和当地灯具市场的户外宣传条幅进行宣传，"热烈祝贺同一首歌走进欧普"、"购欧普产品看同一首歌"等宣传标语成为各个市场一道亮丽的风景线。数十组内地及港台艺人将同台放歌，以璀璨的星光和精彩的表演点燃广州乐迷积蓄多时的热情。当晚，群星闪耀，刘若英、莫文蔚、任贤齐、孙楠、张信哲、林子祥、叶倩文等大牌明星都为观众献唱，把观众的情绪不断推向高潮。

欧普赞助央视"同一首歌"，成为当年照明行业最热点话题，可以说是为照明企业品牌建设提供了一种新的可能性，时至今日仍是业内人士津津乐道的话题。之后持续上央视、大力投入网络推广，乃至 2009 年打造出照明行业最高规格的新品发布会，欧普照明一直在引领行业方面做出表率。

2010 年，奥运之后的又一盛事——上海世博会开幕，欧普照明作为世博会唯一集供应商参展商为一体的照明企业，持续引领行业风骚。同时，欧普照明结合世博推出"欧普家庭日"、"闪耀世博精彩城市生活"巡演等活动，继续沿着大众品牌营销之路前进。

中国照明行业历年虽经高速发展，但行业环境混乱，集中度低，各种因素导致部分行业人士认为照明品牌只适合打造行业品牌，而不适合打造大众品牌。然而欧普从一开始就不相信这一观点，其大众品牌之路从未犹豫。在这个前提下，欧普的努力和探索都成为行业可资借鉴的宝贵经验。

相对于同行而言，欧普照明在品牌建设上可谓先走一步，品牌传播表现也棋高一着。但是距离成为一个百年品牌、国际化的品牌，欧普还有很长的一段路要走，而且这条路没有尽头。品牌经营必须不断创新，不断注入新的活力。

问题：

1. 欧普获得成功的最关键因素是什么？
2. 欧普的成功对于同行企业有些什么启示？
3. 欧普的巨额娱乐营销投资对于其提升品牌影响是否有价值？

案例 20　杜邦：工业品牌的发展之路

考生角色

一家有着悠久发展历史的企业在其百年大庆到来之际，将举行一系列重大的品牌宣传活动，假设你是此次活动中负责该品牌宣传的策划，请你做一份展现本企业辉煌历史的策划宣传文案。在做文案时要适时地展现本企业在发展过程中树立的良好的企业公民形象，让公众通过对企业历史的了解而加深对企业的品牌忠诚度。

案例介绍

美国杜邦（DuPont）公司是美国最大的化学工业公司之一，也是全球最大的化学与能源集团，素有世界"化工帝国"之称。经过杜邦家族 5 代人的经营，杜邦公司成为典型的家族托拉斯。杜邦公司创建于 1802 年，经历了 3 个世纪，寿命长达 200 多岁，是名副其实的长寿企业，也是世界 500 强中岁数最大、资格最老的化工企业。

杜邦公司以制造火药起家，是世界上最早制定出安全条例的公司。杜邦公司建设以"责任关怀"和"创造科学奇迹"为核心价值观的企业文化，不断提升企业核心竞争力，致力于科学发现，将之变成社会接受和需求的价值，并坚定不移地坚持健康和安全、平等待人和保护环境的信条，不断地自我创新以获得持续发展，为股东、客户、合作伙伴和社会创造新的价值。杜邦公司正在由一家全球领先的化工企业转向以科研为基础的多元化公司，以科研为基础的全球性企业，提供提高人类在食物与营养、保健、服装、家居及建筑、电子和交通等生活领域的品质的科学解决之道。

杜邦公司在全球范围内拥有 180 多个生产企业，拥有杜邦、莱卡、实体面材等 2400 多种优质产品、17000 多项专利和数十个家喻户晓的品牌。杜邦公司成立5个以市场和技术划分的业务增长平台，包括电子与通信技术、高性能材料、涂料、安全防护、农业与营养5个业务集团，并分拆设立一家专门从事纤维业务的子公司，即杜邦纺织品和室内饰材公司。

品牌不是一个人创造的，只有经过数代人的精心雕琢，才可能焕发出无穷的魅力。世界500强企业中最年长的杜邦，正因不断地被输入新的血液，才会至今风采依然。

资料来源：孙一枚：《杜邦家族的变革路径》，*BUSINESS CHINA*，2008年2月，第50~52页。

骆剑峰：《一个成功的工业品牌》，《技术经济与管理研究》，2006年第4期，第108页。

《世界著名化工品牌——杜邦》，中国国际化工网，http://www.intchem.net，《化工文摘》，2002年4月，第9页。

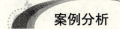

案例分析

一、杜邦的品牌化历程

杜邦公司创建于19世纪的1802年，创始人是厄留梯尔·伊雷内·杜邦。

18世纪60年代，出生于钟表世家的皮埃尔·缪尔·杜邦是一个经济学家兼政治活动家。他撰写的一系列国民经济研究文章，得到伏尔泰和杜尔哥等人的关注；他的重农主义著作深深影响了《国富论》的作者亚当·斯密。他从政府退休后参加了结束美国革命的巴黎条约谈判，并很幸运地结识了后来成为美国总统的杰弗逊。

1799年10月2日，老杜邦的小儿子伊雷内·杜邦随父来美。伊雷内·杜邦十分喜欢化学，曾在"现代化学之父"、著名化学家、法国皇家火药厂总监拉瓦锡门下学习过制造火药的技术。到达美国之后，发现美国的火药质量奇差，简直与法国货无法比拟，而他掌握着能够比之更好的火药生产技术，因此，敏锐的伊雷内决定开办火药厂。他与合伙人皮埃尔·鲍迪一起，买进了位于布兰迪万河畔的一座名叫布鲁姆的农场，于1802年4月建立了当时美国最大的火药厂，杜邦公司从此诞生了。

杰弗逊顾及和老杜邦的关系给了杜邦公司第一笔政府订单。1805年，美国陆军部长宣布，杜邦公司将承包政府的全部火药生产。因而，早期的杜邦公司的经营是相当成功的，1803~1810年，收益平均为其销售额的18%，而公司资产在1810~1815年竟增至原来的3倍。在杜邦公司，伊雷内·杜邦实行的是终身雇佣制，而且这种雇佣，对劳工来说是代代相传的。

（一）第一次转变：由家长式管理向现代企业管理的转变

1834年，杜邦公司的第一代管理者伊雷内·杜邦去世后，其子艾尔弗雷德·维克托·杜邦和亨利·杜邦接管公司并买下了其他合伙人的股份，从而奠定了杜

171

邦家族对公司实施控制的基础。19 世纪 40 年代的美墨战争、19 世纪 50 年代的克里米亚战争以及 19 世纪 60 年代的美国内战都为杜邦公司提供了巨大的军火工业发展机会。

随着公司领导权转给艾尔弗雷德的兄弟亨利，公司变成军事化管理。因为亨利毕业于西点军校，人们都称亨利为"将军"。亨利不懂炸药技术，技术上完全信任热爱化学的侄子拉摩特，但他很有管理和经营能力。在长达 39 年的任期内，他通过行业协会和兼并同行企业的做法，令杜邦帝国迅速发展，到内战结束时，杜邦公司已经发展为执美国火药牛耳的一家大公司了。

1889 年，美国 92.5% 的火药生产已垄断在杜邦公司手中。这一时期主管杜邦公司的是第三代管理者尤金·杜邦。尤金·杜邦是亨利·杜邦的侄子，他很难与亨利相比，由于经验不足，管理无能，导致了企业的衰退。从 19 世纪 50 年代开始，在经济发展的推动下，美国的私人股份有限公司依托发达的信用制度和法律的保护，迅速发展起来。股份有限公司的崛起不仅有效地解决了工业和经济发展的资金筹集问题，而且直接推动了企业内部管理的改进。

1899 年底，一个新的大型股份有限公司"E.I.杜邦·德·尼莫尔股份有限公司"成立，宣告杜邦公司实现了第一次转变：由家长式管理向现代企业管理的转变。

（二）第二次转变：由单一产品向多产品转变

1902 年，杜邦百年大庆。也在这年，尤金突然离世。几个年迈的董事措手不及，无人愿意担当杜邦的新领袖。他们觉得最好的办法就是把杜邦公司卖给竞争对手拉夫林·兰德公司，董事中唯一的年轻人，创始人伊雷内的曾孙艾尔弗雷德·伊雷内·杜邦提议与两个堂兄弟托玛斯·克莱蒙·杜邦和皮埃尔·塞缪尔·杜邦携手接班，成为杜邦公司的第四代管理者，这就是日后人们津津乐道的杜邦中兴三巨头。

当时，只有艾尔弗雷德在杜邦公司工作，另外两个都在其他企业，并且在矿业和铁路积累了丰富的管理经验。他们意识到单人决策的局限，决定实行集团式经营管理。新的管理架构决策权依然掌控在家族手中，但是在执行层面上，他们不再亲力亲为，交由执委会执行。在集团经营的管理体制下，由于实行了统一指挥、垂直领导和专业分工的原则，公司各岗位的职责十分清楚，效率显著提高，大大促进了杜邦公司的发展。

三兄弟随后制定了杜邦公司向新的方向发展的计划。他们重视科学研究，相继建立了东部实验室和中央实验站，主管实验站的是查尔斯·里斯博士，利用公司在化学纤维素方面的知识来扩大公司的产品品种，杜邦公司开始向着多样化的经营方向转变。1903 年，在皮埃尔·塞缪尔·杜邦的主持下，杜邦公司实施企业会计方法上的创新，结束了长期以来美国企业中流行的成本会计、资本会计和财务会计三者分离的现象。1920年，布兰迪万河畔的火药工厂关闭了，标志着杜邦公司作为单一火药公司历史的终结，同时也意味着它作为产品生产多样化的化学公司的开端，并调整了企业的组织。杜邦公司新的管理结构是按照炸药、摄影胶片、合成纤维、油漆、塑料、化工等不同产品的生产系统作为整个公司的中层管理结构。启用广告用语"用化学为更美好的生活创造更美好的物品"。杜邦公司实现了第二次转变：由单一产品向多产品转变。

（三）第三次转变：由家族企业向现代巨型公司转变

20世纪20年代，杜邦公司发现集团式经营权力过于集中，没有弹性，不能适应市场的变化。于是杜邦公司经过周密的分析，提出了一系列组织机构设置的原则，创造了一个多分部的组织机构。把权力下放，使得公司能很好地适应市场变化。新分权化的组织使杜邦公司很快成为一个具有效能的集团，所有单位构成了一个有机的整体，公司组织具有了很大的弹性，能适应需要而变化。

20世纪30年代后，杜邦公司以新的战略参加竞争，致力于发展新产品，垄断新的化学产品生产。20世纪30~60年代，被杜邦公司首先控制的、有着重要意义的化学工业新产品有：合成橡胶、尿素、乙烯、尼龙、的确良、塑料等，直至参与第一颗原子弹的制造，并迅速转向氢弹生产。

时至今日，作为一家上市公司，杜邦公司董事会中的家族成员的比例虽然越来越小，但是杜邦家族仍然控制着公司的主要决策。但市场是不断变化的，企业想生存下去，就只能不断地完善自己以适应它。20世纪60年代初，当杜邦公司的许多专利都期满时，一下子出现了很多劲敌。公司面临着重重危机。杜邦家族拥有的10亿多美元的通用股票被迫出售，杜邦家族多年的优良资产被剥离；而家族控制的美国橡胶公司也被洛克菲勒家族抢走。1962年，科普兰临危受命，出任第11任总经理（兼董事长），担当起"危机时代的起跑者"。

公司经营上出现问题，说明旧的经营模式已经不适应公司的发展。为了应对这场困境，科普兰提出新的经营方针。1967年底，科普兰把总经理一职史无前例地让给了非杜邦家族的马可，财务委员会议议长也由别人担任，自己专任董事长一职，从而形成了分权制的"三驾马车式"的集团管理体制，体现了"三层金字塔"的组织形式。企业在董事会战略指导下进行分层决策，引进了外聘董事制，帮助公司进行企业文化、营销策略、组织体制、企业再造、资本运营等方面的决策。科普兰认为，这种组织层次，是未来世界性大公司必须采取的安全组织层次。这种"有效的富有伸缩性的管理工具"的建立，标志着杜邦公司实现了第三次转变：由家族企业向现代巨型公司转变。科普兰无疑是杜邦家族历史上最重要的人物之一。他的变革取得了令人满意的效果，杜邦公司很快恢复了活力，除了化学事业之外，又向建筑、汽车、钢铁等行业发展。

进入 20 世纪 80 年代，杜邦公司以"创造科学奇迹"为理念，加速企业发展。1981 年，杜邦公司以高达 75.7 亿美元的价格吞并了摩根财团的大陆石油公司，成为美国历史上的一起重大合并事件。1984 年，杜邦公司在北京设立办事处，此后，相继建立 1 个控股公司、3 个分公司、20 家独资和合资企业，员工有 3000 多名。1997 年，杜邦公司全球销售额为 451 亿美元，在全球 70 多个国家和地区设有全资或合资的子公司和办事处。

跨入 21 世纪，杜邦公司成为一家全球性的工业界领导，带着"责任关怀"的核心价值观进入了公司持续发展的第三个百年，继续为人们的"衣食住行"创造科学奇迹！

二、杜邦的品牌营销之路

杜邦公司是最早意识到公司品牌重要性的大企业之一。

1909 年，杜邦公司执行委员会决定使用印有杜邦公司名称"DUPONT"字样的红色椭圆形作为公司标志，并规定在公司的所有业务中的任何产品上都必须使用这一标志。杜邦最早的标志包含"Established in1802"（1802 年成立）字样，此标志于 1955 年停用，而其他的杜邦标志则连续使用了 90 多年。

1935 年，杜邦在美国进行了一次企业形象宣传活动，开办了一个在全国范围内每周播出一次的电台节目，名为"Calvalcade of America"，为配合这个节目设计的广告语为"Better things for better living … through chemistry"（为了美好生活，通过化学创造辉煌业绩）。这一广告语迅速成为杜邦公司最重要的企业形象宣传口号，并且沿用了 60 多年。

1970 年，杜邦将"Better things for better living … through chemistry"（为了美好生活，通过化学创造辉煌业绩）口号改为"There's world of things we're doing something about"（我们从事的业务是世界范围的事业）。尽管口号有所改变，但其根本思想强调的仍然是"为了全社会的福利，杜邦提供了大量的、有用的、创造性的产品"。在 20 世纪七八十年代，杜邦用了很长的一系列电视广告片来树立这一企业形象——"There's world of things we're doing something about"，而在广告片中大多数是宣传杜邦某一产品或某一系列产品的好处。

20 世纪 70 年代末，化工行业由于环境污染而备受公众责难，杜邦对其口号又作了修改，增加了新的强调环保的内容，阐明杜邦产品的生产、使用及回收都符合环保的要求这一思想。1981 年，杜邦又重新使用"Better things for

better living"（为了美好生活，创造辉煌业绩）这一口号，但是去掉了"通过化学"。

20世纪80年代初，杜邦开始打造其全球化公司品牌。在亚太地区，杜邦致力于树立"杜邦作为高科技的领先者向全球提供改善人类生活的产品"这一形象；而且，针对不同国家的情况，其宣传活动也会作一定的变化，比如，在日本，杜邦着重强调其产品的高科技性。

20世纪90年代初，杜邦继续推行相同的公司品牌战略，其宣传口号也日益成熟。比如，杜邦努力树立一种形象——杜邦是一个有一群善良而平凡的人在"为我们、为大家"做着不平凡的事的集体。

在随后的很长一段时间内，杜邦的公司品牌定位逐渐从化工向科技方向转移。1999年9月，杜邦宣布了新世纪企业的全球定位，杜邦将从严格意义上的一家"化学公司"转变为更加综合的"科学公司"，同时将用了65年的广告词"生产优质产品，开创美好生活"改变为"创造科学奇迹"。杜邦公司董事长、首席执行官贺利得称之为杜邦的"第三次自我重塑"。杜邦不希望再以化工公司的形象出现，从1999年4月起开始打造全新的公司品牌形象："The Miracle of Science, Being the world's premier science company"（创造科学的奇迹，做世界一流的科学公司）。杜邦新的品牌形象体现了公司的定位：杜邦作为一个科技公司，为人类生活的改善提供科学的解决方案，涉及食品、营养、健康护理、居家、建筑和运输等领域。

杜邦的这一重大转变引起社会各界的关注，同时也引起广告界的注目。长期以来，因为杜邦虽然作为一个化学公司，以提供生产原料为主，却在直接面向消费者的广告方面投入非常积极，不断有上乘的佳品诞生。

下面我们以"莱卡"、"安睡宝"等品牌形象宣传为例来诠释杜邦的品牌营销策略。

（一）"莱卡"品牌的塑造与认同

杜邦公司在全球范围内拥有180多个生产企业，拥有杜邦、莱卡、实体面材等2400多种优质产品、17000多项专利和数十个家喻户晓的品牌。杜邦公司虽然产品众多，但鲜有直接面向消费者的最终消费品。因此普通消费者很难对杜邦公司产生比较明确的认识，往往知道杜邦是一个化学公司，但却不知道杜邦的具体产品是什么。杜邦公司的广告活动，目的是让普通消费者知道杜邦与他们的生活其实息息相关，虽然并不提供最终的产品，但他们用的许多最终产品和享受的美好生活都是用杜邦的原料制造出来的。

杜邦公司发明的"莱卡"，曾被《财富》杂志列入"20世纪影响人类生活的十大服装品牌"。这个有着"世界纺织业八大品牌"之誉的东西，其实既不是成衣品牌，也不是布料和制衣原料，相反，它是一个中间辅料型产品——杜邦独创的"人造弹性纤维"。它不可单独制纱，只是作为面料的一种添加物，通过与其他纤维的交织混纺，用其独特的延伸性与回复性来改善衣物的外观和手感。杜邦公司将自己生产的弹性纤维注册为"莱卡"（LYCRA），以其出众的质量首先介入时装界，又很快进入体育运动服装和休闲运动服装领域，由此声名远扬。

杜邦公司对莱卡的品牌塑造非常投入。1998年美国杜邦在中国几个大城市发布了莱卡的平面广告，主要以户外灯箱和路牌广告为主。广告画面是一场拔河的场景，由于画面在设计上采用了多种形式的对比和反差手法，通过色彩、数量、远近、神态、动静、大小的对比，使画面在写实的基础上变得超写实，形成一种极其强烈的夸张和幽默，给人以视觉上和感觉上的冲击。画面上的女性那飘逸的神态与对面众多男士竭尽全力的投入形成的夸张对比给人留下深刻的印象。这则平面广告通过丰富的画面语言把莱卡个性化的形象传达得淋漓尽致，而那句"收放之间自是风光无限"则给人留下巨大的想象空间和无穷回味。1999年春季，美国杜邦又花费3000万美元在全球推广莱卡新的品牌形象："舒适、舒逸新体验"。

杜邦致力于莱卡形象的推广，最终的目的在于让普通消费者选购服装时，不只看服装的款式、颜色，还要看它的质地，把含有莱卡面料的服装作为首选，越来越重视服装的舒适和弹性，这样，莱卡才能真正成功。

（二）品牌与消费者：用终端产品与消费者沟通

随着产品的多元化经营，杜邦的产品中也逐渐出现了最终面向消费者的终端产品，例如安睡宝、农得时、心逸内衣等。

以往杜邦在传播中主要采用整体形象和整体品质的诉求，而很少对具体的产品或原料进行宣传，这就使消费者还是很难了解杜邦的具体形象和有形的产品，只是停留在"开创美好新生活"和高科技的现代化跨国企业的认知上，显然杜邦对消费者的传播并不完整和清晰。因此杜邦还需要进一步走近消费者，如何走近？用有形的产品与消费者沟通和对话。

安睡宝是杜邦的床上用品，由于枕芯和被芯全部采用美国杜邦的涤纶中空纤维，富含空气，松软有弹性。其中一则平面广告中画面被一分为二：右面，一个女郎舒适地躺在安睡宝的枕头上；左面，风景迤逦的海滩上，右面那个女郎挖空的空白形象正躺在男性伴侣的手臂上。另一则平面广告中，画面的右面，一个小男孩儿舒适地躺在安睡宝的枕头上；画面的左面，温馨的卧室里，右面那个小男孩儿挖空的空白形象正躺在妈妈的柔软的大腿上。广告语是：安睡宝，给你舒适好心情。这一系列广告最大的特点是想借用伴侣之间缠绵的爱意、母子之间温暖的亲情来象征和体现安睡宝的舒适和柔软，但画面中那个挖空的人形才是这个广告最大的视觉集中点和记忆点。

杜邦心逸内衣的平面广告则是另一番表现。整体蓝色色调给人的第一感觉就是凉爽，画面左边是一片汗珠，而右上角却只有很少的汗珠，画面中央白色的黑体字十分醒目：流汗不留汗。右下角是杜邦心逸舒适内衣。广告中没有产品的主体，完全是用功能说话，形象化的画面（主要是汗珠）和巧妙利用汉字文字游戏的广告语把心逸内衣吸汗的 USP 非常个性化地表现出来。

（三）启示

纵观杜邦的品牌营销策略，我们可以获得这样的启示：作为非终端消费品的生产厂商，杜邦走的是消费者导向型的经营思路，这在它的传播策略中体现得最为明显。杜邦直接面对最终的目标消费者，从满足最终消费者的需求入手，研制开发产品，制定传播策略，这是一种比较先进的行销模式。

杜邦的行销目标具有阶段性的单一性和长期目标循序渐进的特点。杜邦公司是一个庞大的公司，业务领域广泛，产品专业化强，在信息密集的今天，要想把杜邦的形象和信息完整地传递给消费者恐怕不是一件容易的事情，甚至是不可能的事情。杜邦选择了循序渐进的传播模式，一步一步地把杜邦的信息传播给消费者，而每个阶段只达到一个目标就可以了。虽然经历了几年的时间，杜邦的形象才逐渐完整起来，但至少每一步宣传的步伐都是稳扎稳打，做到了每个阶段信息的单一和集中，符合传播学的单一原理。

杜邦的创意紧紧围绕每一个策略去表现，因此创意的策略意图非常明显，传播的效果自然就好。以非常生活化的感性形象体现生产资料企业与人民生活息息相关的特点，突出了杜邦无处不在的感觉。

177

问题：

1. 杜邦为什么能够从 1802 年延续至今？
2. 杜邦公司组织结构变革的基本思路是什么？
3. 杜邦公司管理模式的转变对我国民营家族企业有哪些启示和借鉴？

案例 21　可口可乐多次位居全球品牌价值的榜首

考生角色

根据美国咨询公司 "Interbrand" 16 日发布的 2010 年的全球企业品牌价值排行榜，美国 "可口可乐" 在所有品牌中排名榜首，品牌估值高达 704.52 亿美元。假如你是某企业的品牌主管，请你对可口可乐品牌进行全方位的分析，评估该品牌给其企业带来的各方面的影响，并对所在企业的品牌营销策略提出建设性方案。

案例介绍

可口可乐堪称世界上最知名的品牌，今天世界上 195 个国家的人们都可以看到可口可乐那无处不在、充满活力、以亮红色为底的白色名字。在遥远国度中最难进入的地方仍能找到可口可乐的销售点，可口可乐已成功地超越了国家间的边界，分销到世界各地，并赢得了消费者的喜爱。如果我们进入一个超市、便利店或零售点，我们随时都可以得到可口可乐。

可口可乐（Coca-Cola）公司是世界上最大的跨国软饮料生产企业，产品销售到 200 多个国家和地区，可以说世界的每个角落都能看见可口可乐的踪影。可口可乐公司总部位于美国佐治亚州的亚特兰大。总部加上它在全球各个分公司的员工共有 3 万余人，公司 70% 的产量和 80% 的利润都来自美国本土以外。

可口可乐公司已经拥有一百多年的历史，同时它也是全球最大的饮料生产及销售商，拥有全世界最畅销五种饮料中的四种：可口可乐、健怡可口可乐、雪碧和芬达，公司旗下的产品超过 100 种。目前全世界近 200 个国家的消费者每日享用超过 10 亿杯可口可乐公司的产品。

可口可乐公司的创始人艾萨·坎德勒曾骄傲地说："假如可口可乐的所有公司所有财产在今天突然化为灰烬，只要我还拥有'可口可乐'这块商标，我就可以肯定地向大家宣布：半年后，市场上将拥有一个与现在规模完全一样的新的可口可乐公司。"这一直是可口可乐人最津津乐道的一句话。

为什么可口可乐拥有如此巨大的魅力？关键就在于可口可乐的品牌价值！可口可乐公司实施品牌战略，持续不断地提升企业核心竞争力，使"可口可乐"进入人们的记忆，沁入人们的心灵，激荡起人们的情感，打造了一个驰名全球的品牌和一个世界级的企业。2002 年，美国《商业周刊》公布的全球 100 个最有价值的品牌中，可口可乐荣登榜首，品牌价值为 696.4 亿美元。在《商业周刊》"2003 年全球 100 家最有价值品牌"的评选活动中，可口可乐以 704.5 亿美元的品牌价值再次名列榜首。世界品牌实验室（WBL）2004 年编制的《世界最具影响力的 100 个品牌》可口可乐居排行榜第一名，2010 年的全球企业品牌价值排行榜，美国"可口可乐"在所有品牌中排名榜首，品牌估值高达 704.52 亿美元。可口可乐是名副其实的"天下第一品牌"。

可口可乐多次位居全球品牌价值的榜首，其成功奥秘一直以来都是业界人士研究的焦点。

资料来源：刘昆山：《"天下第一品牌"的竞争力》，载于价值中国网，http://www.ltkdj.com/news/gzyl/2009/419/094196215838FCIAFKH6CI3AG7GKII.html，2009 年 4 月 19 日。

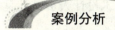 **案例分析**

一、建构可口可乐的品牌形象：活力、奔放、激情

品牌是基于企业和客户之间相互信任的前提条件下而建立起来的一种关系，需要经历这样一个过程：首先，要有知名度，让客户获得足够的信息能够充分地了解品牌；其次，要获得客户对品牌的尊重，和客户建立起友谊关系，进而赢得客户的信任；最后，由信任而生成对品牌的忠诚，客户和品牌之间转变为水乳交融的合作伙伴关系。实际上就是客户对品牌认知度、品牌美誉度、品牌满意度、品牌忠诚度的演化推进的过程。在这个过程中，品牌形象起着至关重要的决定作用。

可口可乐与微软并列在世界品牌之巅，如果说微软是凭着无人能比的高科技成为霸主的话，那么，可口可乐则依靠完美的品牌形象而超过微软成为天下第一品牌。可口可乐的成长史，从某种意义上说，就是塑造品牌形象的历史。

（一）通过广告塑造品牌形象

可口可乐前任总裁罗伯特·伍德鲁夫有一句名言："可口可乐 99.61% 是碳酸、糖浆和水。如果不进行广告宣传，那还有谁会喝它呢？"这就是说，人们喝的是"99.61%碳酸、糖浆和水"所包容的可口可乐的企业形象。可口可乐公司在广告宣传中强调要宣传产品的形象而不是产品。一位可口可乐广告商曾经告诫他那些具有丰富想象力和创造力的雇员："我们卖的是一种根本不存在的东西，他们喝的也只是一种形象而不是产品。"

1. 品牌推广

品牌推广是塑造品牌形象的重要手段。可口可乐公司为塑造品牌形象的品

牌推广支出费用是高昂的。1893 年广告费为 12395 美元，1900 年超过了 10 万美元，到 1912 年，猛涨到 100 多万美元，仅仅过了 8 年的 1920 年，广告费又翻了一番，到 1941 年广告费追加到 1000 万美元，1948 年达到 2000 万美元，1958 年再翻了一番，增加到 4000 万美元，2000 年达到 1.9 亿美元。可口可乐一年最高的广告费竟超过 6 亿美元。如果算一笔账，1886 年可口可乐投入的广告费为其营业额的 92%，1901 年为其营业额的 83.3%，可能只有这个 92% 和 83.3% 的惊人之举使可口可乐这样一种 99.61% 都是碳酸、糖浆和水的饮料，卖了个世界第一。

2. 独特的广告词和宣传方式

罗伯特·伍德鲁夫是一个极其精明的商业奇才，他懂得文化对人的影响力，要紧紧地、永久地抓住消费者，没有深层次的文化力来推动是不行的。他网罗了高水平的心理学家、社会学家、精神分析家，以及各类艺术设计人员，凡是能够利用的广告媒介和文化手段无不加以利用。

1886 年，从约翰·S.彭伯顿的"请喝可口可乐"的招牌以及报纸上出现的"可口可乐，清凉可口，提神解渴，心旷神怡，使你身心愉快"的广告开始，可口可乐以它独特的风味和引人入胜的广告词，使之在问世之初就吸引了大批顾客。在整个发展历史中，可口可乐公司创造了不少容易上口的广告语："心旷神怡的间隙"；"好味道的标志"；"可口可乐使您万事顺利"；"这才是真爱"；"喝一杯可乐，献一个微笑"……

1915 年"永远的可口可乐"拉开了广告大战的序幕。1909 年，一架一侧有巨大的可口可乐标记的飞艇从华盛顿上空飞过，显示了空中广告的到来。可口可乐还开创了美国最早的动画广告，这些动画广告画面是一个年轻人从一个用于分发饮料的陶罐里倒出一杯可口可乐。1911 年，可口可乐公司雇请画师在美国各地的白墙上宣传它那红底白字的产品标志，其覆盖面积达 500 多万平方英尺。到 1913 年，可口可乐公司散发了 1 亿多件带有可口可乐标志的小礼物，使人们在经常使用的温度计、日历、赛事本、记事本、棒球卡、日本扇和画片等物品上都能随时看到可口可乐的标志，从而给人们留下极深的印象。

3. 变换的广告主题

1886~1998 年，可口可乐 39 次变换广告主题，却始终贯穿着一条主线，一直没有忘记要用一种"世界性语言"与不同国家、不同种族、不同文化背景的消费者沟通。"口渴的感觉使四海成一家"，这句广告词有意把可口可乐上升为人类共同的需求和情感。这种情感的传播，经由美国而传至全球，悠悠百年，可口可乐都致力于对这种情感的聚集和表达。1979 年 9 月，几位美国宇航员从月球返回地球。当他们打开"阿波罗"号宇宙飞船舱门步下舷梯时，守候在纽约时代广场上的人们手执鲜花欢呼着，但首先映入他们眼帘的却是黑压压人群身后巨型霓虹灯广告牌，上面有这样一行流光溢彩的大字："欢迎回到可口可乐的摇篮——地球。"

4. 确定的广告受众

广告受众的确定是广告成功的前提。可口可乐公司把目光紧紧盯住年轻人。如果在年轻人中树立了信誉，那就获得了长期的消费市场。1894年，可口可乐的明信片上印着三个身穿海军制服的5岁男孩，口里叫着："我们要喝可口可乐。"1987年，可口可乐公司拍制了一部名为"年轻人的心声"的广告片，共60秒钟，花费250万美元，平均每秒4万多美元，这些演员来自20多个国家，他们用20多种语言唱出了"年轻人的心声"，表达了对可口可乐的热爱。

（二）通过赞助体育赛事塑造品牌形象

对任何一件产品来说，总是希望能通过某些特殊活动来丰富自己的品牌内涵，提高品牌形象。可口可乐一向把"欢乐、活力"作为两大宣传重点，其最佳创意表现当然是与音乐、运动相联系。

虽然强大的广告攻势成就了可口可乐品牌的基础，但可口可乐从不期望从一条渠道获得品牌的全面提升，而是一直坚持多条渠道并进。企业支持体育事业，虽说会付出一定的费用，但对企业来说，赞助体育赛事更是一件"增值"度极高的运作，它可以提升品牌形象、扩大品牌知名度；有利于产品促销；增强与消费者的亲和力与沟通；促进企业文化（职工凝聚力与自豪感）发展；为企业公关及招待客人提供机会。总之，由于赞助体育赛事而得到了明显的好处，也使赞助企业得到了丰厚的回报。

对此，可口可乐可以说是深谙此道，把赞助世界体育赛事当做提升品牌的主要渠道之一。从1928年阿姆斯特丹奥运会就开始提供赞助且届届不缺席。1996年亚特兰大奥运会，可口可乐公司取得"TOP赞助商"资格，全世界的消费者在欣赏奥运比赛的狂热和激动中，顺便品尝可口可乐，感受一下它的气息。可口可乐独有的红色飘带已经系绊在千千万万消费者的心上。只要有奥运消息的地方，就会发散出可口可乐惊人的魅力。可口可乐赞助奥运，最大的意义莫过于让观众无时无刻不见到它的身影，借以刺激他们的购买欲，提高销售量。

可口可乐通过赞助奥运的形式，顺其自然地走进千家万户，深入消费者的心中，达到塑造品牌形象、提高销售额和利润的目标。如此力度的品牌宣传与经营活动为可口可乐连续成为全球最有价值品牌立下了汗马功劳。

（三）通过赞助公益活动塑造品牌形象

通过赞助公益活动来提升品牌形象和品牌价值，是可口可乐公司的又一成功经验。

可口可乐公司在全球有一个明确的长期承诺：就是让每个可口可乐的业务单位都成为当地模范企业公民，让可口可乐业务所及的每一个人都能受益。

如果仔细翻看可口可乐成功的案例不难发现，无论是产品营销还是品牌推广，社会公益活动都是可口可乐重要的途径之一。为了塑造"企业公民"的积极形象，可口可乐对公益活动的投入可谓不遗余力。

在中国，从 1993 年开始，可口可乐加入了赞助"希望工程"的行列，而且多年来始终如一。迄今为止，可口可乐公司已在中国捐建了 52 所希望小学，100 多个希望书库，使 6 万多名儿童重返校园；此外，可口可乐还捐助成立两个江西可口可乐希望之星高中班，并捐赠 800 万元支持家庭贫困的第一代农村大学生。2004 年可口可乐又启动爱心助学计划，用来帮助广东省各城市的困难家庭儿童重返校园。迄今为止，可口可乐中国系统已参与了涉及教育、体育、环保、救灾、扶贫、就业等许多全国性和地区性的公益项目，捐资总额超过 4000 万元人民币，成为中国社会公益事业最积极的倡导者和参与者之一。"企业公民"建设伴随可口可乐公司在中国的成长历程。

通过赞助公益事业，可口可乐成功地在中国人民的心目中树立起"认真、积极、负责"的良好形象，让自己成为社会中的一员，减少受众对外来品牌可能产生的防御心理，增强了品牌美誉度，同时也使企业的品牌价值得到进一步的提升。根据 2003 年由中央电视台央视调查数据中心通过全国消费城市调查报告，可口可乐在中国同类产品再一次高居榜首，同时也是饮料行业中不容置疑的霸主。

二、可口可乐的品牌认同：文化基础

品牌的广义理解应该是企业品牌，而不仅仅是产品。也就是说，品牌应该包容企业的产品、产品的商标和企业的文化。消费者对企业品牌的认同，包括物质的和精神的两个方面：认同企业的产品，同时认同企业的文化。

（一）命名文化

品牌的名称是品牌战略的重要组成部分。可口可乐品牌战略的成功首先得益于它有一个非常好的品牌命名。约翰·S.彭伯顿发明可口可乐之后，他的合伙人弗兰克·罗宾逊为这种产品取名"Coca-Cola"。这个名字既包含了饮料中"可卡叶"和"可乐果"的特殊成分，又形成了合辙押韵，叫起来好听的特点，完全符合品牌命名要做到"简洁明了、朗朗上口、富有特色、引人关注"的基本要求，因而创造了一个经久不衰的世界名牌。

可口可乐能在中国市场上大显神威，它的中文译名功不可没。当年，可口可乐在进入中国市场之前，公司特请在伦敦任教的一位姓蒋的先生设计中文译名。这位精通英文和汉语文字、谙熟消费者心理的蒋先生不负重托，苦思良久后写下了"可口可乐"四个字。该译名采取了双声叠韵方式，音意双佳，读来朗朗上口，同时又显示了饮料的功效和消费者的心理需求，"可口"是消费者在饮用时的感觉；"可乐"是消费者在饮用后的愉悦心情。品牌命名设计完全从消费者的感受角度出发，没有直白露骨的销售诉求，没有矫揉造作的性能夸张，没有差强人意的主观表白，显示了深厚的文化底蕴。该商标投放市场后，果然受到中国消费者的追捧。可口可乐中文译名也成为了广告史上的经典之作。

品牌是一个企业形象的直接反映，常可对企业形象起到"表征"作用。可口可乐商标的设计采取红底白字，十分引人注目。书写流畅的白色字母，在红色衬底的映衬下，有一种悠然跳动之态。由字母的连贯性形成的白色长条波纹，给人一种流动感，充分体现出了液体的特性，整个设计充满诱人的活力。

阿萨·G.坎德勒在购买了可口可乐的专利权后，认真分析了可口可乐销路不佳的原因，经过反复尝试，作了两方面改革：一是增加原料，把糖浆溶进液体，改变饮料的味道和颜色，二是改变装潢，设计出美观大方的细腰身玻璃瓶。20世纪初，一位移民到印第安纳州的吹玻璃工人亚历山大·塞缪尔设计了著名的容量为6盎司半（相当于195毫升）的"仕女"身型的玻璃瓶。阿萨·G.坎德勒发觉该玻璃瓶造型美观，设计巧妙，如亭亭玉立的少女，容量又刚好盛放一杯水，遂不惜花费600万美元将其专利买下，并投入生产，作为可口可乐饮料的包装专用瓶。当时600万美元是个不小的数字。但后来的事实证明，该包装成为别具一格的独特标志，不仅让人一看就知道是可口可乐，而且拿在手里感觉舒适，不易被别人仿造，对可口可乐的流行起到了重要作用。

（二）大众文化

可口可乐的大众文化底蕴，是其品牌成功的基础。阿萨·G.坎德勒在取得可口可乐的制造权之后，做出了三大贡献：①确立可口可乐的大众特性。强调可口可乐是大众化的清凉饮料，消暑解渴，提神爽胃，但不是药剂。②建立可口可乐的原液供应制度。可口可乐里最主要的成分是普通的水，由公司向代理店供应原液，由代理店自行配制，拓宽了销售渠道，扩大了销售网络，使更多的人饮用可口可乐成为可能。③确定可口可乐的经营原则。可口可乐在得到顾客的认同后，必须保证质量与口味的稳定。

罗伯特·伍德鲁夫是把可口可乐饮料推向国际市场的第一功臣，他确立的营销理念就是"要让全世界的人都喝可口可乐"。品牌是消费者与产品之间的关系。品牌的生命之根是深扎于消费者与产品间的多层面关系之中的。为了赢得消费者对可口可乐的"忠诚"，可口可乐公司追求"3A"。所谓"3A"指的是让消费者在购买可口可乐产品时，必须做到"买得到（Available）、买得起（Acceptable）、乐得买（Affordable）"。为了实现"3A"，可口可乐公司追求产品的无处不在。后来，可口可乐公司由追求"3A"转为追求"3P"。所谓"3P"指的是"无处不在（Pervasiveness）、心中首选（Preferece）、物有所值（Price to Value）"。目前，全美共有 200 万家商店、45 万家餐厅及 140 万个贩卖机和冷藏柜销售可口可乐产品。为了扩充市场占有率，"吃"下美国饮料市场的半壁江山，可口可乐公司积极攻占教堂、学校、发廊、空手道教场，康复保健诊所及垒球场地，只要有人想喝饮料的地方，可口可乐无孔不入。目前，全美共有 200 万家商店、45 万家餐厅及 140 万个贩卖机和冷藏柜销售可口可乐产品。可口可乐 2001 年的目标是，要在 540 亿美元的美国饮料市场中，由 43%占有率提高到 50%。为达到这个目标，可口可乐将美国人每年平均可口可乐消费量提高一成，每人约增加 2.27 升。

（三）神秘文化

可口可乐品牌的成功还在于它所制造的"神秘文化"。可口可乐的科技含量很低，实际功效也并不突出，说穿了就是一杯能解渴的"水"。然而，一个神秘配方，一段传奇故事，奠定了可口可乐百年伟业的基石。有人将可口可乐称为"魔水"，这种说法毫不夸张。其实，可口可乐的主要配料是公开的，有糖、碳酸水、焦糖、磷酸、咖啡因和"失去效能"的古柯叶及可乐果等混合物。而在可口可乐中所占比例不到 1%的神秘配料——"7x 号货物"却是绝对保密的。可口可乐自 1886 年定下由 14 种原料组成的配方，一直被密封在亚特兰大市银行的保险柜里，成为秘不可传的专利。如果要查询"秘方"必须提出申请，经信托公司董事会批准后才能开保管库门。同时还规定，保管库门要在有官员在场的情况下，在指定的时间内打开，因此，迄今知晓秘方的不到 10 人。最能体现可口可乐公司精神的莫过于对可口可乐原液配方的绝对保密。100 多年来，世界上和可口可乐的制造有关系的人前所未有的一致，绝对保守可口可乐的配方，致使可口可乐的秘密被传说、被精神化，从而极大地增强了可口可乐的神秘感，促进了可口可乐产品的销售。为分析出这个"7x"，化学家和竞争者已经花费了近百年时间。实际上，这种被不断强化的"神秘感"起了一种"精神暗示"作用，使这种略甜并带一点怪味的、有气泡泡的饮料，变成了地地道道的"魔水"，使人常饮不辍，爱不释手。

（四）爱国文化

可口可乐品牌的成功还在于它传达的"美国文化"以及爱国主义的情结。对于许多美国人来讲，"可口可乐是装在瓶子里的美国之梦"，"喝可口可乐是向自己灌输或让自己吸收美国的精神"。可口可乐的商业运作从另一种意义上说是在创造一种美国文化和美国精神。使它成为美国人心目中有着赫赫历史的名牌，它已经成为美国的一种象征。对远在异国他乡的美国人来说，当看到当地随处可见、极为熟悉的可口可乐招牌时，几乎就像是得到了一张回国机票一样，感到异常亲切。即使在美国本土，尽管可口可乐广告牌在无数个盛夏的热流冲击下已经褪色，却能把一个美国人带回到他充满理想和幸福的童年时代。一位在美国报界颇有影响的编辑在拍摄自己 70 岁生日的照片时，他选择的背景是可口可乐的自动售货机，他解释说："可口可乐正是美国所主张的理想化的精华。"

三、可口可乐品牌的全球营销理念：本土化战略

可口可乐在品牌建设方面最显著的特点是融合当地文化特点的品牌本土化，创造品牌的亲和力。可口可乐本土化的进程可以用因地制宜来形容，它注重加强与当地消费者在习惯上与情感上的沟通，并取得他们的认同。同时，可口可乐绝不会放弃自己一百多年来的传统和形象，一直没有忘记要用一种"世界性语言"与不同国家、不同种族、不同文化背景的消费者沟通。在平时，可口可乐的推广都是全球市场同步的，"口渴的感觉使四海成为一家"，这句广告词有意把可口可乐上升为人类共同的需求和情感，这种情感的传播，悠悠百年，可口可乐一直致力于这种"情感的聚集和表达"。但是在不同的地区、文化背景、宗教团体和种族中则采取分而治之的策略，比如可口可乐公司的广告口号是"无法抓住那种感觉"（Can't beat that feeling），在日本改为"我感受可乐"（I feel cola），在意大利改为"独一无二的感受"（Unique sensation），在智利又改成了"生活的感觉"（The feeling of life）。广告信息始终反映着当地的文化，在不同时期有不同的依托对象和显示途径、生成方式，无一不是随着具体的时空情境而及时调整自身在文化形态中的位置，换言之，本土化随处可见。

近年来，可口可乐大力推广本土化策略，目的在于调动、运用全球各种不同市场的资源，深入细腻地了解各地的消费者的所爱，让可口可乐的品牌活力焕发，融入消费者的生活。可口可乐公司董事长杜达夫把可口可乐在全球取得的成功归结于本土化战略，可口可乐在中国的迅速发展再一次印证了本土化经营能为跨国公司的发展插上翅膀。

可口可乐的独特之处在于最早采用"本土化"的方式进行生产和销售，因而提升了品牌价值，获得了很好的销售成果。可口可乐公司强调全球化扩张中的"3L"：做本土员工（Local employer）；投资本土经济（Local economies）；做本土公民（Local citizen），所有这些都可以包容在它不变的理念之下。罗伯特·伍德鲁夫创造"利用当地的人力、物力、财力开拓可口可乐国际市场"的新营

销模式。罗伯特·伍德鲁夫说："技术和质量控制完全由我们教给当地人，只要他们掌握了就没有问题。重要的是，我们必须这样办。外国人对美国的崇拜不会一成不变，对美国货也不会永远迷信。他们的爱国之心会逐渐加强，像饮料这样的消费品，如不借助当地人的力量，很难在海外长期立足。只有搞'当地主义'，让当地掌握生产和销售，才能永久立于不败之地。"

可口可乐公司坚持所有的广告宣传由总公司统一负责制作。这条原则贯彻始终，至今世界各地的可口可乐广告、商标，甚至标有可口可乐标志的红色冰箱，都是地道的美国造。罗伯特·伍德鲁夫掌握和利用当时外国人对美国产品的盲目崇拜心理，没有花总公司一美元的资本，就奇迹般地扩大了海外市场，而且还创造了一个条件，要设立可口可乐制造分公司的外国人，需有一笔保证金。这不仅是对饮料品质的保证，也是对经营信誉的保证。

近年来可口可乐在中国的飞速发展，已经证明了本土化在中国运用的成功，不仅人员、原材料实现了本土化，而且近几年的市场营销也是根据中国消费者的喜爱和文化背景来制定的。如邀请中国明星拍摄广告、中国主题的促销广告，包括新年阿福的贺岁广告等。可口可乐小阿福的形象正是可口可乐融合国际品牌与中国文化的一个良好例证。

问题：

1. 可口可乐的品牌建构对于其他企业有哪些借鉴意义？
2. 结合可口可乐在中国的本土化策略谈谈其品牌的全球营销理念。

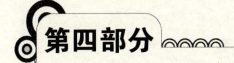

第四部分

服务品牌管理

学习目标

知识要求 通过本章的学习，掌握：

● 服务品牌的概念
● 服务质量的概念
● 内部营销的概念
● 关系营销的概念及策略
● 创建服务品牌的支持要素
● 服务品牌传播策略

技能要求 通过本章的学习，能够：

● 为一个服务品牌进行品牌建设策划管理方案
● 为一个服务品牌进行内部营销策划方案
● 为一个服务品牌进行关系营销提供策略支持
● 为一个服务品牌策划品牌传播方案

学习指导

1. 本章内容包括：服务品牌的概念，创建服务品牌的支持要素，内部营销的概念，关系营销的概念及策略，服务品牌传播策略。

2. 学习方法：深入学习理论，研读案例，介入日常品牌管理工作。梳理中华老字号服务品牌，选择感兴趣的一两个，为其品牌复兴撰写品牌管理的建议书。

3. 建议学时：6学时。

导　语

服务品牌的创建

　　营销学家科特勒（Kotler）在1996年提出：服务是一种活动或利益，由一方提供给另一方，它完全是不可触及的概念，亦无法真正拥有实体。服务相较于一般产品是不同的，其具有无形性、多变性、产品的不可分割性、生产与消费的同时性、生产过程的顾客参与性等诸多特点。

　　随着服务社会的发展、服务品牌的出现，多数制造商获取和保持竞争优势的方法已经悄然改变。现代企业想单纯依靠产品的功能特点唤起消费者的购买激情已相当困难。消费者不仅重视产品的功能特点，同时也越来越重视心理需求的满足。消费者的消费行为由"目的消费"逐渐转向"过程消费"，从强调"生理消费"逐渐转向"心理消费"，人们逐步进入重视"情绪价值"胜过"机能价值"的时代。在此背景下，服务品牌化成为非常有效的一种销售手段，也是一种长期的竞争优势。同类竞争者之间的差距在产品功能同质化的今天，更多地体现为服务上的差距，这种决定消费者购买行为的力量，就是消费者对企业服务品牌的一种亲切认同感。[①]

　　服务经济时代，卓越服务最容易引起消费者的情感共鸣，服务的多寡、质量的高低便成为消费者感受企业产品整体效用的主要指标。依靠服务来获得竞争优势已经不仅仅是一种趋势，它开始被实实在在地应用于经济生活中。[②]实践表明，不论是传统的服务行业还是制造业领域，通过服务来赢得消费者忠诚、创造更多价值的方法无疑是最行之有效的一种。

　　在传统的产品营销层面中，企业主要依靠理解顾客，揣摩顾客准备买什么或想拥有什么来完成品牌的推广。而在服务品牌的营销过程中，则需要一些额外的技巧，其中一点即重视内部营销，凸显员工的重要性。要想使品牌服务有效，必须教会员工亲历他们服务的品牌，因为对顾客而言，品牌的员工在与其沟通的过程中直接影响到其对于品牌的整体印象。这种情况在服务性行业中尤为明显，如果员工表现不当，品牌与顾客之间的关系就会崩溃。简单说来，服务品牌的额外营销技巧就是要让员工喜爱品牌、感受品牌，使员工在接待顾

　　[①②] 张贤平、陈丽娟：《服务品牌传播》，北京大学出版社，2010年。

客，提供服务时，通过自身完成品牌的展示。

在服务品牌的创建与发展中，同时强调了关系营销的重要性。品牌关系以关系营销为基础，其旨在建立、维持和增强品牌与顾客之间的关系，这个建立以及强化关系的过程具有互动性、个性化与长期性等特点。在此期间品牌与顾客的沟通交流是一个企业与顾客一起创造价值的过程，通过这些增加价值的过程，企业能以更少的成本留住或保持顾客，从而保持与顾客的长期关系，并以关系为导向和从顾客与品牌的良好关系中获利，最终促进服务品牌长期发展。

需要注意的是，服务品牌的管理不应当是一个分散和独立的过程，而是整个企业协同作用的结果。尽管，几乎所有企业都由界限规定严格的不同部门组成，这些部门表面上或许没有办法与现实世界里的客户沟通紧密联系，然而，在建立服务品牌的过程中，服务在各项业务中应该具有中心地位，拥有举足轻重的力量，只有通过换位思考，使自身处于客户服务环境里，把业务视为一个整体，跨部门合作，才能真正为客户提供便捷有效的服务，实现比产品区隔层面更为细致深入的差异化竞争。

案例 22　麦当劳：打造卓越服务品牌

考生角色

杭州地区某家颇具知名度的大型商场预备打造全新的品牌形象，强调以顾客体验为中心的服务理念。作为该商场的营销主管，请你在分析你竞争对手的基础上制定出具有可行性的形象转变方案，在拟定新方案的过程中请着重考虑品牌与顾客关系的提升以及员工内部营销的重要性。

案例介绍

麦当劳（McDonald's）是全球最大的连锁快餐企业，是由麦当劳兄弟和雷·克劳克在 20 世纪 50 年代的美国开创的、以出售汉堡为主的连锁经营的快餐店，在世界范围内推广。麦当劳餐厅遍布在全世界六大洲，至今已在百余个国家开设了三万多家店铺，金黄色拱门遍布在全球的各个角落，成为一个快餐文化的醒目标志。

由世界著名的品牌咨询机构 Interbrand 和美国 Business Week 评出的 2008

年最有影响力的品牌中，麦当劳稳居前十，在食品（包括饭店、软饮料、酒精饮品和食品）产品类别中仅次于可口可乐，名列第二，这是对一家经营以快餐为主的品牌的最大肯定。

麦当劳对于品牌经营有其独特的价值公式。根据长期数据显示，平均与一位顾客接触，希望他们留下良好的品牌印象，就要把握顾客在店里的 40 分钟、加上广告 4 分钟，总共 44 分钟的接触时机，贴近顾客提供服务，留住他们，让他们有物超所值的感觉。

一、掌握关键 "44 分钟"

"44 分钟" 不只是品牌的塑造，更是品牌管理的问题。麦当劳的品牌管理重点在于，对于一个国际知名的老牌子，想要展现 "青春、活力、欢乐" 的品牌感觉，不只要有良好的品牌策略，更要有很好的执行力，才能收效。全球120 个国家都有麦当劳，如何把品牌策略中的 40 分钟的服务经验和 4 分钟的广告彻底执行并达到效果，同时在全球任何国家都可被理解与接受，就要靠企业不断求新求变、不断接受刺激与挑战。

品牌就像金字塔建构，要靠一块一块石头堆放起来。麦当劳的品牌个性是年轻、活力、欢乐，透过环境与服务让顾客享受生活。总公司制定品牌形象与策略的主轴，但是品牌管理则要根据不同地区不同市场的特性，去实现全球品牌形象目标，因此品牌策略只有充满自由活力，才能让各区域的经理都可以发挥能力，做好品牌管理。

麦当劳新品牌策略的执行，先从全方位沟通计划着手，以 "Passion"（热情）的内涵整体串联：People（人员）、Advertising（广告）、Sound（声音）、Swing（韵动）、Interactive（互动）、Outlook（外观）、News（新闻）。从上述角度作全方位相关的活动，推展全新品牌。从而使相同的创新品牌策略，以不同的手法呈现在各地的麦当劳，品牌广告歌词也以各国的语言唱出来，"挑逗"各地的消费者注意这个全球品牌新策略。在许多国家，麦当劳请来新的设计师，重新改装餐厅，以标榜活泼、青春的模样与气氛。

二、不断擦亮 "金拱门" 标志

一直以来，憨态可掬的麦当劳叔叔都是一个不错的 "品牌代言人"，在近半个世纪的时间里，"常常欢笑，尝尝麦当劳" 的这个品牌理念俘获无数家庭的心。不过随着时间的推移，这家快餐连锁店发现这个以快乐家庭为核心的品牌理念需要更加与时俱进。2003 年下半年，麦当劳在全球范围内开展了一场名为 "永远年轻" 的品牌革命，正是这场革命催生了麦当劳的一场轰轰烈烈的品牌推广活动。这就是麦当劳历史上的第一次全球品牌变更行动，朝气蓬勃，动感健康的麦当劳品牌形象呼之欲出，而"我就喜欢"便也成为一句脍炙人口的品牌宣言。

麦当劳全面动员推动新的品牌策略，从品牌定位到达成共识，以至推展到许多国家和地区，还要改变场所的设计、营造新品牌的味道，以及落实到员工的教育训练与各种营销广告策略，逐次分阶段地进行，真是一项大工程。品牌策略的成功不易，其背后有许多人创意与心血的奉献。品牌是所有企业竭尽心力想要建立的利基，透过认知、经验、信任与感觉，像盖金字塔一般，要长期建设才能构筑成功，使企业与顾客建立独特而无法取代的关系。麦当劳不断擦亮它的"金拱门"标志，才得以使其品牌价值永葆青春活力。

三、"创意"营销引领风潮

麦当劳将品牌使命与品牌形象定位得非常清楚，品牌使命就是：卓越的营运加上卓越的营销，以成为顾客最喜欢的餐厅与用餐方式，展现麦当劳的品牌精神则是"永远年轻"（Forever Young）。品牌目标设定在：熟悉的且创新的、传统的且现代化的、可预期的且有惊喜的、大人喜欢的且小孩热爱的、永续经营的且引领潮流的。

从品牌精神的定位，不难明白麦当劳这个老字号的全球化公司正努力在新时代找出新的利基，更要展现创意营销，持续扮演引领时尚风潮的角色。它不会因为企业的年龄变大、变老就退缩，局限于自己的品牌使命，退化品牌精神，而是持续抢攻大人与小孩市场，不畏惧新品牌或新竞争者的挑战。品牌的价值与加值效应，必须依靠使命感与精神一以贯之的落实。而好的品牌策略还是要靠品牌管理，执行与展现品牌使命与品牌精神，再进一步转化为品牌价值，如此一来，才算是成功。

资料来源：麦当劳中国有限公司总经理：《麦当劳的品牌价值公式》，《现代企业教育》，2010 年第 1 期。

肖定菊：《浅析体验经济视角下的快餐消费》，《中国商贸》，2010 年第 26 期。

陈瑛：《浅析麦当劳 2003 年全球广告策略》，《包装工程》，2004 年第 3 期。

张金海、佘世红：《中外经典品牌案例评析》，华南理工大学出版社，2009 年，第 88~93 页。

案例分析

麦当劳崛起于第二次世界大战之后，在品牌成长的过程中，其凭借核心的经营理念的指导，根据市场的实际情况不断转变和更新自身的品牌传播策略，以顾客需求为中心，以标准化的产品与可靠的服务树立起了深受顾客信任的卓越品牌，50 多年来始终在世界快餐行业中屹立不倒，稳步发展。

一、以 QSCV 为核心的企业经营理念

麦当劳企业文化中深层的精神文化即企业理念很明确：Q、S、C、V 的企业理念。从成立至今，统一的 QSCV 理念一直支撑着麦当劳的发展，奠定了麦当劳品牌的核心价值。麦当劳允诺：每个餐厅的菜单基本相同，而且"质量超群，服务优良，清洁卫生，货真价实"。它的产品、加工和烹制程序乃至厨房布置，都是标准化的，严格控制的。在统一的 QSCV 原则指导下，麦当劳通过制作程序和工具的设计，把"标准化"的产品和服务打包卖给了消费者，使消费者认识到，无论在哪一家麦当劳，都能获得拥有严格质量管理的出品以及准确、可靠的服务。这四大准则帮助麦当劳在消费者心中树立卓越的服务品牌形象。

1. 品质（Quality）

麦当劳重视品质的精神，在每一家餐厅开业之前便可见一斑。首先是在当地建立生产、供应、运输等一系列的网路系统，以确保餐厅得到高品质的原料供应。其次是麦当劳的品质管理非常严格，仅牛肉饼，就有 40 多项质量控制的检查。最后麦当劳的所作所为都有科学上的依据。比如，与汉堡一起卖出的可口可乐，据测在 4℃时，味道最为甜美。于是，全世界麦当劳的可口可乐温度，统一规定保持在 4℃。或许很多的顾客并不知道麦当劳的食品控制程序如何复杂，但是他们都体验过麦当劳标准化操作下的高品质食品。

2. 服务（Service）

麦当劳的服务包括店铺建筑的舒适感，营业时间的设定和服务态度等。快捷、友善、可靠的服务是麦当劳的标志。所有店员都要面带微笑，活泼开朗地与顾客交谈、工作，让顾客身心得到放松。客人从选定所要食物到拿到手中一般不超过 1 分钟。开设 24 小时不间断营业的门店、提供外卖服务、提早开门供应早餐、免费的 WIFI 无线上网等。麦当劳从一开始就把为顾客提供周到、便捷的服务放在首位。

3. 清洁（Cleanness）

所有的麦当劳餐厅陈设都十分整洁、干净。餐厅的每一个用具、位置和角落都体现出麦当劳对卫生清洁的注重。服务人员注重店铺的清洁工作，顾客离开后及时清理桌面。店内设立专门的清洁箱，方便顾客临走时随手将废弃的纸盒、纸杯扔到清洁箱中等。在麦当劳的员工行为规范中，有一项条文："与其背靠墙休息，不如起身打扫。"为了吸引顾客，麦当劳快餐店努力改变公众那种"廉价餐厅不清洁"的偏见。

4. 价值（Vaule）

麦当劳秉承物有所值的经营理念，奉行薄利多销的策略。在中国，麦当劳的价格为 18~25 元，对东部沿海城市而言并不算高。而且麦当劳在奉行薄利多销的同时也意识到唯有人性化的服务才能长远地吸引顾客，因此在广告传播时大肆渲染家庭的气息，营造出一种欢乐祥和的就餐环境，使得顾客在消费时得到精神满足，产生物有所值的感觉。

二、与时俱进的品牌形象

（一）麦当劳的历史品牌形象

过去，麦当劳将儿童作为自己的主要消费群体，其历史品牌形象可以分为三期：1984~1994 年是麦当劳的品牌建立期，当时的定位是"欢乐美味尽在麦当劳"；1995~2000 年是麦当劳的品牌扩充期，实现了"100%的顾客满意"；2001 年新世纪则推出了"麦当劳欢聚欢笑每一刻"的新形象。

然而，随着时间的推移，麦当劳发现原本面向儿童的定位已经不适应新的市场环境。随着麦当劳叔叔形象的老化，麦当劳自身的品牌形象也大受影响。2002 年，麦当劳陷入销售困境，为提升品牌的竞争力，使麦当劳的品牌形象散发出新的活力，2003 年，麦当劳在德国慕尼黑宣布正式启动"我就喜欢"品牌更新计划，这意味着 51 岁的麦当劳从市场定位、品牌形象到营销策略都要做出重大调整。即放弃模糊不清、针对所有人群的"欢乐"主题，将广告诉求对象锁定十几至三十岁的年轻人。新的品牌宣传策略试图努力打破人们"麦当劳 = 小朋友"的惯性思维，而建立起"麦当劳 = 永远年轻"的品牌联想。

（二）麦当劳的全新形象"我就喜欢"

麦当劳分析过全球年轻人的消费心理后，从青年人的价值观中提炼最核心的因素注入麦当劳的品牌理念，确定了"我就喜欢！I'm lovin'it!"的时尚、炫酷的新形象，这一形象使得儿童麦当劳"长大了"，焕发出青春的活力。全新的形象变化采取了全球推行的广告策略——全球同步放送 MTV 风格的广告宣传片为麦当劳重塑品牌形象拉开了序幕。

在品牌代言人的选择上，欧美地区方面邀请了在目前顶尖流行歌手贾斯汀为全球品牌广告代言，全球华人市场方面邀请拥有青春健康形象的当红歌星王力宏担任代言人，演唱中文版广告歌。

在媒体选择上，基本覆盖到了各类形式，而电视媒体特别选择了黄金时段高收视率栏目投放。这样全球同步、有序的放送，给受众以很强的冲击力和震撼力，使人印象深刻。此次广告活动在阐述永远年轻、充满活力这一理念总括下的具体的品牌内涵时，注重了文化上的统一性。即要找到一种典型的年轻人向往的生活方式与价值观，而这种生活方式与价值观全球的年轻人不分种族、国家都能理解，迅速没有障碍地相互沟通，然后把它纳入麦当劳的文化中来。

在合作伙伴的选择上，以中国为例，麦当劳为了配合其品牌更新而与极具个性的"动感地带"合作，借助目标客户群，即年轻群体对合作品牌的认同感，加强自身品牌的活力，有效地达成了与目标客户的沟通目的，实现了"1+1>2"的联合。

新的形象变化不仅仅在于全球推行的广告策略，同时也反映在麦当劳的视觉识别系统中，新的带有麦当劳 LOGO 的平面宣传设计使麦当劳更贴近年轻人，显得更有思想与品位。而在麦当劳的色彩选用上，破天荒地融入了时尚的黑色元素，以黑色辅以黄色的搭配，替代了原先黄色与红色的亮眼组合，较之红色，黑色更为内敛，更 Cool。同时弱化了明黄，突出了飞翔的翅膀，新的平面设计使麦当劳看上去不再那么招摇。而麦当劳在全球的店面布置、室内设计风格以及服务人员的制服设计都发生了改变，新设计更加简洁、时尚，以契合新的形象主题。

三、以人为中心的品牌管理

（一）以顾客满意为中心的体验式营销

麦当劳在打造服务品牌的过程中，以顾客的需求为核心，重视顾客的体验，通过消费者洞察等手段，发掘顾客内心的渴望，并站在顾客的角度去审视自己的产品和服务，重视顾客在使用其产品和服务时的感受。并通过一些良性的互动，将好的体验融入其中，提高了顾客的感知效果，从而获取顾客的信任和好感，继而提高顾客的满意度。和顾客建立亲密关系，是麦当劳打造卓越服务品牌的一项利器。

1. 注重餐厅氛围营造

走进麦当劳的顾客很容易发现，麦当劳的环境布置迎合了当代年轻人的偏好，让人感觉随意而轻松。麦当劳的餐厅布置努力营造家庭气氛，考虑到近年来中国家庭结构呈现的新特点，设计了情侣桌、家庭用餐桌、朋友聚会桌、儿童乐园等。为了照顾到顾客的各种闲情逸致，麦当劳还在店内专门设有报纸栏，以便有兴趣的消费者阅读。还备有小推车，使带着还不会走路的小孩前来光顾的顾客能够更方便，胜似在家一般。

去过麦当劳的人大多都会有这么一种感受：在那里，人们不仅仅是为了吃一块汉堡，喝一杯咖啡，这些东西在外面的便利店随处可见。在麦当劳，人们更多的是去寻求一种精神上完全放松、休闲的感觉。麦当劳店内、店外的设计烘托出了一种无拘无束的乐园氛围，从而营造出使人流连忘返的氛围体验。

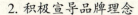

第四部分 服务品牌管理

2. 积极宣导品牌理念

2004 年年初签约 NBA（美国职业男子篮球联赛）休斯敦火箭队的中国球员姚明正式成为了麦当劳的品牌代言人。随后，麦当劳又再次续签长达 8 年的奥运会赞助合同，并进行了一系列以宣传奥运为主题的推广活动，比如公布所有菜单的营养成分表、开展厨房开放日、启动"吃得好、动得巧"、"倡导均衡生活"主题活动等，并且在媒体上进行了大规模的宣传。这不仅是向消费者推荐快餐，更是向他们展现当今所推崇的生活方式。当体育运动与快餐食品有了密切的结合，人们也便感悟到麦当劳所承载的积极、健康的品牌理念，这无疑为麦当劳从快餐垃圾食品的错误解读中抽身而去提供了契机。此外，中国麦当劳还与动感地带结成了合作联盟，共同推出一系列"我的地盘，我就喜欢"的"通信+快餐"的联合营销活动，两个原本毫不相干的品牌业务在相同的目标群体和品牌个性的驱使下开始称兄道弟。

3. 独具特色的娱乐营销

麦当劳将年轻人作为营销诉求的重点，巧妙地将各种营销活动寓于娱乐之中，通过精心为顾客设计娱乐体验来吸引顾客，实现促使顾客消费的目的。除却历史悠久的麦当劳玩具营销之外，活动促销近年来正成为麦当劳进行互动宣传的中坚力量。2009 年，北京王府井步行街启动了 3D 立体地画"叩开快乐之门"全国巡展的首站活动，以这种极具视觉冲击力的方式发布专门针对中国市场的全新品牌宣言——"为快乐腾一点空间"，也正是这个耐人寻味的创意让人们不禁感叹，"为快乐腾一点空间"竟然如此简单。麦当劳（中国）公司事务及公共关系副总裁栾江红称："都市年轻人欣赏一种时尚、轻松、好玩的品牌理念，为此我们在此次传播战役中运用了使线上线下传播更加互动的 In-line Campaign 策略，所有公关策划都将围绕年轻一族渴望得到的快乐体验来展开。"网络时代的全新互动平台为麦当劳提供了新的契机，网站、手机都逐渐成为麦当劳与顾客的交流工具，使得麦当劳能够透过更加便捷的途径了解顾客，并与其分享自身独有的文化。

（二）以亲历品牌为诉求的人力资源开发管理

员工是服务品牌创建的主体。要想使品牌服务有效，必须教会内部员工亲历他们服务的品牌。经验分析表明，不仅员工行为是提供高质量服务的关键，员工士气也会影响消费者对品牌的满意度。服务企业可能已经为其品牌开发了一个设想很好的定位，并设计出了很好的宣传计划，但有可能由于不够重视员工在生产和提供服务方面的作用，使得品牌的建立和发展受到很大的阻碍。如果员工表现不当，品牌与顾客之间的关系就会崩溃。麦当劳教会员工亲历品牌的技巧来自于其独特的人力资源开发与管理。

195

麦当劳在定期招收员工的时候，主要是通过比较简单的面试来考察应聘者最基本的素质。进入麦当劳工作非常容易，无论年龄、性别和学历，麦当劳都不会有任何歧视。然而，低门槛的用人制度并不意味着低质量的服务。事实上，任何一个进入麦当劳工作的员工都要接受培训，确保他们能够严格遵守产品的标准化制作流程和详细的服务准则。

麦当劳十分重视企业文化在内部员工中的传播，其中最基本也是最最重要的就是 QSCV 核心理念。此外，麦当劳的文化要求向顾客提供 100% 的满意，尽量满足顾客的一些特殊需要。在内部员工交流上，麦当劳强调"沟通、协调和合作"，不论是普通员工还是管理组成员，大家都是平等的，有意见可以随时沟通。麦当劳内部制定了充分的激励机制，每天都会按照具体情况为每个不同岗位的人制定目标，一旦达到目标，就可以得到公司内部的积分奖励。这种积分奖励方法，在麦当劳内部营造了比较好、比较持久的竞争气氛。

由于麦当劳员工大多数是兼职，故麦当劳采取了相对人性化的管理机制，员工在排班时可提前与经理沟通，以便双方选择合适的时间。而麦当劳的进出机制也比较宽松，考虑到员工学习的需要，员工在熟悉一个岗位以后，可以申请再学习其他的工作岗位，经理也会主动帮助安排。如果员工熟悉了所有岗位的工作，加上良好的工作表现，就可以得到晋升的机会，学习管理的相应知识。麦当劳里面的管理层人员，有相当一部分是从普通服务员做起，通过努力一步一步晋升的。

平等协作、文化渗透、提供机会，麦当劳在管理中鼓励员工认识到自己的作用，从而服务行动到位，令顾客感觉满意。员工在感受到企业的诚意、活力和价值以后，才会更加忠诚。只有内部员工认同了自己的品牌，品牌服务才能真正焕发生机，在打造服务品牌的过程中，麦当劳的用人机制功不可没。

（三）以构建良好社群关系为目的的公益举措

麦当劳十分热心与家庭以及儿童相关的公益活动，致力于社会事务和公共关系的改善，几乎所有的麦当劳餐厅都自动地参加各项地区性的活动，其中包括赞助社会教育，参与绿化，开展环保工程等。据估计，麦当劳每年都要捐出4%的所得用于各项赞助活动。而在麦当劳福利系统中，有一个知名的世界性组织"麦当劳叔叔之家"，这个组织的直接投资已经超过 3500 万美元，每年帮助 100 万个儿童和 50 万个家长。类似的组织还有麦当劳叔叔儿童基金，每年都要向需要救助的人群捐赠大笔的慈善款项。

这些主动承担社会责任的举动拉近了麦当劳与公众之间的距离。麦当劳传递温馨、散发关怀的情感策略获得了公众的认同，增加了公众的好感，使麦当劳的品牌形象大大提升。

四、麦当劳服务品牌建设的启示

（一）服务品牌的建设是一个长期而复杂的过程

服务品牌并不仅仅是一个简单的符号或标志，它牵涉到许多方面的内容，承载了关于服务企业及其产品的许多信息。对消费者而言，品牌形象意味着更多的意义。企业需要投入相当的时间与精力对其进行整体的规划和塑造。从麦当劳品牌的案例分析可以看出，麦当劳在服务品牌塑造的过程中，进行了审慎的市场环境分析，积极开展对于消费者需求的了解，并不断根据市场的变化对形象进行调整与更新。

（二）服务品牌的建设需要对市场的精确把握

激烈的市场竞争使消费者的品牌态度和购买行为很容易发生变化，而且这种变化的时间间隔和程度经常让企业始料未及。一成不变的品牌形象可能随着时间的推移无法适应新的市场，并最终会让顾客感到厌倦。此外，现今市场中消费者的消费特征呈多样化趋势，在许多消费者对于产品的服务诉求胜于功能诉求的今天，企业必须不断提升服务质量，并且加强品牌与顾客间的关系管理。要对顾客的消费心理进行及时的分析，以发现营销中存在的问题，并及时采取改进措施，维护品牌忠诚。

（三）服务品牌的建设应该重视品牌与顾客之间的互动

服务与产品具有不可分离特性，顾客参与到服务的提供与消费的过程当中，并在其中发挥重要的作用。因而，服务质量和顾客满意在很大程度上依赖于服务的"真实瞬间"发生的情况，包括员工行为、员工和顾客之间的互动等。从麦当劳的案例可以看出，麦当劳重视顾客的体验与内部员工的重要性，通过完善的服务加深顾客与品牌之间的彼此沟通与了解，完成了一个共同创造价值的过程，使顾客加入到品牌建设的过程中来，加强顾客的参与感，同时提升了顾客对品牌的忠诚。

问题：

1. 你如何看待麦当劳目前的品牌形象？
2. 麦当劳是如何提升客户体验的？
3. 企业员工在打造服务品牌中的重要性有哪些？

案例 23　全聚德："老"字号焕发"新"活力

考生角色

你就职于一家老字号餐饮企业的市场部，职务是市场专员。下个月公司将出台一个新的阶段性品牌发展计划，你的任务是协助主管，对行业内几个相同类型的品牌发展状况进行梳理和分析，你选取了全聚德作为成功的案例，收集了大量的资料，预备在下周的会议上向你的主管报告。

案例介绍

到北京要吃烤鸭，吃烤鸭要去全聚德，这早已成为无数中外游客的共识。对于这样一个品牌早已深入人心的老字号来说，如何不吃"老"本，让"老"字号保持"新"的活力，是"新"时代必须直面的课题。在此方面成就斐然的全聚德，堪称"老"字号走向"新"时代的楷模。

中华著名老字号"全聚德"创建于 1864 年（清朝同治三年），历经几代全聚德人的创业拼搏获得了长足发展。1999 年 1 月，"全聚德"被国家工商总局认定为"驰名商标"，成为全国第一例服务类中国驰名商标。

1993 年中国全聚德集团的成立，翻开了全聚德历史崭新的一页；2004 年首旅集团、新燕莎集团、全聚德集团实现强强联合、战略重组，全聚德集团又实现了跨越式的发展。全聚德已经从一家传统的国有餐饮企业转变为现代化的公众上市公司，从单一品牌的餐饮企业发展为多品牌联合的大型餐饮集团，成为首旅集团餐饮板块的龙头企业。全聚德集团成立以来，发挥老字号品牌优势，强化精品意识，实施正餐精品战略，现已形成拥有 80 余家成员企业、年营业收入 12 亿元、销售烤鸭 500 余万只、接待宾客 500 多万人次、资产总量 10 亿多元、无形资产价值 110.19 亿元的全国最大的餐饮集团之一。在中国乃至世界树立起了质量上乘、品位卓越、文化内涵深厚的驰名民族品牌。

全聚德集团在实现良好经济效益的同时，在社会效益上也取得了斐然成绩，其先后被中央文明办、全国总工会、国家质检总局、中国商业联合会等单位授予"全国文明行业示范点"、"全国五一劳动奖状"、"全国质量管理先进企业"、"国际餐饮名店"、"国际质量金星奖、白金奖和钻石奖"、"国际美食质量金奖"、"全国商业质量管理奖"、"中国十大文化品牌"、"中国餐饮十佳企业"、

"中国最具竞争力的大企业集团"和"北京十大影响力企业"等荣誉。全聚德前门店还被中央文明办评为"2008 年度全国文明单位"，是全国餐饮行业中唯一获此殊荣的企业。

全聚德集团在发展的基础上，以文化营销的方式，提炼老字号的文化内涵。迄今为止，已编印出版了《全聚德今昔》、《全聚德的故事》、《品味全聚德》、《媒体话说全聚德》等书籍。2004 年，全聚德参与投资拍摄 32 集电视连续剧《天下第一楼》，在中央电视台一套黄金时段播出后观众反响强烈，掀起了一股品尝全聚德烤鸭的热潮。2005 年，全聚德展览馆经过紧张筹备建成开馆，馆内运用 500 多件翔实、珍贵的文献、照片和实物，将全聚德的历史和现实有机地结合起来，使广大顾客深刻体会到全聚德的品牌价值。2008 年 6 月，全聚德挂炉烤鸭技艺被认定为第二批国家级非物质文化遗产。

全聚德集团除坚持文化营销之外，还积极拓展新的经营理念，开拓多种营销手段，着力全聚德的品牌延伸。1998 年，全聚德集团采用品牌"联姻"的形式，与具有 300 多年历史的德国斐迪南德·碧洛德葡萄酒有限公司合作，推出"全聚德·碧洛德"葡萄酒；与红星股份公司合作定制"全聚德·红星二锅头"；与北京邮政速递局合作推出了"185 速递全聚德烤鸭"业务；与国际航空公司联手推出"全聚德烤鸭飞上蓝天"活动，大大延伸了全聚德的品牌。

2008 年，全聚德举全集团之力，倾心竭力圆满完成奥运服务接待工作，使全聚德品牌影响力空前提升。全聚德在"两村、两中心"每天为世界各地的运动员供应烤鸭六七百套，受到了来自世界各国的运动员的青睐，被誉为中国获得的第 52 枚奥运金牌。

199

资料来源：中国全聚德股份有限公司：《老字号何以拥有新活力》，《商业文化》，2010 年第 1 期，第74~75 页。

程耀先：《全聚德老字号的新营销》，《企业改革与管理》，2010 年第 4 期，第 44~45 页。

王亚卓：《全聚德的品牌管理战略》，《连锁与特许》，2006 年第 6 期，第 23 页。

王娜：《中华老字号的品牌管理》，《经营管理者》，2009 年第 23 期，第 74 页。

案例分析

据有关部门统计，目前我国约有老字号企业数万家，经国家正式认证为"中华老字号"的有 2000 多家，主要集中在医药、饮食、食品等行业。这 2000余家"中华老字号"中，仍能正常营业并保持传统产品的仅为 30%，原"六大古都"中的著名餐饮老字号，经营情况良好的只占 20%，不景气的占 30%，低迷不振的占 40%，濒临消亡的占 10%。而与大部分中华老字号的惨淡经营不同，全聚德作为中华老字号中最为知名的品牌之一，近年来在经营上做大做强。随着时代的发展，这家百年老店也展现出全新的活力。这一切，要归功于全聚德卓越的品牌管理，其秉承传统却不拘泥于传统，以现代科技手段辅助其成长，勇于冲破传统商业模式的桎梏，向成功的现代品牌学习，重视对品牌文化的传播，在追求产品质量的同时，以服务树品牌，大胆开展标准化连锁式经营，让全聚德这间老字号餐馆一跃成为餐饮界连锁服务品牌的金字招牌。全聚德的管理顺应了时代的发展，不仅仅着眼于单一的产品诉求，而是致力于产品与服务的双向诉求，其经由体制的转变，经营模式的革新以及企业文化的发掘等多方面协同作用，开创了中华老字号焕发新生命的篇章。

一、双重转变，老字号焕发新活力

（一）体制转变

"全聚德"作为中华老字号，以其 130 余年悠久历史形成的以烤鸭为代表的系列美食精品和独具特色的饮食文化享誉海内外。但是，由于历史原因形成的一家一店、分散经营、各自为战的体制，前店后场、以师带徒的生产方式及自成体系、小而全、小老板的经营观念，严重束缚了全聚德事业的发展。随着市场环境的变化，全聚德根据市场经济的要求，变革旧体制，走上了集约化、规模化的经营道路。从 1993 年北京全聚德集团的成立，到 2004 年首旅集团、新燕莎集团、全聚德集团的强强联合、战略重组，全聚德集团根据当时的市场环境调整企业定位，优化资源结构最终通过变革，实现了企业与品牌的良性发展。

（二）经营模式转变

在体制转变的基础上，全聚德对经营模式也进行了革新。为将全聚德真正打造成为中国餐饮行业的"金字招牌"，全聚德打破传统餐饮业单店经营模式，率先在国内引进连锁经营理念，通过十多年的不断探索和实践，已在国内外拥有 50 多家连锁企业，影响力广及五洲四海。为进一步加快全聚德连锁经营事业的发展，全聚德集团成立了全聚德连锁经营公司，作为全聚德连锁经营总部，专责全聚德连锁经营事业。在推进特许连锁过程中，公司建立了从立项、签约到培训、配送、开业、督导等一整套特许经营管理体系和程序，同时形成健全的连锁经营制度与法律保障体系。建立配送中心，推动老字号走上产业化、规模化经营的道路。

目前，"全聚德"品牌所蕴涵的巨大无形资产已经成为企业宝贵的财富和重要的经营资源。几年来，全聚德集团创造性地形成了一条有形资产与无形资产两线运营的发展思路：有形资产运作，是对含有各种方式投资的所有特许经营项目，均按投资持有股权并获取回报，同时承担相应的风险；而无形资产运作，是按照国际惯例实行规范的特许经营，集团所有成员企业无论资产所有权归谁，凡使用"全聚德"无形资产，一律与"全聚德"商标所有权人——中国北京全聚德集团有限责任公司签订《特许经营合同》、《商标许可合同》，并向其缴纳特许经营权使用费，实行特许经营的规范管理。从而既保证了全聚德集团的投资权益，又充分发挥出了"全聚德"无形资产的巨大价值。两线运营的运作已成为全聚德特许经营的基本方针。

二、以顾客为导向管理品牌

（一）以顾客需求为中心开发新产品

以顾客需求为中心是现代营销思想的精髓，而这也在全聚德新产品的开发和服务的改善方面得到了全面体现。全聚德有一百多年历史，在不同时期有不同的消费群体。全聚德通过深入调研发现消费者光顾本店更多的是感受古老、正宗的烤鸭文化。为了保持这些特色，全聚德严格控制烤鸭的质量，同时在店面设计与服务中融入企业百年的传统。此外，全聚德顺应时代的发展，加大科技方面的投入，在技术上实现创新，为集团的规模化、标准化发展提供了技术保障，其中包括：改造"明烤炉"工艺为"科技鸭炉"；建成一座大规模的食品加工厂，把鸭子烤制前的多道工序上生产线，实现了工业化生产；推出全聚德真空包装系列风味食品，连同传统配料都加了不少的"科技含量"。同时，全聚德树立了以顾客为导向开发新产品的品牌管理理念，针对人们越来越重视饮食的营养搭配这一变化，全聚德向粤菜、川菜学习，打破原先纯山东风味的模式，引入了其他菜系的制作工艺。在服务上，全聚德经过长期的实践，总结出颇具特色的"三转"服务模式，即"服务员围着客人转，厨师围着服务员转，后勤围着一线转"。按旧习，厨师是大爷，服务员应围着厨师转，但全聚德深谙顾客满意才是营销的真谛，勇破旧习，使服务工作上了一个档次，进一步提升了顾客满意度。

（二）实施标准化的管理制度

中国美食世人皆知，但形成规模走向全国乃至世界的却寥寥无几，根源就在于没有实现标准化、规模化。从营销策略上来讲，没有标准化，就不可能形成工业化的快餐食品，也就不可能实现连锁化、规模化；从内部管理来讲，没有标准化的操作规程，就不可能培养出合格的员工。传统中国烹饪的一大特点就是模糊，用火称"文火"或"火候恰到好处"。加料曰"少许"或"适量"，这种模糊性为厨师发挥创造性提供了空间，使菜肴呈现不同的风格，将烹饪变成一门艺术。然而，由于缺少量化标准，厨师操作全凭经验，很难保证统一的标准质量，使菜肴质量呈现出极大的不稳定性。为此，全聚德制定了《全聚德特许经营管理手册》，内容除了明确规定全聚德特许连锁经营企业必须达到的质量标准、服务规范、企业标识、建筑装饰风格、餐具用具、员工着装之外，还着重制定了产品标准、服务标准。其中，具体包括以下五项：①制定精品烤鸭检验标准；②制定特色菜品量化标准；③制定服务规范；④制定卫生检查标准；⑤强化管理与督导。

（三）重视服务技能培训

员工的服务技能是打造服务品牌过程中一个重要的决定因素，服务人员的素质高低能够影响顾客对品牌的整体印象。为进一步提高员工素质，提升服务质量，全聚德将人力资源管理以及对于员工的技能培养作为集团发展过程中的重要课题。十几年来，全聚德在集团内部树立了"人力资源是第一资源"、"终身学习，终身教育"、"对员工进行不断的培训是最好的福利待遇"等全新教育观念，对员工的教育投入近千万元。集团内设专门的教育培训部，建立了企业文化、经营管理、市场营销、烹饪和服务的培训员队伍，为全聚德的职业教育提供了有力的组织和人员保障。2005年初，全聚德集团公司与北京联大旅游学院联合创建了全聚德餐饮管理学院，进行了对于校企联合办学、产教结合、学历教育与职业培训相结合的大胆尝试。

（四）开展服务合作营销

全聚德集团利用品牌延伸，与德国碧洛德酒业公司合作，采用"全聚德—碧洛德"双商标生产纯正的德国白葡萄酒和法国红葡萄酒，引进国内市场。国内外两家老字号企业的跨国"联姻"，产生了复合的放大效应。另外，全聚德集团还与九龙山矿泉水公司合作，定制营销全聚德·九龙山矿泉水；与北京红星股份公司合作，定制营销全聚德·红星二锅头；与北京龙徽葡萄酿酒公司合作，定制营销全聚德·龙徽葡萄酒等。

2005年，全聚德与中国国际航空股份有限公司签订空中餐饮合作协议，强强联手在国航推出空中全聚德系列餐饮服务新品牌。2008年奥运会期间，全聚德举全集团之力，倾心竭力圆满完成奥运服务接待工作，进一步提升全聚德的品牌影响力。一系列的合作，使得全聚德能够与合作方分享时间资源、空间资源和市场资源，提高了彼此的服务效率，拓展了目标市场，推动了全聚德品牌的延伸与发展，扩大了全聚德的品牌知名度，丰富了消费者的选择，为全聚德开拓市场提供了新契机。

三、加强品牌传播

（一）建立统一的品牌形象

全聚德以其独特的产品与服务赢得了消费者的青睐，然而，由于服务具有无形性，故消费者很难对服务进行客观和准确的判断，为此，企业需要借助品牌名称、标识或服务环境等将服务有形化。而建立一个让消费者记忆深刻并且口碑良好的品牌形象则是将服务有形化的有效手段。为加快企业发展，规范现代化企业管理，全聚德在组建大型企业集团后，逐步实现了全方位的科学化、标准化管理，努力缩短全聚德与国际同行企业在产品、服务、形象方面的差距。

1994 年，全聚德集团逐步导入了形象识别系统，在不断的完善和修订后，1998 年形成了较为完备的《全聚德理念识别手册》和《全聚德形象识别手册》。

理念识别系统反映了全聚德的企业精神、企业宗旨、企业目标、经营方针、企业作风，而形象识别系统作为全聚德商业文化的传播载体，以特色鲜明的个性化形象，系统、完整地规范了全聚德的企业标识、吉祥物、企业名称字体组合、企业宣传招牌、古建风格、产品包装、餐饮用具、工作服装等一系列企业形象。

图 4-1　全聚德店面

为了宣传和推广这套识别系统，集团公司在全国各连锁企业中积极推行统一的规范要求，实施统一的物流配送，完善连锁经营管理体系建设，建立了包括标识、产品、服务、设施、管理等一系列规范标准。在加盟全聚德的连锁机构中实行质量标准、服务规范、企业标识、建筑装饰风格、餐具用具、员工着装六个统一。

品牌形象的规模化、统一化不仅规范和完善了全聚德的外在形象，也提升了广大消费者对全聚德品牌形象的认知度。

（二）品牌文化传播

品牌与顾客的沟通交流是一个企业与顾客一起创造价值的过程。通过这个增加价值的过程，企业能以更少的成本留住顾客，从而保持与顾客的长期关系，最终促进品牌长期发展。全聚德通过文化营销、发掘传统等手段，进一步加强了自身的品牌文化传播，与消费者进行深入沟通，使得消费者对于品牌内涵、品牌精神和品牌价值观等有更加详尽的了解，激发了消费者对于品牌的兴趣。

1. 文化营销

全聚德集团坚持文化营销，将全聚德的历史和现实有机地结合起来，使广大顾客深刻体会到全聚德的品牌价值。书籍、电视剧等一系列文化产品不仅向顾客展示全聚德集团在现代企业管理中的崭新形象，而且树立了全聚德既传统又现代，既古老又年轻，卓尔不群、出类拔萃的企业文化特色。更重要的是在经营活动中，全聚德充分利用老字号的文化底蕴，不断向消费者展示老字号的新风貌。在今天，全聚德不仅是一个中华老字号餐饮商业品牌，更是一个全国乃至世界范围内的餐饮文化品牌，其已经成为传播中华民族的灿烂饮食文化，连接中外友谊，促进交流合作的桥梁和纽带。

2. 发掘传统

为了挖掘传统文化，展示"全聚德"百余年的历史，体现地道的老北京民间风俗，增加门店的文化氛围，前门全聚德打开老墙大门，设立一间仿古餐厅，最大限度地恢复了全聚德的历史原貌，并命名为"老铺"。木格门扇，木制楼梯，实木廊柱，营造出一间传统风味十足的餐厅，餐厅内各种器具也无一不流露出浓厚的旧日气息。为突出老全聚德的旧貌，餐厅里装饰了不少清代古玩，如瓷算盘、留声机、青瓷烛台、花瓶、挂钟、老电话等，其中有些是老全聚德用过的器物，还有过去的旧账簿。精心布置的老铺，使人仿佛置身于20世纪之初的全聚德，体味到浓重的历史文化氛围。

（三）整合各种传播工具进行传播

企业通过各种传播手段的综合运用，能够打破单一传播工具所具有的局限性，为公众提供具有良好清晰度、连贯性的信息，从而使传播影响力最大化，使企业呈现在公众心中的形象更为鲜活立体，在原有品牌的基础上进一步提升品牌价值，打造竞争优势。全聚德在品牌发展过程中，能灵活运用媒体报道、公关活动等各项传播工具，结合书籍、电视剧等文化产品的投资，对品牌进行传播，从而提升品牌在公众当中的知名度与影响力。在不断提高产品质量，加强产品创新的基础上，全聚德集中所有资源，开展以顾客为中心的整合营销传播。通过与顾客建立互动式的营销关系，对顾客进行更加深入的了解。基于对顾客消费心理的分析，不断改进产品和服务来满足其特殊需求，提升顾客的消费体验，培养顾客对于全聚德品牌的忠诚度。

问题：

1. 全聚德是如何管理维护自己的品牌形象的？

2. 全聚德的管理对于其他的老字号而言有什么借鉴意义？

3. 全聚德的品牌延伸活动为什么能获得成功？它是不是应该乘胜追击，尽量进行扩张？

案例 24　招商银行：品牌服务与文化联姻

考生角色

某银行在新年到来之际推出了一项新的业务，这项业务将银行的文化特色会聚其中，因此银行希望借此新业务来加强并提升银行的品牌形象，使其服务更具个性化，使竞争对手更难以模仿。假设你是这家银行市场部的品牌服务主管，请你分析你的竞争对手，并策划出几份你认为最能体现本公司品牌服务质量的品牌宣传方案。

案例介绍

招商银行成立于 1987 年 4 月 8 日，是中国第一家完全由企业法人持股的股份制商业银行，总行设在深圳。由香港招商局集团有限公司创办，并以 18.03% 的持股比例任最大股东。自成立以来，招商银行先后进行了四次增资扩股，并于 2002 年 3 月成功地发行了 15 亿普通股，4 月 9 日在上交所挂牌，是国内第一家采用国际会计标准的上市公司。

随着金融市场的发展和竞争的不断深化，银行之间的竞争已经逐步从产品之争上升到了品牌之争。品牌是银行产品个性化的体现，是一家银行及其所提供的产品之所以不同于其他银行的重要标志。品牌不仅是银行和产品的"身份证"，反映了市场的认可和保护，它还蕴涵着一笔看不见、摸不着的巨大财富。但这笔财富不是一成不变的。要想使财富保值、增值，不贬值，离不开品牌创新。

一直以来，我国大多数中小金融机构传统的市场定位战略都是跟随型战略，然而，招商银行选择的却是挑战型的市场定位战略。如 1995 年 2 月成立针对个人银行业务的储蓄信用卡部，主推一卡通；1999 年 9 月在国内首家全面启动网上银行——"一网通"。凭借一卡通和一网通，招行很快在人们心中树立了招商银行周到服务的品牌概念。此外，招商银行秉承"因您而变"的经营服务理念，在业界率先通过各种方式改善客户服务，致力于为客户提供高效、便利、体贴、温馨的服务。

市场在不断发展，顾客需求也不断变化和提高，招商银行又通过客户细分、一对一服务、衍生服务来给顾客创造良好的品牌体验，由此来提高品牌服务质量。2005年，招商银行改变传统银行营业厅概念，在国内建立首家财富管理中心，推出"金葵花"这一理财品牌。其后，招商银行推出了号称国内第一个全面对公银行业务品牌——"点金理财"、个人资产的管理型产品——"财富账户"。至此，招商银行已基本搭建成涵盖个人产品和公司产品、单一产品和理财产品的品牌体系，20多年的业绩奠定了招行品牌价值的坚实基础。

招商银行的品牌得到认可有更深层次的原因。品牌的后面是招行的文化和产品在支持。如果没有产品，没有招行人的敬业服务精神，这个品牌是不会长久的。招行品牌得到社会认可，关键是敬业的员工队伍和优质产品。招商银行总在不断创新，从一卡通品牌、一网通品牌到私人银行品牌；去纽约设立分行也是一种创新；收购永隆银行等，是招行在国际化方面迈出的一大步。所有这些对提升招行品牌起了很大作用。

资料来源：张金海、佘世红：《中外经典品牌案例评析》，华南理工大学出版社，2009年，第160~169页。

刘燕、祁婷婷：《招商银行：整合品牌传播策略》，《企业研究》总第309期，第32~33页。

案例分析

一、"金葵花"理财品牌和服务体系

"金葵花"理财是招商银行面向个人高端客户提供的高品质、个性化综合理财服务体系，涵盖负债、资产、中间业务及理财顾问等全方位金融服务。其核心价值在于对银行的产品、服务、渠道等各种资源进行有效整合，通过贵宾理财经理为高端客户提供一对一的个性化服务。

个人客户在招商银行同一分行的所有账户资产总额达到人民币50万元，即可申请"金葵花"卡，享有"金葵花"贵宾理财服务。个人客户在招商银行同一分行的所有账户资产总额达到人民币500万元，即可申请"金葵花"钻石卡，成为"金葵花"钻石贵宾客户，体验包括绿色就医通道与体检套餐、免息授信等在内的专享服务，更可在各地招商银行钻石财富管理中心感受优越专属的贵宾理财之旅。

在"金葵花"体系设计中，体现了视觉、知觉、感觉完美寓意的结合。

（1）在英文单词里，"Sun Flower"的意思是"向日葵"，表明该理财服务体系与用"葵花"作为卡面图样的招行"一卡通"同出一源，一脉相承。

（2）"金葵花"理财业务像葵花一样蕴涵朝气和生机，有着广阔的发展前景。

（3）"金葵花"的"金"代表理财业务服务于"一卡通"个人客户当中的黄金客户，金黄色是一个代表尊贵的颜色。金在中国传统文化里是一个代表富贵的词，无论是在感觉上还是在视觉上，都给了客户一种尊重和美好的感觉。

（4）金色的葵花围绕太阳旋转，标志着金葵花理财服务以客户和市场为中心，折射出"因您而变"的经营理念。

文化是一个企业内在的东西，是企业的核心竞争力，是别人难以模仿和复制的，招商银行充分利用葵花文化的独特性来提升公司的服务形象。硬件只是形式，文化才是产品品牌的真正支撑，文化直接影响到消费者对品牌的偏好和选择。当然，葵花文化只有大力宣传并深入到消费者内心，让消费者体会到招商银行的服务质量，才会最终被接受。因此，多年来招商银行在宣传葵花文化时不遗余力，主要体现在三位一体的策略——"三个一"，即"一句话、一朵花和一个人"：

"一句话"是招行始终秉持的"因您而变"的理念，即不断适应客户需求，以客户为中心追求创新和变革。

"一朵花"是招行的行花——金葵花。一个偶然的机会令招行行长马蔚华将"葵花向阳"的现象与招行以客户为中心的服务理念联系起来，并以此作为品牌象征。葵花向阳，招行是葵花，客户是太阳，银行要为客户提供优质的服务，葵花的卡面设计恰巧与招行随后归纳总结出的"因您而变"的经营理念不谋而合，标志着招商银行向"以市场为导向，以客户为中心"的转变。招商银行的"金葵花"正是凝结了招行人的勤劳、敬业和创新精神，是招商银行企业文化的厚积薄发。

"一个人"是招行的品牌代言人郎朗。郎朗从事的是高雅的音乐艺术，而且年轻、有活力，具备国际知名度，这些都是和招商银行的品牌形象相契合的。招行希望通过郎朗将艺术和慈善有机结合，实现双方在公益、慈善、亲和力上的高度黏合和同步成长。

通过这三重定位策略，招商银行走出了国内银行业的误区，获得了市场和消费者的认同。

几年来，招商银行精心打扮着"金葵花"这颗"掌上明珠"。不管是在招商银行的大楼里、"一网通"的网站上，还是在招商银行的各类宣传中……随处可见"金葵花"的品牌标识、产品介绍。在每一个分行、支行、网点，那一簇簇娇艳的金黄，映衬着招行醒目的红色。几乎有招行的地方就可以看得到"金葵花"的影子，每一个招行声音的背后都有"金葵花"的伴音。招商银行对"金葵花"的厚爱、对"金葵花"的呵护，从每一个细节里都可以体现出来。"金葵花"就是招行，有招行就有"金葵花"，这种信息已经通过各种渠道和方式潜移默化地传递到公众的意识里。我们将金葵花品牌理解为一种文化、一种服务质量，招行所做的一切实际上是在引导整个社会的理财文化和金融服务质量。

二、招商银行服务品牌的创建与内部营销

在"金葵花"品牌文化推出之前，招商银行花了很多精力做内部的营销和改造，统一思想，统一架构。"金葵花"强调的是"一对一服务"，需要大量的客户服务人员，于是，招行配套建立了客户经理队伍，并对相关人员进行培训，提高从业人员的综合素质。在设施上，当年招商银行在全国装修改造 67个"金葵花"理财中心、228 个"金葵花"贵宾室、250 个"金葵花"贵宾窗口，把高端客户从大厅里"请"到了专属的理财空间，这些高端客户从此不用排队，不用等候，节省了宝贵的时间。在服务上，进一步整合前后台的业务流程，确保"金葵花"客户办理业务畅通无阻。在产品设计上，不断加强理财产品的开发，丰富金葵花的内涵和外延。

银行是个高风险的行业，招行取得如此的成绩，既能把风险降到最低，又能创造更多的回报，关键就在于制度和文化。制度需要不断创新、不断发展，文化需要不断地充实，不断地被员工接受。招行创建服务品牌的支持要素主要来自于招行内部团队，通过在内部员工中传播银行的品牌文化来加强员工的凝聚力，实现品牌服务与文化联姻。在银行这个特殊的行业，建立让员工自觉执行制度的企业文化，与建立制度同等重要。招行行长马蔚华觉得招行能取得真正成功，关键就在于企业文化。

风险文化是招行企业文化的一部分。文化是一种习惯，一种理念，招行把银行风险量化到每一个人，一个银行的好坏和自己的得失相联系，员工就会自觉地去防范风险。在招行的风险管理中，强调要让员工明白不良资产的产生关系到所有人的利益，产生切肤之痛，这种关联形成了风险文化的基础。在理念上，招行于 2003 年年中确定了"一三五"经营理念（也称"一三五铁律"），用以统率全行的经营活动，即"一个协调"：坚持效益、质量、规模协调发展；"三个理性"：理性对待市场、理性对待同业、理性对待自己；"五大关系"：把握好管理与发展，质量与效益，眼前利益与长远利益，股东、客户与员工，制度与文化建设的关系。

招行特别注重危机文化，荣誉面前自觉反思与自省。企业文化理念里的招银精神，第一位就是自省，永远要看到自己的差距和不足。要求自己理性地对待市场、理性地对待同业、理性地对待自己，这是招行一贯的理念。马蔚华注重反省自己的不足。面对招商银行这么多年获得的种种好评和荣誉始终保持着冷静，对于溢美之词会自己调侃一下，一笑而过。他对员工所有的意见都会注意，并要求涉及的部门及时处理，还充分利用一切可能的机会激发招行员工的危机意识和集体自豪感。2003 年，有员工在内部网上发了一篇名为《招行向何处去》的盛世危言，马蔚华看到后当天就召开行务会，对照检讨，在全行印发了这篇文章，还对这个员工进行了奖励。

企业文化的内部传播能提高员工的服务意识，增强员工的凝聚力和动力，为外部传播打下坚实基础。招商银行内部有一套完整的企业文化沟通和管理体系，这对招商银行企业文化的内部传播起到积极作用。在沟通制度方面，招商银行设立了"行长信箱"，建立"行长接待日"制度，并开办"招行员工论坛"。另外，还发挥招行的技术优势在内部公开网设立网上"电子论坛"和"调研沙龙"，保证企业内部沟通的顺畅。招商银行还非常重视员工的培训工作，除了新入行的员工都要接受企业文化培训，还对老员工进行专业知识培训。例如，"金葵花"品牌推广初期，招商银行在全国各地配套推出了一系列的讲座，9 个月的时间共举办了 21 场讲座。2003 年 1 月 1 日新年之夜，在深圳大剧院内，招商银行还举办了"金葵花之光——中外名曲新年音乐会"，影响颇大，深受好评。

招商银行还致力于为员工创造一种"家园文化"，努力为员工搭建广阔的职业生涯发展平台，营造人性化、亲情化的氛围，让员工在招行有成就感和归属感，让员工更自觉自愿地传播银行品牌文化。这种"家园文化"其实是"葵花"文化对内的一种体现，"因您而变"还包含了招行对员工的关注和关心。

三、招商银行服务品牌的关系营销

对于招商银行的服务品牌传播，除了内部营销，外部营销也同样重要。可以说，内外部导向结合才是最佳状态。这就涉及关系营销所涵盖的对象，即顾客和利益相关者，他们都成为招行传播的对象。因为文化必须通过载体传播给目标受众，并使受众接受和认同本产品的品牌文化和价值观，这样才可能培养出品牌的忠诚客户。招商银行的服务品牌的关系营销策略主要有以下八个方面：

（一）建立统一的品牌形象识别系统，进行整体品牌形象宣传

在高度同质化的银行业，整体形象在金融市场竞争中显得尤为重要，因为

银行产品和服务具有极强的同质性，很容易被模仿。只有有效地运用各种传播手段，始终用一个声音说话，向广大目标顾客诉求本银行的独特卖点，使顾客对围绕产品的附加信息如银行形象等产生认同和信赖，才能真正造就一个独特且牢不可破的银行品牌。

招商银行有统一的品牌视觉识别系统，从金融产品的推动到服务区域的划分、服务流程的改造、网点的装饰和全行的设计，包括招行的标准底色、招商红以及员工的工作服都是全国统一的。从宣传手册、每一个接触点、网页界面、服务用语到每一个媒介点，从服务理念到服务行为，从产品的标识到企业的标识，招行对遍布全国各地的分行和经营代办机构都要求整齐，都要求统一，下大力气建立统一规范具有鲜明特色的、个性的形象识别系统。强调一种声音的说法、一种形象对外，所以客户无论在哪个地方见到的所有招行的宣传形象都会产生一个统一的认识。总之，在品牌传播中，"因您而变"和"向日葵"两个品牌的核心因子与招商银行 LOGO 标志一起，通过所有的客户接触点，传达着招商银行的核心品牌信息，使客户一看到葵花，就想到招商银行。

（二）通过广告、新闻宣传和公共关系传播宣传招商银行的服务品牌

（1）广告宣传：依托高端媒体，抢占竞争先机。首先，集中优势媒体，选择受众相信的、权威的、可信度高的媒体，通过相关的媒体来构筑品牌传播优势。招商银行通过一系列的广告传播策略在中央电视台、凤凰卫视、《财经》杂志等高端媒体抢占广告竞争先机。其次，以一个传播主题为纲领，将各种单一传播媒介进行整合。如网络、高档小区电梯广告、地铁车厢广告等，打组合拳，也非常重视广告的形式，有针对性地影响到目标客户以及潜在客户，广告品牌传播取得了很好的效果。

（2）新闻宣传：在信息高度发达的现代社会，新闻宣传是非常有效的一种传播手段。2002 年 10 月 10 日，招商银行总行在深圳大张旗鼓地举行了"金葵花"新闻发布会，同时要求在一个月之内各分支机构同时在当地举行新闻发布会。2002 年招行在全国各地共举办了 16 场新闻发布会，100 多场产品推介会。包括中央电视台、一些地方电视台在内的 20 家电台、25 家电视台，以及一些报纸杂志等媒体都对"金葵花"进行了全面深入的报道，其影响力和宣传效果都达到了预期目的。

（3）公共关系传播：树立负责任的良好的企业形象。热心公益事业是招行优良品质，设立慈善基金、抗"非典"、扶贫、助学等只是招商银行热心公益事业的一部分，无论哪里有难，招行人都会用爱心浇灌"心与爱的绿洲"。招商银行精于公共关系传播，在贫困人口最需要的时候，向其伸出援助之手。为社会多承担一点社会责任，多增加点企业公民意识，更能得到客户的认知，也

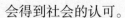

会得到社会的认可。

（三）以创新和服务的文化利剑传播品牌价值

招商银行形成了创新文化、服务文化。首先是创新。招商银行作为金融机构，在对公业务外，私人理财业务、同业业务本着"因您而变"的理念，不断创新，推出一系列具有里程碑意义的产品。招商银行在金融业中素以创新著称，先后打造了"一卡通"、"一网通"、"金葵花理财"、"点金理财"、"招商银行信用卡"、"财富账户"等具有里程碑意义的知名金融品牌产品，品牌建设一直居于国内领先地位。所有的品牌策略都具有可复制性，唯一不能复制的是不断创新的思维，积淀品牌文化。其次是服务。招商银行秉承"因您而变"的经营服务理念，在成立之初就引进了国际化的服务理念和服务模式。当国内其他银行尚在等客上门，普遍高高在上、面孔冷冰的时候，招商银行率先实行了站立服务、微笑服务、面对面服务和上门服务，很快赢得了客户的好感和信赖。招商银行以服务和创新的文化利剑传播品牌价值，占据国内银行零售之王的位置。

（四）公益营销

在营销"金葵花"过程中，公益营销也是招商银行根据高端客户的心理所开展的营销活动。2004年11月8日，招商银行和宋庆龄基金会在深圳联合主办了首届"金葵花"杯爱心慈善高尔夫球邀请赛，当天捐助和募集的105900元款项将全部用于宋庆龄基金会"西部园丁培训计划——金葵花培训项目"。招行兰州分行籍迁兰州招银大厦建成使用之际，向省教育厅捐赠300万元"金葵花教育助学基金"。北京分行举行了"'金葵花'六一爱心总动员"公益活动。组织"金葵花"客户，为北京靳家堡中心小学捐赠了33台电脑……这些公益活动，又为富贵的"金葵花"平添了一份爱的温馨。

（五）事件传播：借势传播品牌知名度

招商银行借各种有影响力的事件多层面展开深度关系营销传播，努力把招商银行建设成为有知名品牌、有鲜明特色、有较高社会认同度的现代商业银行，实现股东、客户、员工长期利益的最大化，从而提升整体品牌形象。如2007年4月，在其成立20周年之际，推出整体品牌营销传播活动，以音乐、慈善、关爱、祝福、分享，构筑成整体品牌的感恩营销；2008年北京奥运带来的全民体育热，以此为契合点发行VISA奥运信用卡，正式启动"和世界一家"信用卡品牌理念的宣传活动。招商银行利用事件本身的新闻点和影响力，通过电视、广播、报纸以及网络等资源进行立体化、多角度、深层次的宣传，形成强大、集中的宣传态势，扩大传播的效果，用事件传播品牌。

（六）口碑传播：开拓新市场

口碑传播是形成品牌美誉度的重要途径，在品牌传播的手段中，口碑传播最容易被客户所认同和接受。招商银行在推出"一卡双币"信用卡之初，组织了一些客户香港游。客户在香港消费的过程中发现，用该信用卡消费的时候非常方便，而且省下一笔可观的汇兑费用。体验到"一卡双币"信用卡带来的方便和实惠的客户，充当意见领袖的角色，很快就把招商银行信用卡具有的众多优势告知其他人，充分发挥了口碑传播的效应。

（七）独辟传播方式

银行作为一个比较特殊的行业，在市场运作和品牌推广中有其特殊的形式。不同的银行定位各自不同，营销传播模式也有很大的差异。招商银行根据本身的特点和金融产品的特殊性，独辟传播蓝海，出奇制胜，取得了非常好的品牌传播效果。招商银行独特的品牌传播方式如下：

（1）音乐营销传播。招商银行依托深圳音乐厅做高雅音乐营销，可以说是独辟一片营销中的蓝海。

（2）论坛营销传播。营销"疲软"时代已经到来，"金葵花"独辟蹊径，在"每日财金"栏目中采取新闻植入性营销，可以让目标读者群在不知不觉中接受产品，达到"润物细无声"的境界，悄无声息地进行品牌传播。

（3）高端对话，聚焦财富人群，借力罗杰斯成就招行品牌形象。"招商银行'金葵花'对话罗杰斯"的经典策划，选择了经济领域可谓是一个"大家"、世界顶级投资大师罗杰斯，把金葵花与罗杰斯巧妙地捆绑在一起，在传播上形成统一的口径，很容易提高金葵花在财富人群中的影响力。

（八）联合传播

考虑到单一的营销竞争模式很难承担起品牌生存与发展的重任，招行大胆地运用联合营销的利器，与多家知名企业进行合作，实现传播和营销的双赢。如与宝马集团、华晨宝马签署 BMW 和 MINI 品牌汽车金融服务签署合作协议。针对宝马客户与代理商的特定需求，招行可为其量身定制灵活、方便和极具吸引力的汽车融资服务。与微软 MSN 合作，在 2006 年限时发行国内首张具有MSN 服务功能的信用卡——招商银行 MSN 珍藏版 VISAMINI 信用卡。与腾讯联袂推出了银行联名卡"QQ 一卡通"，并宣布向广大用户提供方便实用的银行卡关联消费服务。

此外，招商银行还与各行业杰出品牌联合，发行"招行——三星联名信用卡、国航知音卡、百盛联名卡"等一系列卡。招商银行利用联合品牌传播的方式，跨越到各个不同的年龄段，各个不同的兴趣圈里面，全力抢占市场。招商银行利用品牌盟军策略提升品牌渗透力，通过强强联合的品牌传播战略，建立品牌联盟，有利于留住老客户和开拓新市场，实现品牌传播"1＋1＞2"的效果。

在对外传播招行服务品牌的过程中，招商银行并不仅仅局限于其客户，而且还注意到了他们的家庭。因为根据调查，招商银行发现他们的客户对家庭和子女教育有着强烈的关心，以及对健康也非常重视。在一次"金葵花"客户的活动中，招商银行就邀请了这些客户的家人一同参与，并为他们设计了相关的活动。通过从产品宣传到深入客户的家庭，招商银行力求使其高端客户去认同其价值观，比如环保观、家庭观念。

问题：

1. 如何理解招商银行的"葵花文化"与服务品牌的联姻？
2. 招商银行"葵花文化"的内部营销对同行有何启示？

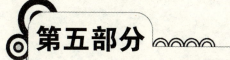

第五部分

品牌传播管理

学习目标

知识要求 通过本章的学习，掌握：

- 品牌传播的基本概念、特点与方式
- 品牌广告传播的概念
- 品牌公关传播的概念、特点与误区
- 品牌销售传播的概念与渠道
- 品牌口碑传播的特点

技能要求 通过本章的学习，能够：

- 通过策划与创意实施品牌广告传播
- 撰写完整的品牌公关传播策划书
- 避免当前品牌公关传播的误区
- 观察和分析品牌的销售传播技巧与特色
- 塑造、引导、控制品牌的口碑传播

学习指导

1. 本章内容包括：品牌传播的概念、特点与方式，品牌广告传播的基本概念，品牌公关传播的概念、特点与误区，品牌销售传播的概念与渠道，品牌口碑传播的概念、特点及注意事项。

2. 学习方法：深入领会案例及分析，尝试进行品牌传播方面的实践活动，在实践中加深理解。形成对日常学习、生活中接触到的品牌传播现象进行分析、思考的习惯。

3. 建议学时：8学时。

导　语

品牌的传播

品牌传播，是指企业以品牌的核心价值为最高原则，在品牌识别要素系统的整体框架下，选择广告、公关销售等多种传播方式，将特定品牌推广出去，不断累积品牌资产，从而达到建立品牌人格形象，并促进市场销售的目的。[①]只有通过有效的品牌传播，企业才能将诸多的营销要素和内容组织起来，直接或间接地附加到品牌的内涵之上，实现营销与传播方式的整合。并且可以实现品牌与目标市场的有效对接，为品牌及产品进占市场、拓展市场奠定宣传基础。

品牌传播具有信息传播的复合性、消费者行为多元化、传播手段融合化等特点，它要求企业能从战略的高度对品牌进行管理，将更多的资源投向品牌的建设，并保证品牌形象的统一。广告、公共关系和口碑传播是品牌传播的三种主要方式。

广告是一种由广告主付出某种代价的，通过传播媒介将经过科学提炼和艺术加工的特定信息传达给目标受众，以达到改变或强化人们观念和行为为目的的、公开的、非面对面的信息传播活动。[②]应用的普遍性和接触的广泛性使得广告成为品牌最重要的传播方式之一，它是建立品牌认知、提高品牌知名度、信任度、忠诚度，塑造品牌形象和增加产品附加值的强有力工具。

公关是公共关系的简称。格伦·布鲁姆等人认为：[③]公共关系是这样一种管理功能，它建立并维护一个组织和决定其成败的各类公众之间的互利互惠关系。品牌公关传播是指组织或个人为建立和维护品牌与利益相关公众之间的互惠互利关系而利用公共关系这一管理职能所进行的信息沟通与传播行为。品牌公关传播的主要特征包括五个方面：以品牌为核心；以公共关系为纽带；战略规划性；情感性；真实性。品牌公关传播对企业发展和品牌建设具有重要意

---

① 舒咏平：《品牌传播策略》，北京大学出版社，2007年版，第10页。
② 陈培爱：《广告学概论》，高等教育出版社，2004年版，第6页。
③ ［美］格伦·布鲁姆等：《有效的公共关系》（第八版），明安香译，华夏出版社，2002年版，第7~8页。

义，但是当前的实践也存在着不少误区。

品牌口碑传播是指消费者基于自身的感知和消费经验而自愿进行的有关品牌信息的人际沟通。人是群体的动物，具有群里动力学心理。消费者在对一个品牌的产品消费或了解之后，无论满意或不满意，都倾向于在合适的时候告诉身边的人。现代市场营销学中对于口碑传播的研究基本上都认为口碑传播是市场中最强大、最理想的控制力之一。品牌口碑传播的特点：传者的两极性；品牌信息的双重性；口碑的两面性；传播行为的自愿性；传播效果的可信性；行为导向性。

通过本章的学习，你能更好地了解广告、公关、口碑传播在品牌传播中的作用和重要意义。宜家精彩高超的品牌传播技巧会给你很大的震撼，绝对牌伏特加能给你关于广告策略与创意的启示，联想的公关策略以及星巴克的口碑传播会让你领悟到品牌传播的一些创新手法。

案例 25　我为宜家狂：品牌传播，精彩之极

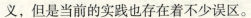

考生角色

一家大型的家居卖场考虑在即将到来的圣诞节进行一次品牌宣传。假设你是这家公司的品牌主管 Mark，请你分析市场上的各个竞争对手，调查其近 3 年来每个节假日的品牌推广及促销情况。然后策划几份你认为对公司最经济有效的品牌推广方案。在策划时请注意避免发生与对手的恶性竞争，并考虑如何与生产商维持良好的合作关系。在两周之后的公司会议上，你要向总经理汇报这份策划案，并帮助公司提升品牌形象。

案例介绍

瑞典宜家（IKEA）是 20 世纪中少数几个令人炫目的商业奇迹之一。从1943 年初创时期的文具邮购业务开始，不到 60 年的时间就发展成一个在全球共有 180 家连锁商店，分布在 42 个国家，雇佣了 7 万多名员工的全球最大家居用品零售商，还赢得了 Interbrand 发布的 TOP100 全球最有价值品牌中排名第 44 位的荣誉。"为大多数人创造更加美好的日常生活"是宜家公司自创立以来一直努力的方向。宜家品牌始终和提高人们的生活质量联系在一起，并秉承"为尽可能多的顾客提供他们能够负担，设计精良，功能齐全，价格低廉的家

居用品"的经营宗旨。

在提供种类繁多，美观实用，老百姓买得起的家居用品的同时，宜家努力创造以客户和社会利益为中心的经营方式，致力于环保及社会责任问题。今天，瑞典宜家集团已成为全球最大的家具家居用品商家，销售主要包括座椅/沙发系列、办公用品、卧室系列、厨房系列、照明系列、纺织品、炊具系列、房屋储藏系列、儿童产品系列等约 10000 个产品。据宜家公司公布的 2003 年财政年度经营报告显示，宜家 2003 年财政年度的全球营业额为 115 亿欧元，其中在中国的销售额达到 7.13 亿美元，比去年同期增加了 24%。而自从 1999 年进入中国市场以来，宜家的销售额每年都实现了两位数的增长。

久经风雨而不倒，遍历忧患却更强，对于宜家来说，卓越的品牌优势是公司快速发展的重要因素。IKEA 成功之处就在于：以卓越的品牌传播策略提升品牌核心能量，促进品牌整合力度，形成其对手所不具备的优势与市场竞争力。为了给员工强调与顾客结盟的民主理念，早在 1976 年，宜家的创始人坎普拉德写下了《一个家具商的信仰》，由此成为宜家圣经。他一再重申："为大多数人创造美好生活的一部分，包含着打破地位和传统的局限而成为更自由的人。要做到这一点，我们不得不与众不同。"即使在 20 世纪 90 年代，宜家加大向全球发展的步伐时，它也力求保持自己原汁原味的品牌传播特色。坎普拉德直接表示：宜家向来坚持自己的重要品牌传播传统，否则其他国家的员工就感受不到自己属于宜家。除了把简洁、美观而价格合理的产品带到全球市场，宜家也把北欧式的平等自由精神传播到各地。对年轻人而言，相对于产品的实用，宜家这种精神力量更具杀伤力，谁也不能忽视这样一个大趋势：人人都渴望成为主角和支配者。

事实上，宜家品牌的真正核心是让顾客成为品牌传播者，而非仅仅依靠硬性的广告和促销。正如英国一家媒体对宜家的评语："它不仅仅是一个店，它是一个宗教；它不是在卖家具，它在为你搭起一个梦想。"除此之外，宜家深谙口碑传播之道，并进行看似原始、笨拙，实则高效、完美的运作。通过系统的培训和价值熏陶后，分布在全球 223 个宜家商场的员工把一套生活态度、价值格调传达给教民，那些每年 3 亿多进入宜家的顾客。

资料来源：王佳、卢晓雁：《宜家的整合营销传播战略及其启示》，《企业经济》，2005 年第 4 期，第 52~54 页。

案例分析

宜家之所以能在家具行业保持领头的位置数十年，最值得一提的就是它很清楚自己的优势所在。也很明智地在保持这些优势的同时不断加以创新和改

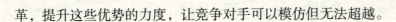

革，提升这些优势的力度，让竞争对手可以模仿但无法超越。

一、宜家的品牌传播原则

（一）以提升消费者价值为导向

与传统营销概念相比，品牌营销所提倡的是一体化、组合化、优化的营销理念，主张以提升消费者的价值为导向展开营销活动。这一理念的创新之处是企业要站在消费者的角度来看待产品和服务的价值，这种价值不是由企业决定的，而是由消费者实际感知的。它要求企业除了要为消费者提供更为完善的服务，协调自身和消费者之间的关系以外，还要通过内外的一体化减少成本，使消费者获得实实在在的价值。

1. 低成本设计理念

提升消费者价值最关键的一步就是降低消费者的购物成本、增加消费者效益。使消费者与企业之间的关系由"一方受损，一方受益"转变为"双方受益"。低价格是宜家理想、商业理念和概念的基石。所有的宜家产品背后基本的思想就是低价格会使种类繁多、美观实用的家居用品为人人所有。

为达成"双赢"，宜家在设计产品之前就先确定好一个消费者能够接受的成本，然后在这个成本之内，尽可能地做到精美实用。在宜家有一种说法："我们最先设计的是价签"。即设计师在设计产品之前，宜家就已经为该产品设定了比较低的销售价格及成本，然后在这个成本之内，尽一切可能做到精美实用。例如：邦格杯子的设计者，产品开发员 Pia Eldin Lindsten 在 1996 年接到设计一种新型杯子的任务，她同时还被告知这种杯子在商场应该卖到多少钱。就邦格杯子而言，价格必须低得惊人——只有 5 个瑞典克朗。也就是说，在设计之前，IKEA 就确定这种杯子的价格必须能够真正击倒所有竞争对手。

此外，宜家还以"模块"式方法设计家具，不同的模块根据不同的成本在不同地区生产，同一模块在不同家具间也可以通用。这样一来不仅设计的成本得以降低，而且产品的总成本也能降低。宜家独特的平板包装，不仅能避免产品在运输过程中受到损害，也降低了储运成本。这些成本的降低在让宜家受益之余，也能让消费者受益。除此之外，宜家还把基本业务流程重新编排组织以满足消费者的需求。和其他家具商提供的整体家具不同，宜家的消费者需要自己组装家具，这样不仅能降低他们付出的成本，还可以让消费者根据自己的偏好来选择家具散件的配套与组合。

2. 提高消费者满意度

提高消费者满意度是提升消费者价值的基础。为了赢得消费者的心，宜家采取了一系列的措施。如鼓励消费者在选购时"拉开抽屉，打开柜门，在地毯上走走，或者试一试床和沙发是否坚固，只有这样，你才会发现在宜家沙发上休息有多么舒服"，亲身体验宜家的产品给他们带来的美好享受。在宜家，几乎所有能坐的商品，顾客都可以坐上去试试感觉。这和国内众多家居卖场里"请勿试坐"的告示形成了鲜明对比。

另外，针对消费者购买家具时可能会有的种种顾虑，如害怕不同的产品组合买到家之后不协调，与环境风格不吻合，对此宜家设立了不同风格的样板间，把各种配套产品进行组合，充分展现每种产品的现场效果，甚至连灯光都展示出来，这样顾客们基本上就可以看出家具组合的感觉以及体现出的格调。这些都为宜家吸引了大批的回头客。

（二）重视接触点管理

接触点管理是宜家品牌传播战略的一个新策略新措施。凡是能够将产品、品牌类别和任何与企业相关的信息等资讯，传输给消费者或潜在消费者的过程与经验都应视为企业与消费者之间的接触点。在何时何地以及如何与消费者进行接触，是接触点管理的主要内容。它包括企业自身经营行为所产生的可控性接触点，如产品展示、广告诉求、卖场设计、顾客服务等；消费者购买行为终止后的非控制性接触点，如消费者之间的人际传播等。所以企业不仅要在消费者购买行为产生前给其以好的体验，在购买行为完成后，也应该通过售后服务和消费者的社交传播，继续维持和扩大与消费者的关系。

宜家的服务理念是"让购买家具更为快乐"，因此在任何有可能会和消费者产生接触点的地方，不管是卖场设计、服务方式，宜家都尽量使其显得自然、和谐，让消费者感觉到温馨和满意。实际上，消费者从走进宜家卖场的时候起，就能感受到宜家的良苦用心。不仅地板上有箭头指引他们按照最佳顺序逛完整个商场，并且展示区按照他们的习惯制定顺序。在入口处，宜家为消费者提供铅笔、卷尺和纸张，以方便顾客进行测量和记录。在选购过程中，除非消费者提出需要帮助，否则宜家的店员不会上前打扰，以便让消费者有个最佳的购物氛围。为了让消费者掌握全面真实的产品信息，宜家还精心制作了详细的标签，告知产品的购买指南、保养方法和价格。如果消费者逛累了，可以在卖场内的宜家餐厅小憩一会，点上一杯咖啡或是一碟北欧风味的点心……如果消费者在购买宜家的产品后觉得不合适，没有关系，宜家会非常体贴地为消费者解除后顾之忧：在购物14天内可以无条件退货。细节的完美设计和完善的售后服务不仅为宜家赢得了口碑，更提升了宜家的品牌形象。

（三）与消费者的循环沟通

与传统的营销模式不同，整合营销传播真正的价值在于其本身的循环沟通，即企业与消费者的连续双向的营销沟通。在营销沟通中，企业必须对沟通效果——受众的反映进行记录、统计和测量，并将信息输入数据库。根据受众的反映，计划和调整下一次的沟通、循环、往复，以求得最大沟通效果。其过程如下：数据库→沟通计划→执行→消费者回应→数据库→调整沟通计划→执行→消费者回应……只有这样才能使消费者与厂商达到双赢的境界。

宜家在每次销售完成后都会记录下消费者的资料，建立数据库。为了满足不同年龄层顾客的需要，宜家每隔 3 年就要展开一次全球市场调查活动，依据这些调查而来的数据制定经营决策。即使消费者没有明确提出要求或意见，宜家也会对自身的产品质量做出保障。当发现隐藏的问题时，宜家不是怀着侥幸心理，而是敢于向消费者说明问题，并诚心诚意地解决问题。如 2004 年 10 月 15 日，宜家向外界宣布他们将在全球范围内召回其产品法格拉德儿童椅。原因是工作人员通过检查后发现该产品的塑料脚垫可能会发生脱落，从而会被孩子吞食，进而导致发生梗塞窒息事故。在这之前也有过两款儿童家居被召回，一次是因为欧洲发生了一名儿童误食了一款儿童玩具所附带的圆球的事故；另一次是一款小熊布艺玩具，因宜家担心如其露出的填充物被儿童吞咽，进而危及儿童安全，所以予以召回。这几次的召回并没有影响宜家的企业形象，反而树立了宜家勇于承担责任的社会公民形象，赢得了消费者的理解和信赖。

二、宜家的品牌传播策略

（一）建立清晰的品牌定位

在品牌传播中，真正决定传播效果的是其背后的品牌，对消费者发生效力的是品牌的影响力。因此，建立清晰的品牌定位是品牌传播的基础和前提，也是品牌成功的关键因素之一。

从创建初期，宜家就决定与家居用品消费者中的"大多数人"站在一起。这意味着宜家要满足具有很多不同需要、品位、梦想、追求以及财力，同时希望改善家居状况并创造更美好日常生活的人的需要。针对这种市场定位，宜家的产品定位于"低价、精美、耐用"的家居用品。

在欧美等发达国家，宜家把自己定位成面向大众的家居用品提供商。因为其物美价廉，款式新，服务好等特点，受到广大中低收入家庭的欢迎。但是到了中国之后，市场定位做了一定的调整，因为，中国市场虽然广泛，但普遍消费水平低，原有的低价家具生产厂家竞争激烈接近饱和，市场上的国外高价家具也很少有人问津。于是宜家把目光投向了大城市中相对比较富裕的阶层。宜家在中国的市场定位是"想买高档货，而又付不起高价的白领"。这种定位是十分巧妙准确的。

从宜家的品牌标志来看，也反映了其清晰而又独特的定位：深蓝的矩形框内接着鲜黄的椭圆，深蓝的黑体字母"IKEA"位于当中，这个敦厚、简洁的品牌标识象征了家具用品的可信任性和耐用性。几何图形的妙用塑造了"宜家"独特又蕴涵深意的品牌标识。矩形、圆形都是家具较常采用的图形，深蓝与鲜黄也是现代家具中常用的色调。由这些旧元素新组合成的品牌标识让人自然地联想到"宜家"的行业特点，同时也给人以稳重、朴实之感。

（二）贯彻"娱乐购物"的家居文化

除了以鲜明的形象整合消费者的认知以外，宜家这个品牌之所以有如此大的号召力，是因为宜家所倡导的"娱乐购物"家居文化能够打动消费者，这种家居文化才是宜家独特的品牌形象。宜家在世界各地的分店都一如既往地保持着瑞典店的风格：宽敞明亮的大面积卖场、温馨而有人情味的卖场设计、周到而不繁琐的服务、透明真实的商品展示、美观整洁的餐厅……正是通过这些坚持不懈的努力，宜家逐渐成为家居的代名词。不少消费者在选购家居用品时不仅将自己的人生主张、价值观和生活态度借由宜家的商品传达，还形成对宜家这一品牌的价值主张。很多来宜家的消费者都不是纯粹以购物为目的，因为他们已经习惯性地把它当做了一个休闲的地方。宜家不仅让消费者可以买到称心如意的商品，更重要的是能让他们学到许多生活常识和装饰的灵感，还能获得轻松愉快的购物体验。

通过一系列运作，IKEA 的卖场在人们眼中已不单单是一个购买家居用品的场所，它代表了一种生活方式。所以当你看到追求时尚的年轻人提着印有 IKEA 标志的购物袋神采飞扬地走出宜家卖场，你不会惊讶——国内也有不少商家试图这样做，但并不成功。其实，宜家的成功不仅仅在于它整合了商流、物流，而是它用于整合商流、物流的核心理念——生活方式。在人们心中，用宜家 IKEA 已经像吃麦当劳、喝星巴克咖啡一样，成为一种生活方式的象征。

（三）综合各种传播手段，以口碑创造强大的品牌

宜家在品牌传播中会使用一些硬性推销手段如目录册、电视广告、户外广告等，也会使用隐性的传播方式比如口碑营销、网络营销来树立品牌形象。一直以来，宜家赖以传播品牌的主力就是宜家目录册。2005 年，宜家在中国就发出了 250 万本目录，在全世界共发行 1.6 亿册，使用 25 种语言，有 52 个版本。不少人把它比喻为印刷数比《圣经》还多的册子，事实上，它的传播功效堪比《圣经》。这份诞生于 1951 年的小册子，带有明显的邮购特色。但英格瓦·坎普拉德（Ingvar Kamprad）逐渐把它改造成了新生活的布道手册，目录上不仅仅列出产品的照片和价格，而且经过设计师的精心设计，从功能性、美观性等方面综合表现宜家产品的特点，顾客可以从中发现家居布置的灵感和实用的解决方案。

此外，宜家也使用电视广告、户外广告、报纸广告等进行品牌传播。如2002年9月，一个名为《宜家美好生活》的电视短片在北京和上海同时播出，历时8分钟的短片每集都用故事去解决一个家居生活的难题。除了利用官方网站外，宜家还专门为消费者开了一个名为"我为宜家狂"的博客，其作用类似于俱乐部的形式，顾客可以申请成为会员，参加宜家举办的各种活动，获得及时的促销信息甚至优惠券。此外，宜家餐厅从周一到周五还向会员提供免费现磨咖啡，而且还能享受免费续杯等服务，在一楼的瑞典食品屋还提供会员价的瑞典特色食品。

（四）与消费者、社会建立长远关系

品牌传播的高级追求是企业成为世界级公民，这一层次的企业具有强烈的社会意识与环境意识，注重长远发展，其基本目标在于建立长期稳定的关系而不是短期销售目标。实际上这也是一种社会营销的表现形式，即企业在满足消费者需求的同时能够最大限度地兼顾社会总体利益，使企业提供的产品与服务达到社会福利最大化，把企业、消费者、社会利益三者有机地结合起来。这一点在资源日渐匮乏，环保问题日益白热化的今天显得尤为重要。

作为家居制造商，宜家不可避免地会涉及森林、环境保护及资源开发利用等问题。实际上，宜家一直以保护环境为己任，以实现所采用的木材全部来自经营良好的森林的长期目标。

首先它在选择供应商时有着严格的质量标准，要求供应商的木材通过FSC森林认证，以保证森林的可持续性发展；其次在企业内部设置"有益于生态"的生产线，定期对生产情况进行检查；最后开发了循环式产品系统，拆卸和循环使用旧的家居部件，以节约资源。比如，它禁止在产品生产过程中使用对大气臭氧层有害的CFCs和HCFCs；坚决禁止在漆料中加入甲醛成分和香型溶剂；拒绝在实木产品生产过程中使用来自原始天然林或其他应受保护林带的木材；要求包装材料可以回收利用；宜家产品目录自1993年起，均采用完全不含氯，纸浆未采用氯成分漂白的TCF纸张；所有的宜家商场将垃圾废品按5大类进行分拣，这样可确保来自商场75%的废品能够得到再利用、回收处理或用于能源再生处理……毫无疑问，在环保方面等不遗余力的投入，已经成为了宜家品牌魅力的另一个发光点。

三、宜家品牌传播的启示

宜家的成功绝不是偶然，从其实施的品牌传播战略中，我们可以得到三个启示：

(一) 重视对品牌核心信息的整合

品牌核心信息最能反映一个企业品牌的价值。流畅的信息传递能让消费者明确、清晰地识别并记住品牌的利益点和个性。整合品牌核心信息不仅能体现、演绎品牌的核心价值，也能丰满、强化品牌的核心价值，因此它是企业实施品牌传播战略的中心，企业的一切营销传播活动都要围绕这个中心而展开。在实际操作过程中，由于企业的一举一动，一言一行都是在向消费者传播信息，同时消费者对于企业品牌的理解也来自于他们所接触到的各类信息的综合，这一切都在客观上要求企业运用多种传播方式将丰富的信息准确、系统地传达给消费者。特别是当买卖双方信息不对称时，卖方更加有责任将信息以统一的面貌传达出去，避免做到分散出击，让消费者感到无所适从。对于宜家来说，它对信息的整合主要是通过"家居文化"这一强势符码来实现的。其卖场布置、产品设计和服务理念无一不是对这一符码的信息传递。

(二) 重视对传播渠道和营销手段的整合与创新

宜家非常重视对营销手段的整合和创新。不管是独具个性的体验营销，还是深得消费者欢心的透明式营销，抑或带有鲜明宜家特色的一站式营销，在运作中都取得了非常好的效果。而其开创的产品目录渠道（它每一年都要在各地免费向顾客大量分发印制精美的目录册），也避免了和竞争者在大众传媒上的短兵相接。尽管这样做成本巨大，但其深入人心的品牌渗透效果却是其他手段所无可比拟的。

224

宜家之所以如此重视这些，是因为它已经认识到传播技术和媒体细分化，要求企业在做营销沟通时需要采用多种营销沟通工具与目标视听众发生联系。这客观上使得制定一个统一的沟通活动计划变得复杂起来，要把不同的营销沟通结合起来，对受众产生最大影响效果，同时又降低成本，就必须对营销沟通渠道和手段进行整合，以提高双向营销沟通的效力。另外，日趋激烈的竞争与市场主体向消费者重心的转移，使得企业不仅要对传播渠道和营销手段进行整合，还要求企业不断创新，以增强其抵御市场风险和分散市场风险的能力，在质上显示出优于现状的新行为，并将之用于生产经营，创造出独具个性的竞争优势。

(三) 创造持久性的品牌优势

一个企业的长期成功取决于持久的竞争优势。它可以在产品、服务、技术和市场方面具有领先竞争对手的优势，但要保持这种优势并不是容易的事情，因为这种优势会因竞争对手的模仿而减弱。企业要把优势持久地保持下去，就需要对其加以整合。品牌优势能否持久取决于两个方面：一是企业有能力以低成本将其保持下去；二是消费者愿意并乐于接受这些优势所带来的利益。因此要做到优势的持久化，企业必须将优势整合以防止资源的浪费，获得成本的最低化。另外，企业要树立这样一种观点，那就是创造顾客比开发产品更重要、消费者的"接受"价格比厂商的"指示"价格更能推进市场的发展，给消费者提供便利比营销渠道更让消费者满意。只有这样，才能真正创造持久性的整合优势。

问题：

1. 宜家品牌传播策略获得成功的最关键因素是什么？
2. 宜家目录册的成功对于邮购企业有些什么启示？
3. 如果你是一个家居卖场的负责人，如何与宜家进行竞争？

案例 26　绝对伏特加：创意无处不在，
广告成就精彩

考生角色

假设你是 Echo Wang 小姐，一位资深的广告策划人，有过许多成功的案例。现在你的客户来自王朝葡萄酒公司，该公司尽管在产品品质和企业实力上占据一定的优势，但在与强劲的对手，如张裕、长城等竞争的过程中，市场份额近几年来有所下降。现在客户要求对王朝品牌进行新的品牌重塑，以突出重围。并要求先期以大规模的广告宣传为主，提炼一个更为张扬和个性化的品牌标语，富有创意的广告信息增强品牌识别度，加强消费者印象。

在本案例中，你被任命为项目总负责人。现在你有一个月的时间，对葡萄酒市场进行全面的调研和分析，然后根据客户的要求撰写一份全面的广告策划案，并在会议上向客户进行陈述。

案例介绍

伏特加酒是一种地缘概念极强的产品，在人们的印象中只有俄罗斯生产的伏特加才是正宗的。在美国市场上，甚至许多本地生产的伏特加也冠上俄罗斯的名称。

当产自瑞典的绝对伏特加（Absolut Vodka）1978 年进入美国市场时，当地的代理公司 Carillon 投资 6.5 万美元，进行了一项专门的市场调查，最后分析家们得出了消极的结论：绝对失败。并建议 Carillon 放弃这种产品。因为在人们的印象中，优质的伏特加酒的产地是斯拉夫国家而不是北欧地区的瑞典。大多数接受调查访问的人们并不接受绝对伏特加的品牌名称，他们认为"绝对"太过噱头。对酒瓶的形状人们也不太喜欢它的怪异，认为太丑陋，甚至与药瓶相似；从实用性的角度，酒吧伙计认为它瓶颈太短，难以倒取。而且，绝对伏特加的商标文字是直接印在酒瓶上的，没有像其他品牌的酒那样贴上色彩丰富、花哨的贴纸，这一点，人们也不大接受。有人甚至认为，绝对牌透明的清玻璃酒瓶，像个隐形瓶一样，摆在酒柜上，人们一眼就看穿它，感觉不出它的存在。

然而 30 余年过去了，绝对伏特加不仅在激烈的市场竞争中存活下来，还创造了一系列市场奇迹，如今稳居世界第三大烈酒品牌的位置。

绝对伏特加的历史可以追溯到 1879 年，当时的瑞典实业家拉斯·奥尔松·史密斯（Lars Olsson Smith）采用一种新型酿酒工艺——蒸馏法，一改当时伏特加酿酒工艺粗糙的历史。通过多组蒸馏柱将整个酿酒工艺过程中出现的杂质（包括小麦渣滓、水中杂质等）去掉，使其酿出的酒圆润、纯净，并将其命名为"Absolut Rent Branvin"也意为"绝对纯净的伏特加酒"。而"纯净"一词也成为绝对伏特加所独有的品质卖点。绝对牌伏特加沿用并继续改进此工艺，将蒸馏次数提高到一百次以上，酒精经过多重循环去除所有不必要的杂质，从而始终保持其"纯净"品质。

"绝对牌"伏特加的成功得益于其出色的广告策略。它以产品为核心，用创意整合多种营销手段，凭借十几年来统一的广告创意和设计风格为品牌塑造了独特的形象，也塑造了品牌与众不同的个性。创意十足的广告战略和个性化的产品相得益彰，从而产生了"购买绝对牌，不是因为口味，是因为'绝对牌所说的话'"这样的奇特效果。"绝对"伏特加一直坚持在平面广告中采用以酒瓶为中心，以"Absolut"配合一个可以点明创意核心的单词为标题的"标准格式"，表现题材虽涉及城市特征、自然环境、服装设计、影片及明星、文化传统等方面的内容，却在丰富的设计构思中保持了惊人的一致性识别特征，这对消费者感知记忆品牌形象与个性都有很大的帮助。

资料来源：余明阳：《绝对伏特加：5 分钟的创意 15 年的绝对执行》，http://wcxy.zwu.edu.cn/adcas-es/classic/worldads，2011 年 1 月 8 日。

陈睿：《"绝对"伏特加，绝对创意营销》，《广告大观》（综合版），2007 年第 2 期，第 63~65 页。

案例分析

分析绝对伏特加的品牌历史，可以清晰地看到广告传播在其整个营销战略提纲挈领的作用。它以创意为核心与各种营销手段相互整合，提高了市场营销效率。在品牌沟通的各个层次——从产品到广告营销，创意始终是其品牌识别的组成部分，并被内炼为一种品牌文化。

绝对伏特加突破了一般酒品牌的营销模式，变推销产品为推销概念。以创意为桥，架设品牌与艺术、时尚之间的联系，通过连贯的广告创意战略使品牌获得"一种持久的外观上的时尚"，从而建立了专属于自己的品牌个性：绝对伏特加代表的不仅仅是伏特加，更是一种生活态度，是一种个性与品位。

一、绝对牌伏特加独特的产品策略

（一）经典的酒瓶设计

绝对伏特加的酒瓶的设计灵感源自瑞典一种古老药瓶，与大多数长颈宽肩的酒瓶不同，它颈短肩圆，所有标注品牌的文字信息用彩色粗字体直接印在全透明的玻璃酒瓶上。完全透明的酒瓶之中，醇正、净爽的绝对伏特加熠熠生辉，成为最纯粹、最唯美的装饰。剔除了奢华、繁缛，美反而被发挥到了极致。透明的酒瓶还传达出一种自信的品牌理念：因为对自己的酒质有信心，才敢放弃传统的纸质酒标，使消费者可以直接透过酒瓶感受绝对伏特加的酒质。个性化的包装设计成为绝对伏特加最具显象意义的标签，使其在终端货架上能够轻易地被识辨，节省了品牌认知教育成本。

（二）同一产地原则

绝对牌伏特加承诺其在全世界销售的每一瓶酒都产自瑞典南部小镇 Ahus（拉斯的出生地），其生产所需要的主要原料和酿酒用的水源也都来自当地。在产品已经覆盖到全球超过 130 个国家或地区的情景下，绝对牌伏特加仍然坚持其同一产地的产品策略，在原产地生产、包装，不在其他地方设立分厂，这使得消费者不管身处何方都能品尝到口感一致的绝对伏特加。同一产地原则虽然增加了分销成本，但对品质的精益求精则加深了消费者对绝对品牌的认同感。

通过对品质的不懈追求和个性化的包装设计，绝对伏特加向消费者传达了自己的核心品牌价值——纯净、简单和完美。在此基础上，绝对伏特加建立了区别于传统伏特加的消费者定位，绝对的消费者更年轻，更有个性和创新精神，他们追求时尚，重视品质胜于价格。

二、创意策略："绝对"的诞生与持续

（一）创意的诞生

TBWA 广告公司接受 Carillon 的委托，承担了为绝对伏特加进行广告推广的任务。他们决心冲破一般酒广告的传统模式，创造它的附加价值，用品牌名

227

称和酒瓶本身的独特来表现产品的质量和时尚，把绝对牌塑造成时兴的——人人都想喝的形象。在具体广告策略上，TBWA 提出应该坚持广告创意表现形式和概念上变与不变的辩证统一，在标准的广告格式下采用源源不断的创意来传达品牌价值。具体到品牌识别策略上，它所贯穿的理念是"酷"和"前卫"，但又不乏幽默和傲气。

（二）信息表达模式："绝对+?"

绝对伏特加早期平面广告的创意中心都是在不同背景下或视觉效果衬托下的怪状酒瓶的特写，下方加一行两个词的英文，是以"ABSOLUT"为首词，并以一个表示品质的词居次，如"完美"或"澄清"。从第一则平面广告"绝对完美"开始，绝对伏特加先后采用这种"标准格式"制作了 1000 多幅平面广告。

虽然广告"格式"不变，但表现手法总是千变万化，它将普通的酒瓶形象置于不断变化的、出人意料的背景之中，广告运用的主题多达 12 类之多——绝对的物品、城市、口味与文学、时事新闻等。与视觉关联的标题措辞与引发的奇想赋予了广告无穷的魅力和奥妙。在所有的广告中没有讲述任何产品的故事，因为它都被蚀刻在瓶子上了。广告的独特性准确地反映了该产品的独特性。把瓶子置于中心充当主角当然很可能吸引顾客，但更重要的是，与视觉关联的标题措辞与引发的奇想赋予了广告无穷的魅力和奥妙。

1. 绝对的产品——以酒瓶为特写

例如 TBWA 制作的第一则广告是在酒瓶上加个光环，下面的标题为"绝对的完美"。第二则广告则在瓶身加上一对翅膀，标题为"绝对的天堂"，没想到竟被《纽约时报》登在讣文版对面，令大家啼笑皆非。

2. 绝对的物品——将各种物品扭曲或修改成酒瓶状

例如某滑雪场的山坡，从山顶至山脚被滑出一个巨大的酒瓶状，标题为"绝对的山顶"，意味着酒的品质是绝顶的。

3. 绝对的城市

1987 年，绝对牌伏特加在加州热销。TBWA 小组制作了一座酒瓶状的泳池，标题为"绝对的洛杉矶"，以感谢加州对此酒的厚爱。没料到全美不少城市纷纷要求也来一张该城市的特写广告。于是就有"绝对的西雅图"、"绝对的迈阿密"等佳作。

4. 绝对的艺术

波普艺术大师 Andy Warhol 率先为绝对酒瓶作画，并制成广告，一夜之间为绝对牌塑造了一个全新的形象。随后与 Carillon 进口商签约作画的大小艺术家多达 300 余位。

5. 绝对的节目，绝对的惊人之举

为营造圣诞气氛，绝对牌的平面广告暗藏玄机，或塞一双手套、一条丝裤，或一块以四国语言贺节的晶片等。

6. 绝对的口味

除了以蓝色为标准色的纯伏特加外，绝对牌还有柑橘、辣椒等多种口味。BTWA 使出浑身解数，例如将一只橘皮扭成酒瓶状，标题为"绝对吸引人"。

（三）绝对创意，绝对认同

绝对牌广告策略的核心在于为产品创造一种外观上持久的时尚，聪明的创意者将所要传达的产品意念，与受众心目中具有重要地位的"名物"融为一体，不断散发出历史和文化的永恒魅力。

值得一提的是，TBWA 巴黎分公司曾推出的那组结合各地著名景观及文化风俗的"欧洲城市"系列广告，使绝对牌成为与城市环境和谐一体的美妙景观。如手表的内部有一酒瓶状的小零件——"绝对的日内瓦"；撒尿的小儿变成喷水柱的绝对牌酒瓶——"绝对的布鲁塞尔"；京剧脸谱上的白色酒瓶图案——"绝对的北京"，广告将所要传达的产品意念，与受众心目中具有重要地位的"名物"融为一体，不断散发出文化的永恒魅力。广告背后传达出对世界文化的差异性及对本地文化的充分认同，这也成为其品牌的核心竞争力之一。

（四）精雕细琢，绝对完美

在美国，烈酒广告主不能使用电视或电台媒介。为了让平面广告获得与电视广告同样震撼的效果，绝对伏特加聘请高水平的摄影师对广告的主角——独特的酒瓶作完美的摄影，以求"力透纸背"的纸上震撼！有时为达到理想的宣传效果，公司甚至可以不惜血本。比如为求效果真实，广告制作者在美国肯塔基州一块 15 公顷的土地上种上不同品种的庄稼，最后拼贴出绝对伏特加酒瓶的图案，庄稼成熟后由摄影师从飞机上进行航拍。

事实证明，融合在绝对伏特加广告宣传中"总是相同，却又总是不同"的创意哲学，产生杰出又持久的效果。1980 年，绝对牌在美国还是一个微不足道的品牌，每年销售不过 1.2 万箱，而现在已暴增至 300 万箱。目前它在美国市场上的占有率为 65%，名列第一，成为进口伏特加酒市场的领导品牌。消费者购买绝对牌而非别的，不是因为口味，是因为绝对牌所张扬的独特的品牌个性。

三、时尚与艺术的联姻

绝对伏特加意识到品牌要成功，就不能随波逐流，必须冲破一般酒广告的传统模式，只渲染产品本身的质量远远不够，必须创造它的附加价值。在坚持品牌概念一致的前提下，绝对伏特加不断地寻找与消费者新的沟通方式，分析其他可能有用的品牌联想。

（一）酒瓶与时尚环境的融合

首次真正意义上对传统的突破是取消酒瓶的照片展示，运用多种艺术表现手法并将其置入时尚环境中。1985年，波普艺术家安迪·沃霍尔主动要求为伏特加酒瓶画一幅画，因为他喜欢伏特加酒瓶的设计，觉得"任何一滴绝对伏特加都胜过夏奈尔香水的味道"。酒商欣然答应了。于是一幅只有黑色绝对伏特加酒瓶和"Absolut Vodka"字样的油画诞生了，并第一次作为广告创意在媒体上发表。广告一发布，销售骤然激增，在短短两年内，绝对伏特加就成为美国市场第一伏特加酒品牌。绝对伏特加公司看到了艺术价值与酒文化价值的互动效应，便将伏特加酒的传播定位为艺术家、影星、富豪、社会名流等群体，使它变成了一个时尚的、个性化的品牌。

（二）用时尚理念解构绝对品牌

除了艺术，绝对伏特加还将时尚引入营销战略，广告表现突破了瓶子的局限，将品牌标识系统的其他元素应用到创意中。它邀请到享有国际盛誉的时尚设计师为其创作主题作品，每个设计师从自己的角度对绝对伏特加的品牌理念进行解构。同时，绝对伏特加大胆起用非洲、亚洲等一些落后地区的年轻设计师，从2003年开始，每年推出一本以不同设计师的作品为主题的日历和各类主题商品。

绝对伏特加还力求传播环境的浓厚艺术时尚氛围，从而与其广告风格保持一致。在著名的《美国艺术》、*VOGUE*、《青年视觉》（国内）等艺术时尚杂志上，这些广告和其他印着艺术家作品的彩页混杂在一起，并刻意淡化广告痕迹，有时让人很难区分哪些是艺术品，哪些是广告。通过糅合时尚元素，绝对伏特加广告悄然跨越或模糊了广告与艺术的界限，树立起一个高雅、智慧、自信、神秘的品牌形象，并且创造了一种全新的广告模式。通过颠覆性的艺术和时尚注解，绝对伏特加宣告自己不只是一瓶酒，而是代表了一种生活态度和生活方式。

四、大胆借势，巧妙传名

信息爆炸的时代使得注意力成为一种稀缺资源，创意本身所带来的新鲜和大胆本身就成为极具营销价值的财富。绝对伏特加充分利用了自己的创意资源，凭借精彩的创意来制造流行话题，吸引公众注意力，从而将整个广告制作过程演变成一个聚焦舆论的事件营销。

（一）话题营销带来口碑传播

绝对伏特加在瑞典离北极圈 200 公里处用冰雪建成了一座旅馆，它的入口形状是一个绝对伏特加酒瓶。1997 年时装设计大师范思哲在这个冰雪旅馆里上演过一场 Absolut 时装秀。这场时装秀催生了八幅震撼人心的照片，其中最著名的一张是名模 Naomi Campbell 镶入一个高 2.4 米的 Absolut 酒瓶里，而这个酒瓶是用一块重 3 吨的大冰块雕刻出来的。这次活动吸引了全球各大媒体的关注，活动照片被媒体大量转载。

再如，TBWA 请大地艺术家 Stan Herd 花了将近一年的时间，在美国堪萨斯州的一块 30 英亩的土地上，种植小麦、玉米、大豆、苜蓿、燕麦 5 种不同颜色与高度的植物，在这片土地上形成 Absolut 的酒瓶形状。

惊人的创意以及对时尚话语权的掌控提高了绝对伏特加的市场营销效率，其广告创意的执行过程往往会吸引媒体的高度关注，从而为品牌增加免费的曝光度，广告的效果也被数倍放大。

（二）创新营销手法吸引忠实受众

为了给消费者以新鲜感，公司特别把一贯简单的制作手段与不同常规的艺术手法相结合，这种战略造就了它不拘一格的品牌形象。不仅广告画面，就连他们运用广告中介的方法本身也宣传了其识别。节日的促销活动总是给人们意外的惊喜，有一则广告是利用一块微型晶片用多种语言发出节日问候，而一个叫做"绝对温暖"的促销活动，其中包括了由唐纳·卡兰的时髦休闲服品牌 DKNY 与 Absolut 共同命名的黑色羊毛手套。

除了创意十足的促销产品，绝对伏特加还借助一系列与品牌名称有关的非主流的文化事件来进行促销，如"Absolut 协奏曲"系列的新古典作品、"Absolut Abso 骑士"故事写作竞赛，以及在纽约的美国民俗艺术馆举行的展览，在纽约林肯中心举办 Absolut Concert 音乐会、将服装设计师为 Absolut 设计的服装举办发表会，并将雕塑艺术家 Carole Feuerman 所设计的真人大小的一对男女模特儿饮用 Absolut 的作品，放在货车透明车厢中做流动广告。

从 2003 年开始，绝对伏特加对其网站进行改版，将网站作为其体验营销的平台与消费者进行互动。绝对伏特加还邀请知名 DJ 和作曲家为其创作主题音乐，并在绝对伏特加的主要销售终端（酒吧、各种主题俱乐部）播放这些音乐。与音乐的结合丰富了绝对伏特加的感觉体系，从视觉到听觉，绝对伏特加构建了一个立体化的品牌标识系统。

五、广告活动的效果

1986 年，绝对牌实现销售水平接近 Stolichnaya（另一个在美国销售的俄罗斯伏特加品牌）的水平。到 1992 年，绝对牌占有美国 430 万箱进口伏特加总量的 62%。如今在美国任何地区，绝对牌位居进口烈酒销量之首。尽管在过去的 15 年里，其他饮品的销量下滑了 40%，进口伏特加酒却增长了 10 倍，这主要得益于背后绝对牌的支撑。此后不断有新的品牌进入美国市场，它们大多数也来自北欧，而且它们和绝对伏特加一起占据了 70% 的市场份额，创下了 60 亿美元的零售额。不管市场竞争如何激烈，绝对牌的增长没有衰减的迹象。

更重要的是 15 年的广告积累，培养了一大批绝对牌的忠诚者，当然首先是指其产品的忠诚者。同时，也出现了一批迷恋与收藏绝对牌广告的忠诚者，这多少有些不可思议。他们对绝对牌的迷恋到了如痴如醉的地步——图书馆员要防着有人撕走杂志中绝对牌的新广告，甚至在纽约有一位报摊的老板将新进杂志的绝对牌广告小心割下，再另行单张出售，一书两卖。1996 年底，由 Ricklard W. Lewis 著作的《ABSOLUT BOOK——绝对牌伏特加平面广告的故事》一书正式出版，虽定价高达 60 美元，却也瞬间造成争相抢购的热潮。

六、绝对伏特加广告传播的启示

绝对牌能有今天的业绩，主要归功于 Carillon 与 TBWA 的密切合作，双方都为创意发展付出精力。Carillon 愿意扩大竞争并为品牌长期发展投资，而 Michel Roux 独到的眼光和睿智功不可没。而 TBWA 的广告宣传攻势则是成功的关键，创意人员独辟蹊径，一反传统烈酒使用硬汉、美女为广告诉求形象的套路，创造性地将平庸的酒瓶本身作为创意表现的出发点，在酒瓶的变幻上巧做文章。这种独特的创意表现策略一经推广立即受到不同地区、不同阶层人们的喜爱。事实上，绝对牌顶尖的广告创意尽管诞生得有些偶然，但它本身就具备了很多成功的必然因素。

（一）广告主题的接近性

绝对伏特加酒的创意表现分别以社会事件、自然景观、古典绘画、想象空间、现代建筑和欧洲城市等不同主题陆续推出。这些主题不仅贴近社会生活，有很高的文化品位，提升了产品的附加值和市场品味，而且能够满足消费者的大众心理需求，将广告的宣传推销意念融入现实生活之中，引发人们的关注，使人们感到亲切自然。

（二）广告创意的突破

绝对牌的市场调查结果并不让人乐观，相反，分析家们基于调查结果得出了让人沮丧的结论。但 TBWA 的创意人员最终冲破了这些束缚，并在创意表现方面敢于突破酒类广告传统的思维模式，采用了独特的创意理念。我们可以看到，绝对伏特加广告作品的创意表现都有一种谜语般的意趣，似乎在和大众玩一种猜谜游戏。对于绝对牌的广告人们无法一眼就看得明白，要解读绝对牌的广告人必须通过认真观察广告画面才能做到准确。这使广告具有了一种神秘的特性，大大增添了广告的文化意蕴和审美内涵，提升了广告作品的吸引力和感染力。

（三）系列化广告宣传的持久性

20 年来，TBWA 始终坚持绝对伏特加酒同一主题和统一表现模式的广告策略，共设计制作了 500 余幅独具个性的广告作品。而其风格却从未有过变化，这为绝对牌的广告形成了极富文化内涵的规模化广告攻势。而即便是这样强大的广告攻势却丝毫也没有背离最初诞生这一系列广告活动的大创意，变化的只是这个大创意被不断地丰富和深化。在 20 余年的时间里，TBWA 的创意人员不停地从新的视角来图解酒瓶形象，使它融入更多的文化内涵和审美底蕴，这种不断变化的策略推进使绝对牌的品牌个性显得更加清晰动人。另外，这样的变化既保持了广告的活力，又使宣传形成了前后一贯的整体优势。持续不断的宣传对人们构成了强大的冲击，让人们对"绝对"产生良好的印象和亲切的信任，而这样的印象和信任对销售的作用，绝对牌在美国的业绩已经给予了最有力的说明。

此外，绝对伏特加的广告在制作上是十分精细的，许多画面场景都是通过极为精致的模型合成拍摄的，给人尽可能真实的视觉感受。即使是很多看似十分简单的画面，也充分体现了创作人员在画面布局和视觉感受兴趣中心等安排上的高超技巧。

绝对伏特加的成功来自绝对的创意策略的成功，这一点已经被全球企业界和广告界普遍认同。绝对的成功也充分体现了广告创意的巨大威力和魅力，证明了创新思维在广告创意中的重要性，展示了广告创意在塑造成功的品牌形象，沟通和征服消费者方面不可替代的作用。

问题：

1. 谈谈绝对牌伏特加广告策略最成功的地方。
2. 绝对牌伏特加对国内白酒品牌的广告传播有何启示？
3. 以五粮液为例，分析其在品牌传播中的得失。

233

案例 27　联想：人类失去联想，世界将会怎样①

考生角色

在本案例中，你是联想公司的品牌公关经理，你需要起草两份联想的品牌公关传播策划书。

第一份策划书目的是回应公众对联想集团花费天价巨资更改品牌标志是否值得的质疑，消除公众对联想集团如何应对收购 IBM 之后的整合挑战和如何在国际市场上协调这两个品牌共同发展等方面的疑惑。这份策划书将在一场媒体沟通会上发布。请注意发掘本次媒体沟通会的新闻点以及邀请哪些媒体与会。

第二份策划书是为后奥运时代的联想品牌的公关传播提供一份规划蓝图，以打破联想集团在 2008 年北京奥运会之后的品牌公关传播瓶颈。这份品牌公关传播策划书要求能够提升联想品牌的国际化形象，增强公众对联想品牌的好感，具有较强的新闻性。

案例介绍

任何本土品牌在发展到一定阶段以后都面临着品牌的国际化的问题。成立于 1984 年的联想集团在经历了近 20 年的持续快速发展之后，也面临着品牌的国际化问题。在进军国际市场的征途中，联想集团公司进行了方方面面的筹划和积累，并付诸实践。从品牌公关传播的角度来看，有 3 个事件至关重要。

一、从 Legend 到 Lenovo

2001 年开始，联想的发展目标中首次明确了品牌的国际化战略。要想实现国际化，就必须拥有一个国际通行、易于辨认又能体现产业特性的品牌标识系统。联想沿用了 18 年的 Legend 品牌标识尽管积累了深厚的品牌价值，但是也面临着其"Legend"作为一个英文单词在很多国家已经被抢先注册的尴尬。为了更好地将品牌推向世界舞台，并借此对整个集团公司的品牌架构进行战略规

① 本案例根据"蓝色光标公关顾问机构"的"让世界一起联想"策划案改编。

划，联想决定更换其全球的品牌标识系统，将 Legend 更换为 Lenovo。新标识的 "Le" 代表与原有的品牌标识和联想的一脉相承的关系，"novo" 则是根据拉丁词根创造出来的一个新的后缀，表示 "新"，代表联想集团在高科技行业内的创新精神。

图 5-1　联想新旧 LOGO 对比

　　然而，一个蓬勃发展的企业要更换使用了 18 年的企业标识并不是一件简单的事情。如何有效地向公众传达更换标志的意义，争取公众的理解，是摆在联想面前的一个紧迫课题。为此，联想采取了如下步骤：

　　（1）2002 年 5 月，联想成立了以杨元庆为组长的品牌切换小组，通过对包括联想老员工、原副总裁在内的数千联想员工的访谈，征询联想人自己对品牌精神的感知。

　　（2）联想委托国际知名品牌管理顾问公司，针对品牌议题进行了长达两年的深入调研，走访了 2800 名消费者，700 多位企业客户，并在海外进行了 5 个国家的 6 场访谈。

　　（3）利用品牌公关传播机构，研究借鉴历史上其他知名品牌更换商标的案例，研读联想品牌的历史。

　　（4）通过专业的调查公司，研究消费者对品牌更换标识后对此品牌的重新认知过程和主要认知途径。

　　在外部公关咨询公司的介入下，联想制定了本次品牌公关传播的目标：使受众充分理解联想此举的意义，并避免传播中可能的各种舆论风险；向公众准确诠释联想品牌的特性和内涵，在业界树立联想鲜明的品牌形象；形成 "换标事件" 持久的影响力，以渐进的方式使联想的品牌精神深入人心，以期产生持久的经济效益和社会效益。鉴于目前联想主要的运作和营业收入仍集中于国内市场，联想将此次品牌沟通传播的目标公众界定为国内消费者、联想的经销商、代理商、投资者、媒体和有关政府机构。

　　2003 年伊始，联想集团开始了它的更换标识运动。4 月 28 日，借助网络媒体发布新标识，同时发布首批带有 Lenovo 标识的手机产品。7 月 31 日开始，借联想 2003 年科技巡展之机，深入宣传联想 "创新科技，畅想未来" 的理念。10 月 15 日，利用 "神舟五号" 发射成功的契机，再次普及联想的创新理念。

10 月 18 日，启动品牌沟通日活动，联想高层与北京各大媒体进行面对面互动，阐释新标识的内涵，宣传联想新的品牌战略。

为期半年的联想新标识品牌公关传播活动取得了明显的成效，使联想品牌的曝光率比 2002 年同期增加了 20% 左右，成为名副其实的联想品牌年。据统计，联想的本次品牌公关传播活动获得了 1000 多篇的平面媒体报道，20 多个城市的电视报道。在消费者调查中，新标识了解度达 83%，认同度 91%，未来购买意向 62%。

二、借奥运东风，吹响进军国际市场的号角

在解决了全球注册商标的问题之后，联想亟须一个能够在全球范围内展示品牌形象，建立美誉度的国际推广平台。2008 年北京奥运会就是这样一个适逢其时的推广平台。因其对资质条件的苛刻要求，奥运会顶级赞助商（奥运 TOP 计划）已成为实力和信誉的代名词，也是许多致力于建立国际声誉的品牌所梦寐以求的荣耀之旅。早在 2000 年悉尼奥运会结束后，IBM 退出奥运会 TOP 计划之时，联想就有了这方面的长远规划。

2003 年的市场调查显示，国内公众对于联想国际化品牌的认知度普遍较高，但联想品牌在高端消费者中的美誉度有所欠缺；在国外市场，消费者对于联想国际品牌的认知较为有限。因此，联想品牌国际化战略的主要挑战在于突破公众和业界的认知门槛，奥运会 TOP 计划就成为接下来努力的目标。

然而，获得国际奥委会委员、中国政府官员、新闻媒体、合作伙伴、普通百姓在内的众多公众的认可并非易事。为此，联想的本次品牌公关传播活动主要以向国内外公众普及"联想赞助奥运会"、"联想是国际化品牌"等信息为目标。

经过长达数年的分析、论证和谈判，2004 年 2 月 24 日，联想在北京举行了"联想赞助奥运会签约对外信息沟通会"，首次披露相关信息。3 月 26 日，联想在北京正式启动了"联想赞助奥运会签约仪式"，成为奥运 TOP 计划之一。

接下来的 4 年时间里，围绕着赞助奥运会，联想采取了一系列品牌公关传播策略。它们包括：

（1）确定信息传播的基调。通过与联想内部管理层、普通员工、品牌推广专家等交流，确定将本次事件的传播基调上升为国家民族的高度，增强民族自豪感，获取公众和员工对世界顶尖品牌的认同感，从而使联想品牌成为中国顶尖本土品牌进军国际市场的代表。

（2）在信息确定公布之前，将保密工作做到位，预防传言和不利舆论，直接用重大新闻引爆媒体的曝光率。

（3）利用政府官员进行品牌公关传播活动。成功邀请北京市市委书记刘淇、国家奥组委官员等政府高层领导出席联想的发布会，并做主题发言，既巩固了联想与政府的关系，又获得了公众和媒体的关注。

（4）针对不同的媒体，采取不同的沟通策略。既兼顾全国媒体的分布，又重点沟通若干主流媒体。

（5）持续长久的后继传播，用足用好奥运平台。其一，2005年5月，联想利用签约赞助奥运会后第一次推出新产品之机，精心凝练了"联想笔记本具有国际化的品质"这一核心信息，以"讲故事"的方式向公众讲述联想笔记本电脑经历的苛刻测试和在极端环境下工作如常的故事。这种情感诉求策略收到了良好的传播效果，使消费者接受并认同了联想品牌的奥运品质。其二，联想精心策划"奥运采购季"大型促销活动，在销售终端发力，其卖场的促销口号——"奥运选择联想，你呢"——极具冲击力和说服力。其三，借杨元庆担任奥运火炬手这一公众事件，传递品牌在高新技术产业中的地位和影响力。

奥运会第一次来到中国，在全世界的目光都投向北京的时候，联想获得了前所未有的关注。在无数媒体的见证下，联想一跃成为国际顶尖品牌的俱乐部成员。

整个奥运会期间，联想租下了鸟巢的6个包厢，接待了500多位各国贵宾。包括数位来自英美等国的前政要，来自世界500强的52位领导人以及更多全球各行业领导企业高层，如微软、IBM、英特尔、思科、宝马、大众、汇丰银行、WPP集团、路透社、拜耳、电讯盈科等；在文化体育界，联想邀请了F1威廉姆斯车队首席运营官、NBA主席等一批具有广泛国际影响力的知名人士。这些政要、企业高层领导和文化体育界名人不仅亲自见证了联想的实力，也成为联想品牌传播的"意见领袖"。

联想牵手奥运被评选为2004年的年度十大体育新闻之一。全国其他各主流媒体的报道高达1000多次，覆盖了从中央到地方、从专业媒体到大众媒体的各个层面，获得了中国政府官员和大众的一致认可。

三、收购IBM的全球PC业务

鉴于很多大型的品牌购并案最终失利的前车之鉴，联想对IBM的PC业务的收购也小心翼翼。前期开展的民意测验表明，公众对联想品牌国际化的认知有所提高，但较高层次的人群普遍认为联想品牌产品中缺乏相应体系的产品支持。如何发掘和传播与联想的国际化品牌形象相符的产品信息，成为当时的一个紧迫命题。IBM恰是能够填补联想国际化高端产品的理想选择。

"中国企业收购国际巨头业务"虽然具有大的新闻价值，但也可能带来很高的舆论风险。为此，联想将本次品牌公关传播的目标确定为：

（1）打通"联想换标"、"联想签约奥运"和"联想收购 IBM 全球 PC 业务"之间的联系，借助前两者的影响力，增强后者的新闻效应和传播效果。

（2）面向国内外的大众和业界，重点传播并购案的意义，并购后的整合进程，使其充分感知联想的实力，强化联想国际化品牌的内涵，控制负面信息的传播。

（3）让公众感知"联想未来的发展战略是国际化"这一宏伟蓝图。

（4）针对并购案中出现的问题，采取积极主动、及时、真实的沟通手段和原则，确保公众能够在第一时间知道信息，防止谣言和小道消息的散播。

2004 年 12 月 8 日，以"强强联手，共赢未来"为主题的联想收购 IBM 的全球 PC 业务的新闻发布会在北京举行。由于之前长达一年多的谈判工作一直处于保密状态，这一事件直接引爆了国内外的众多主流媒体。为了能够影响最大范围的公众，此次发布会不仅邀请了国内外的主流知名媒体，同时还利用了联想遍及全国的 18 个分区的庞大的宣传体系，使这一消息迅速传遍大江南北。

2005 年 1 月，美国政府以涉嫌国家安全为由，宣布对此次交易进行审查。联想采取了有理、有利、有节的积极应对策略，组成了以董事长杨元庆为首的新闻发言团队，及时通过媒体与公众沟通。2005 年 2 月，联想在北京举办"联想中国策略媒体沟通会"，向媒体传达联想并购后的整合策略和进程，针对不利言论，通过有力数据、实例和策略展示，向意见领袖和媒体传达出联想对国际化整合的信心。随后，联想宣布引入全球三大投资者，消除公众对联想财务方面的忧虑，并针对这一事件，推出系列文章，巩固公众信心。3 月初，由杨元庆和前 IBM 高级副总裁沃德签名的致 Thinkpad 用户的公开信，表达了对交易能够通过审查的信心。3 月 9 日，联想正式宣布，收购交易获得美国政府的批准。5 月 1 日，联想再次宣布，顺利完成了对 IBM 的 PC 业务的全部收购交易。

2005 年 5 月，海南博鳌举办的"联想首届中国合作伙伴大会"上，联想向媒体和合作伙伴披露了收购后的整合策略和进程，消除公众疑虑，增强信心。2005 年 8 月，联想在北京举办了"2005 财年 Q1 业绩发布媒体沟通会"，将联想第一财季盈利的信息传达给公众，这意味着联想的整合已经取得初步成功，真正迈向了国际化品牌的大道。

收购完成后，面对公众的种种疑问——在国际市场上，收购后联想的核心竞争力是什么；联想如何平衡两个品牌在市场、业务、技术、资源等各个层面的协作和竞争等问题，联想品牌公关传播的重点开始向"建立公众对联想未来发展的信心"转移。

通过深入的调查与分析，联想首先重新定义了自己的身份：今天的联想已经是位列 500 强的全球第三大 PC 生产商，其一言一行都应该代表国际化企业的风范。在此基础上，联想针对不同的目标人群，分别制定了以创新为核心，以授业（针对合作伙伴）、解惑（针对客户）、布道（针对精英公众）为诉求的信息架构，展现新联想的国际化品牌形象。

联想的并购活动持续了大半年的时间，在这段时期内，《人民日报》、《光明日报》等全国最具影响力的媒体均对此进行了持续关注和报道，甚至还上了部分媒体的头版头条。截至 2005 年 9 月中旬的统计表明，全国范围内共收集到平面媒体报道 5000 多例，网络媒体的转载量更是多达上万条，很多网络媒体给予专题跟踪深度报道，效果十分显著。

资料来源：根据"蓝色光标公关顾问机构"的"让世界一起联想"策划案改编。

案例分析

品牌公关传播是品牌建设的重要步骤之一。公共关系着力于建立和维护组织和外部利益相关公众的互惠互利关系，而这种关系对组织常常是生死攸关的。在当前信息过度超载的传播环境中，公关传播以其独有的魅力和特点成为独具优势的一种品牌建设手段。尽管品牌公关传播对于组织和品牌具有重大意义，但当前的品牌公关传播也存在许多亟须改进的误区。下面我们就以联想的品牌公关传播为契机，分析一下这五个方面的问题。

239

一、什么是公共关系

公关是公共关系的简称，其英文来源是 Public Relations，在我国港、澳地区也译为公众关系。公共关系一词最早出现于 1897 年美国铁路协会平息工人们的罢工活动中，将当时流行的武力镇压引向了和平沟通的轨道上来。20 世纪初，在被称为"现代公共关系之父"的艾维·莱德拜特·李及其他早期公共关系开拓者的努力下，公共关系逐渐成为一种专门的职业。20 世纪 80 年代末，公共关系在中国内地的上海、深圳、广州等地进行了最初的实践尝试。

格伦·布鲁姆等人认为：[①] 公共关系是这样一种管理功能，它建立并维护一个组织和决定其成败的各类公众之间的互利互惠关系。具体内容包括以下九个方面：

① ［美］格伦·布鲁姆等：《有效的公共关系》（第八版），明安香译，华夏出版社，2002 年，第 7~8 页。

（1）实施一项有计划的而且持之以恒的方案作为一个组织进行管理的组成部分。

（2）处理组织与各类公众之间的相互关系。

（3）监测组织内部和外部的意识、意见、态度和行为。

（4）分析政策、程序和行动对公众的影响。

（5）调整那些被发现与公众利益和组织生存有冲突的政策、程序和行动。

（6）在确立组织及其公众互惠互利的新政策、新程序和新行动上向管理层提供咨询。

（7）建立和维护这个组织与各类公众之间的双向传播。

（8）在组织的内部和外部激发起意识、意见、态度和行为的具体变革。

（9）在组织和其各类公众之间形成新的相互关系，并且/或者维护相互关系。

二、品牌公关传播的特征

品牌公关传播是指组织或个人为建立和维护品牌与利益相关公众之间的互惠互利关系而利用公共关系这一管理职能所进行的信息沟通与传播行为。

这一概念表明品牌公关传播包括如下内容：品牌公关传播的主体是组织或个人；品牌公关传播的目的在于建立和维护品牌与利益相关公众之间的互惠互利关系；品牌公关传播所利用的手段是公共关系这一管理职能；在本质上是一种信息沟通和传播行为，必然会运用到人际、群体、组织、大众等各种不同的媒介。

品牌公关传播的主要特征包括五个方面。

（1）以品牌为核心。品牌公关传播的核心内容不是以产品或价格为核心的，而是以品牌为核心的。也就是说，品牌公关传播的内容主要是品牌和企业的形象，而不是促进产品当前的直接销售。

（2）以公共关系为纽带。这是品牌公关传播区别于广告策略的主要特征。同样是利用媒体进行广泛的宣传和报道，广告是以"付费"的形式购买的，而品牌公共传播是依靠自身信息所包含的价值，如新奇性、重要性等来吸引媒体和公众的广泛关注。

（3）战略规划性。既然品牌公关传播以品牌为最终旨归，就意味着它必须具有战略规划性，有前瞻性，能够作为一项长远的战略执行下去。正是这个原因，品牌公关传播的活动常常由公司的最高领导亲自督导实施。短视行为、临时的应急措施、不断变动的品牌公关传播方向无异于自毁品牌建设的长城。

（4）情感性。品牌公关传播的对象是利益相关的公众，不以产品销售为直接目的，而是以建立对品牌信任感、好感度、忠诚度或以扩大知名度、树立品牌形象为目的。这就决定了它的情感属性。区别于销售的物质属性，情感性的沟通传播更容易建立信任感、突破心理防御机制，也使品牌与公众之间的关系更久远，更牢固。

（5）真实性。与博一时名声不同，品牌公关传播要为品牌长远的发展服务，这决定了不能以一时的恶意炒作、哗众取宠等行为取得短期的高知名度。准确无误地、坦诚地与公众沟通是组织进行品牌建设的最起码的要求，也日益为近些年来的正反面案例所证实。

三、品牌公关传播的意义和作用

2004 年，中国大陆翻译出版的一本名为《公关第一，广告第二》的书搅动了整个营销学界和业界。它是由国际著名的战略营销专家阿尔·里斯——他曾是 20 世纪 70 年代名噪一时的定位理论提出者之一——和他的女儿共同完成的。本书全面宣告了广告效果的式微和公关传播的崛起，尽管本书不过是再一次证明了国际营销大师的营销技巧，并没有正确地预言未来公关与广告的此消彼长，但是他们对于公关传播的价值和意义还是非常有见地的。

事实上，品牌公关传播的意义远不是"公关比广告更重要"那么简单，它有自己独特的价值和意义。

首先，在当前这个过多冗余垃圾信息竞争消费者眼球的注意力时代，公众每天接触到的信息已经远远产出了其信息处理能力。对于那些非自愿接收、无法引起公众注意的信息，公众常常是视而不见的。品牌公关传播不是依靠狂轰滥炸式的强迫接收为前提的，它是以公众自愿关注、乐意接收、欣然接受为前提的，因此更容易从信息的汪洋大海中脱颖而出，抓住公众注意力，留住他们的心。

其次，品牌公关传播更加可信。公众自愿、信息真实、专注情感是可信奏效的三个关键因素。广告因为是付费购买的宣传方式，常常受到人们的质疑。

再次，品牌公关传播是基于公布的信息本身的价值而吸引公众和媒体的关注的，因此，它只需要支付公关人员的薪水、场地费、材料费等必需的运营成本，基本不会为媒体的报道而付费，费用更低。

最后，品牌公关传播主要展示的是品牌信息，没有促进销售的急功近利，更容易建立负责任的、可信赖的大品牌形象，保持长久的生命力和抗风险能力。

四、品牌公关传播的误区

当前品牌公关传播的一些误区，不仅引起了公众的误解，也引起了一些从业人员对职业生涯的追求和对自身价值的定位，并最终影响到品牌公关传播的效果。这些误区包括：

（1）将品牌公关传播当做一种可有可无的点缀，不重视其价值和效果，更没有将其当做一项管理职能，而是认为品牌公关传播是一种操作技巧，否认其专业性。

（2）品牌公关传播过程中有意无意夸大正面信息，否定或遮掩负面信息，没有采取真实坦率的态度，愚弄大众。在品牌产生危机的时候，更是如此。无数事实已经证明，这种做法可能会一时得逞，最终是搬起石头砸自己的脚。

（3）急功近利的心态。没有认识到品牌公关传播实践是一项长期的战略行为。这种心态的表现：追求公众参与的人数，而不管这些公众是不是自己的沟通传播对象；追求媒体报道的数量，而不顾媒体报道的质量；追求产品的销售量，而忽略了品牌的建设；追求一时一地的轰动，而放弃了长久的发展。

（4）将品牌公关传播庸俗化。认为品牌公关传播就是拉关系、走后门，就是变相的商业行贿。更有甚者将品牌公关传播定义为帅哥靓女的形象代言。

五、联想对品牌公关传播的创新

总的来看，联想通过以上三个关键事件以及在奥运会上的完美表现实现了从本土品牌向国际品牌的华丽转身。联想品牌国际化道路上的品牌公关传播给我们诸多启迪。首先，联想将品牌公关传播的三件事情策划成一系列环环相扣的连续事件，围绕着同一个主题，做足工夫，将公关事件的影响力保持在一个相当长的时期内，最大化品牌公关传播的效果。其次，联想的品牌公关传播过程中，特别注重公关事件本身的重大新闻价值。这值得每一个品牌公关传播者认真研究。再次，联想的品牌公关传播的每一个关键步骤，都由组织的最高领导亲自督战或亲自挂帅，这体现了组织领导对品牌公关传播的重视，能够最大限度地调动员工的积极性，获得公众的信任和理解。又次，联想在品牌公关传播过程中，注重引入外部公关传播公司，借助外来的专业智慧。最后，联想品牌公关传播过程中，对政府官员、企业员工等人群的公关传播行为也可圈可点。

问题：

1. 选择一两个联想集团在"后奥运时代"的品牌公关传播行为进行点评。
2. 举例说明当前品牌公关传播的几个误区。
3. 品牌公关传播和广告行为能否截然分开？为什么？

案例 28　星巴克：创造咖啡宗教

考生角色

在本案例中，需要考生尝试两种截然不同的角色。

第一种是受雇于星巴克的"神秘顾客"。你的任务是：自主选择一个时间到指定的一家星巴克咖啡馆进行体验消费。在消费过程中，你需要对整个门店的设计风格、室内装修风格、音乐、气味、灯光（如果是晚上的话）、沙发桌椅、陈列的报纸杂志、整体氛围、员工的专业知识水平、服务态度、衣着打扮、谈吐举止、点单速度等各方面进行仔细的观察和体验，并就此给你的雇主写一篇体验报告。在报告中，请你对这次消费体验进行评价，并提出至少 6 条改进品牌销售传播的建议和对策。在消费过程中，记得不要暴露了"神秘顾客"的身份。

第二种角色是受雇于星巴克连锁店的咖啡生。在为顾客提供咖啡的过程中，你被一名不小心的顾客撞到，将热咖啡洒在了另一位顾客的身上，轻微烫伤了顾客，并弄脏了顾客昂贵的衣服，因此引来了这位顾客的不满。请你写一份处理方案，既能妥善处理此事，又能为星巴克树立良好的口碑。

案例介绍

"我不在家，就在咖啡馆；不在咖啡馆，就在去咖啡馆的路上"，来自麦斯威尔咖啡这句广告语就好像是专门为星巴克咖啡创造的一样。在每一个春风拂面的上午，在每一个暖暖的午后，或者在每一个灯火阑珊的晚上，你都能看见星巴克咖啡馆的门口晃动着来来往往的精致的男男女女，如同邀约了一般，一年四季，风雨无阻。这不就是如宗教般的虔诚的"晨祈"与"晚祷"吗？

雅斯培·昆德在《公司精神》一书中，首次对星巴克连锁品牌使用了"咖啡宗教"一词，用以指代星巴克咖啡所创造的那种群体消费忠诚。星巴克咖啡的消费群体是由一群在生活方式、品味情调、社会地位和阶层、消费习惯、文化水平、年龄结构和支付能力等方面大体相似的一群人组成的。这个群体有时候也被媒体解读为中国大陆中产阶级中有小资情调的一群人。

星巴克咖啡获得宗教般的消费忠诚，得益于在品牌发展过程中所坚持的六项基本理念，或曰"教义"：提供优良的工作环境并相互尊重；多元化策略；

高标准采购、烘焙并提供最优质的咖啡产品；热情服务满足顾客需求；重视社区建设和环境保护，树立负责任的品牌形象；用利润回报投资方、股票持有人等利益相关者。基于六项教义，散布世界各地的星巴克咖啡馆实际上已经变成了"咖啡宗教"的"教堂"。

宗教的传播历来都是口耳相传的，即使在大众传媒如此发达的今天，宗教最主要、最有效的发展教会的方式依然是人际传播，咖啡宗教自然也不例外。自诞生之日起，星巴克咖啡从未在大众媒体上支出过宣传推广费。星巴克的品牌传播主要是销售传播和口碑传播。

一、店面

消费者对品牌销售传播最直观的感知就是店面，星巴克公司的格言就是"我们的门店就是最好的广告"。没有铺天盖地、排山倒海的广告宣传，不代表星巴克不懂得或没有进行营销活动。星巴克咖啡的销售现场（店面）就是一个活生生的巨型广告媒介。经过深思熟虑、慎重选择，星巴克咖啡连锁店都坐落在城市的繁华商业圈内，既诠释了品牌的内涵，也符合其消费群体的生活方式。

星巴克咖啡店的店面都有自己的设计风格，由公司专门的设计人员根据其所在位置、建筑物结构和地域景观特色等因素设计而成。这些门面在全球各个市场传达星巴克品牌的统一形象的同时，也呈现出多姿多彩的个性风格，彰显了星巴克对个性的尊重、对环保理念的拥护和对当地文化风俗的尊重。在上海，星巴克城隍庙分店的外观设计像一座庙宇，黄埔江边的滨江分店则像一座玻璃宫殿。

不仅如此，消费者还能够从星巴克咖啡店内的物理环境感受品牌的魅力。个性化的室内装潢设计、灯光的色调和色系、舒缓的音乐、随意组合的空间布局、产品器皿的造型、窗户与阳台的布置、轻松自在的氛围等，无不彰显星巴克独特的品牌文化内涵。

二、产品

质量不好的商品，广告做得越多，消亡得越快。对于口碑传播而言，同样如此。星巴克咖啡本身也在推销自己，特别在吸引消费者重复持续消费方面。1971 年创始以来，星巴克咖啡一直倡导咖啡体验消费，让消费者的消费体验成为再次消费的原动力。作为世界一流的咖啡产品供应者，星巴克咖啡在产品品质、工艺、创新和组合等方面均走在行业前沿。

星巴克咖啡对产品品质的严格保证能够从其经营方式中一窥端倪。它坚持走直营店模式，在全世界都拒绝加盟店，因为它认为加盟商是投资者，不会经营品牌，只会榨取品牌的价值。直营店模式能够保证星巴克咖啡从原料的采购到制作工艺的执行、从成品的传递到废料的处理都能够完全符合母公司的严格要求，避免了加盟店的爆炸性增长容易产生的对产品品质的负面影响。

三、员工

星巴克的员工承担者品牌的销售传播和口碑传播的双重责任。他们的气质、服务态度、对产品信息的掌握、肢体语言、服饰等都在传达品牌对消费者的理解。从某种程度上讲，他们是咖啡宗教的"牧师"，负责向消费者传达"教义"。因此，星巴克对员工的筛选和培训相当严格。

星巴克在挑选员工的时候，特别注重员工对企业文化和品牌理念的认同，其公司总裁霍华德·舒尔茨曾说："如果人们认为他们与某公司有着相同的价值理念，那么他们一定会忠于该公司的品牌，我们招聘员工的首要原则就是他要认同公司的文化。"[①] 不仅如此，星巴克还注重对员工的培训，让每个员工都拥有最专业的产品知识和服务技巧。因为星巴克认为，每个员工都是构成品牌的一部分，是品牌的化身。同样，星巴克也注重提升员工的领导技能，拓展其职业发展的空间，增强员工对公司和品牌的忠诚度和认同感。在星巴克，员工的正式称呼是"合作伙伴"。

每一个星巴克的员工都像咖啡爱好者一样，能够为消费者如数家珍般地解说产品特性，面对面地沟通，赢得信任，传播口碑。星巴克将原本用于广告和促销的费用用于员工福利和培训上，激发员工的服务热情，降低离职率和不满意度。与同行业相比，在员工的薪酬、晋升和福利等方面，星巴克是世界上最优厚公司之一。当然，星巴克也是世界上员工对公司的忠诚度和满意度最高的公司之一。值得一提的是，星巴克对它的供货商也采取类似的培训和维系模式，将他们也纳入到品牌口碑传播的活动中来。

四、消费者

星巴克深知每一个消费者的口碑能量。在星巴克"为顾客煮好每一杯咖啡"成为每个员工的信条。星巴克相信，作为一个员工，无论你已经工作了几个小时，煮过多少杯咖啡，对于下一个顾客来讲，你端上去的咖啡仍然是第一杯咖啡，而消费者对品牌认知就是从这杯咖啡开始的。因此，始终如一地让每

① 徐会玲：《星巴克这样炮制"宗教咖啡"》，《经济观察报》第 255 期，2006 年 3 月 20 日。

一位顾客满意，才能树立好的口碑。

为了能够让每个消费者都能享受到最佳消费体验，树立良好的口碑，星巴克建立了"神秘顾客"的评价机制。在日常的理论知识、实践操作、环境卫生、布局陈列等例行检查之外，通过聘请专业的考察人员进行消费体验，来检测每个星巴克分店能够给消费者留下怎样的口碑。"神秘顾客"评价机制使每一个消费者即便以最严格最苛刻的挑剔眼光来消费，依然能够感到满意。

在中国这样一个以茶文化为传统特色的国度，星巴克咖啡还面临着改变消费者消费习惯的挑战，否则，品牌口碑传播的效应会打折扣。为此，星巴克每个分店每周都会有一次咖啡讲座，向顾客讲授咖啡的相关知识、制作工艺、器具的购买与使用、产品的品鉴等内容，将顾客对产品和品牌的了解推进一步，有助于建立正面的积极理解，也容易培养和发掘"意见领袖"。

星巴克也注意到了品牌口碑传播在小团体中群体动力学因素，对三五成群的消费者群体，星巴克会尽可能配备一个专门的服务员，专司这一小群体的服务需求，以增强这些人或伙同其他人再次结伴而来的可能性。

星巴克另一个颇具特色的口碑传播方式是"熟人俱乐部"或"咖啡俱乐部"。通过网络或手机方式，星巴克会经常保持与俱乐部人员的沟通与交流，让他们有一种老朋友的亲切感，能够体会到星巴克对他们的重视。对消费者的重视也体现在员工的服务细节上，星巴克鼓励员工与消费者的眼神交流，鼓励服务创新和为消费者提供超值服务。

五、网络社区①

霍华德·舒尔茨曾说："星巴克是以一种教科书上没有教过的方式创立了自己的品牌。"如今，它又把品牌口碑传播移植到了当前流行的网络社区形式中。2008 年 3 月，星巴克建立了一个新的互动网站，鼓励顾客进入该社区聊天，提出自己对星巴克服务的看法以及对公司日后发展的建议。

这个网站名为"我的星巴克创意"（My Star Bucks Idea），就像一个全球性的意见箱，消费者可以参与到为这些点子评级中来，了解星巴克对这些意见的执行情况等内容。尽管有创意的想法和建议并不常有，但这个网络社区为星巴克提供了了解消费者心理和行为的理想平台，效果就如同它一如既往地重视消费者调查一样。或许更重要的是，这里也是消费者相互交流与沟通的平台，是一个品牌口碑传播的信息集散地。

---

① 于娜：《星巴克经营口碑的新探索》，《广告主》，2008 年第 9 期。

网络社区的设计风格和细节延续了星巴克一贯的口碑传播理念。首先，网站到处都充满了星巴克谦逊的语言，诚恳地邀请消费者参与到为星巴克的发展出谋划策中来，平易近人的态度很容易俘获相当数量忠实顾客的心。其次，提出建议—投票评级—讨论点子—监督实施四个部分也充分显示了星巴克对这一征集点子的活动的重视程度，处处流露星巴克提高服务质量的决心。最后，星巴克还派专人负责这些点子的管理工作，他们是来自咖啡和食品、商店运营、社区管理、娱乐等许多领域的专家，在线听取消费者的建议、回答问题、同消费者交流星巴克正在或者将来应该为更好地服务消费者做些什么，这就向所有的参与者证明了星巴克不会将他们的建议置之不理。星巴克不只是进行简单的搜集工作，还针对不同的内容从专业的角度给出答复。

消费者也可以从星巴克网站上下载游戏，并通过打游戏赢得优惠券。很多消费者将这一信息转发给亲朋好友，以便共赴咖啡之约，从而加快信息的扩散。网络技术的运用也允许消费者在线预订，无须排队等待，延长逗留时间，增加消费量。

六、社会营销[①]

星巴克也是一个通过社会营销获得品牌口碑传播效应的高手。多年来，星巴克一直致力于慈善事业和连锁店所在地区的社区建设，传播品牌的责任心，获取公众（即使他们不是星巴克咖啡的消费者）的好感。星巴克每到一处，都争取成功融入当地，为当地的经济发展、家园建设、环境保护、残疾人事业、儿童妇女权益保护等贡献力量。星巴克是国际关怀组织在美国最大的捐助者，资助贫困落后的咖啡生产国家的人民改善生活。星巴克还是环境保护的积极拥护者，在纸杯的选用、废料的处理等方面充分考虑其对环境的影响。

星巴克的一系列社会营销获得了其消费群体的强烈认同和好感。星巴克消费者群体的主体由拥有一定社会地位、较高收入水平和生活品位的人组成，因此，他们的好感和认同常常会对整个社会对它的评价产生很强的影响力。

尽管星巴克在经营管理、多元化扩张等方面并不是没有瑕疵和挑战，但无可否认的是，依靠独树一帜的销售传播和口碑传播，星巴克已经发展成为世界顶尖品牌。如今，面对激烈的市场竞争，这家位列世界品牌百强、美国最受尊敬的公司十强的世界最大的咖啡连锁零售商依然执著地坚持着其品牌传播战略——销售传播和口碑传播，其发展前景也依然为人们所看好。

---

① 于娜：《星巴克经营口碑的新探索》，《广告主》，2008 年第 9 期。

案例分析

星巴克是品牌销售传播和口碑传播的佼佼者，这一案例在以下三个方面对我们理解和实践品牌销售传播和口碑传播有启迪意义。

一、品牌销售传播的内涵

销售，通俗地说就是把商品卖出去。《当代汉语词典》中的解释是"出售商品"，[①] 也就是说，组织或个人通过一定的手段和工具，将产品卖出去，换回货币的行为。在现代营销学意义上，销售是一个"让渡价值"的过程，是将企业或个人创造的价值传递给消费者的最关键的一环。销售的东西不仅包括有形的物质产品，也包括无形的服务。

杨海军在《品牌学案例教程》中曾给品牌销售传播下过一个定义："是指企业运用各种销售和促销工具对消费者进行购买前的品牌信息传播"。[②] 然而这个定义却显得有些宽泛，照此定义，广告和公共关系是企业所运用的销售和促销工具，也是对消费者进行的购买前的品牌信息传播，但归入品牌销售传播范畴却略显底气不足。因此，我们更倾向于把品牌的销售传播界定为在商品或服务的销售行为进行的过程中所发生的品牌信息的沟通与传递。

二、品牌销售传播的渠道

品牌进行销售传播的渠道多种多样，千姿百态，但归纳起来，大体上可以分为四类。

第一类是产品本身的传播。尽管在销售活动中，产品并不必然在场，但是在绝大多数情况下，处于销售活动中的产品本身就在传达一定的品牌信息。产品可以通过它的质地、色彩、包装、大小、外形等渠道传达品牌的信息。有些消费者在购买产品时，常常专门选择商家提供的样品，因为他们认为，为了在销售活动中最大限度地传达品牌信息，商家常常提供最好的产品做样品。这恰恰证明了产品本身的品牌销售传播能力。

第二类是销售人员的传播。菲利普·科特勒认为销售作为一项职责，包含的范围相当广泛，信息传播是其中的任务之一。有人曾对具有销售职责的人进行过分类：[③]

---

① 龚学胜：《当代汉语词典》（国际华语版），商务印书馆国际有限公司，2008年，第2031页。

② 杨海军等：《品牌学案例教程》，复旦大学出版社，2009年，第170页。

③ 菲利普·科特勒等：《市场营销管理》（亚洲版第二版），梅清豪译，中国人民大学出版社，2004年，第666~667页。

（1）送货员：专司运送产品。

（2）接单员：包括室内接单员和外勤接待员。

（3）沟通者：重点在于建立良好信誉，培养现有或潜在的客户，并不一定导致立刻的销售。

（4）技术员：专攻技术知识服务，为客户提供咨询服务。

（5）需求创造者：创造性地进行推销。

（6）问题解决者：提供解决方案。

在整合营销传播的时代背景下，营销与传播之间的界限越来越小，作为营销一部分的销售行为自然也不例外。事实上，销售人员是接触消费者的一线员工，他们每时每刻都在传递着品牌的信息，从他们的衣着服饰到言谈举止。

第三类是销售地点的传播。进行销售活动的物理空间或物理环境也传递着重要的品牌信息。销售地点的传播包括人们所能想到的各种方式和工具，比如品牌产品在货架中的位置、在商场中的店面的大小、装修的格调与色彩、销售地点播放的音乐、橱窗的大小与灯光等。美特斯·邦威专卖店里音乐是火暴的舞曲，星巴克咖啡店里的音乐是舒缓的钢琴曲。有时候，销售地点悬挂的各种海报和条幅甚至产品折价优惠券等也可以成为销售地点物理环境传达品牌信息的有效组成部分。对于有些品牌来说，销售地点的所在的地理位置更是一种品牌形象的象征。许多品牌之所以在上海南京路步行街租赁旗舰店，不仅是因为这里人流量大，更多的是基于销售地点所具有的身份与地位的象征意义。对某些品牌来讲，即便这里的销售旗舰店是亏损的，也会一直运营下去，这恰恰说明了销售地点传播对品牌建构的意义。

第四类是销售时间的传播。有些品牌能够显示出销售的时间意义，比如说，有些品牌会根据季节或节假日的不同，开展促销活动，而某些品牌在任何时候都不会打折。经常依据时间调整销售策略的品牌会造成一种消费依赖，而任何时间都采取不打折策略的品牌则向消费者传达了品牌在任何时候都值得购买的自信。

三、品牌口碑传播及其理论基础

品牌口碑传播是指消费者基于自身的感知和消费经验而自愿进行的有关品牌信息的人际沟通。人是群体的动物，具有群里动力学心理。消费者在对一个品牌的产品消费或了解之后，无论满意或不满意，都倾向于在合适的时候告诉身边的人。现代市场营销学中对于口碑传播的研究基本上都认为口碑传播是市场中最强大、最理想的控制力之一。

通用系统公司（General Systems Co.）所做的调查表明，如果全球市场中的一名消费者对于某产品或服务的质量满意，会告诉另外 6 个人；如果他/她不满意，则会告诉 22 个人。① 尽管其他的各种调查没能在转告的人数上与通用系统公司达成一致，但基本的结论还是比较一致的，那就是不满意的消费者转告的人数远远高于满意的消费者转告的人数。

品牌口碑传播的威力不在于转告的人数之高低，而在于其可信度。20 世纪四五十年代，传播学研究的先驱之一拉扎斯费尔德的传播效果研究证明，与大众传媒相比，人际传播对人们态度和观念的转变具有更大的影响力。据此，他提出了"意见领袖"这一概念，并进一步研究了"意见领袖"在购物、时尚、公共事务和电影四个领域中的人际影响力。他认为，"意见领袖"从大众传媒接收/受信息，然后通过人际传播在不同的领域对其他人产生更大的影响。

显然，进行品牌口碑传播的人不都是"意见领袖"，但"意见领袖"的性质决定了他们更容易、更经常进行更具威力的品牌口碑传播行为。即使不是"意见领袖"，由于口碑传播者的非商业性，也使这种传播行为具有很强的可信性。

（一）品牌口碑传播的特点

第一，传者的两极性。进行品牌口碑传播的消费者可能是一个典型的消费者，拥有丰富而理性的消费经验；也可能是一个潜在消费者，没有消费过该品牌的产品，而是从各种媒介中获得了关于该品牌的各种信息，甚至人云亦云地获得了一知半解的信息。总之，品牌口碑传播中，基于真实消费体验的推心置腹的沟通非常普遍，基于从众心理的夸夸其谈也屡见不鲜。

第二，品牌信息的双重性。由于品牌口碑传播者的两极性，他们对品牌信息的了解既可能是深刻的、正确的真实体验，也可能是流于表面的误解。即便消费者确实消费过了，其体验也未必真实。例如在盲试中，许多试验对象从巧克力豆中体验到止痛片的功效。说到底，品牌口碑传播者传递的品牌信息是他心目中的感知"图景"，这一图景是否与客观真实相符，则不在他们考虑之列，他们把这一"图景"当做真实来传播。

第三，口碑的两面性。长期以来，人们对口碑传播存有习惯性的误解，认为积极的、向上的品牌信息人际传播才叫口碑传播，而事实上，品牌口碑传播带有典型的正负两面性，而且负面信息可能传播的更快、更广。

第四，传播行为的自愿性。品牌口碑传播的传播者是非商业传播者，是自愿、自发的信息传播主体。品牌口碑传播的受传者的接受行为也是自愿的，他可以忽略漠视不感兴趣的信息；也可以相信某些信息；甚至与传者展开辩论，

---

① 林涵：《新理念助推变革潮》，《中国质量报》，2005 年 3 月 28 日，第七版。

进行驳斥。除非谣言诽谤，在正常情况下，传受双方都不会因为这种传播行为得到奖赏或惩罚。

第五，传播效果的可信性。由于传受双方的自愿性，使得品牌口碑传播的效果具有了很强的可信性，无论是正面信息还是反面信息，甚至某些很离谱的误解信息也会造成相当程度的可信性。值得一提的是，某些商家赞助的以普通消费者形象示人的所谓口碑推荐形式，在本质上是一种广告行为，因此其可信性将大打折扣。

第六，行为导向性。品牌口碑传播的人际互动性质决定了其不仅仅与信息传播相联系，常常还伴随着行为实践活动。也就是说，品牌口碑传播也可能通过传播者的示范、鼓励、引导或共同消费等行为来实现。

（二）品牌口碑传播的注意事项

1. 重视品牌口碑传播的效应

在当前的品牌传播和营销中，口碑传播方式的效果常常是受到低估的。然而近几年的网络品牌的推广模式逐渐让人们认识到了品牌口碑传播的威力，也进一步验证了"六度空间理论"。20 世纪 60 年代，耶鲁大学心理学家斯坦利·米尔格兰姆（Stanley Milgram）首次通过实验对这一理论进行了初步验证。该理论认为，世界上任何两个陌生人之间的联系不会超过 6 个人的间隔。从这个意义上说，无论在国内市场还是国际市场，品牌口碑传播的意义都是非常重大的。

2. 重视并发挥"意见领袖"的作用

"意见领袖"常常就是品牌口碑传播的活跃人群。企业要善于发掘"意见领袖"，肯定和赞赏他们正面的品牌口碑传播，鼓励他们后继的此类行为，预防并消除负面的品牌口碑传播，但要尽力避免将其转变为商业传播者的陷阱，以免损害其可信性。

3. 不为树立好口碑而失去原则性

做好口碑的意识是值得肯定的，但企业不能为了树立口碑而失去原则性，一味迁就、讨好消费者。对于无法满足或必须拒绝的消费者的要求，要做到详细周到、有理有据的沟通。当然，最重要的是要把内功练好，提供优质的服务与产品，让消费者心悦诚服地进行品牌口碑传播。

问题：

1. 星巴克的品牌销售传播和口碑传播是否具有可复制性？如果有，什么行业在多大程度上能够复制？如果没有，为什么？

2. 谈谈品牌销售传播与销售点现场海报（POP）之间的区别与联系。

第五部分 品牌传播管理

251

参 考 文 献

1. 余明阳、姜炜：《品牌管理学》，复旦大学出版社，2006 年。

2. 李光斗：《品牌竞争力》，中国人民大学出版社，2003 年。

3. ［美］阿克：《创建强势品牌》，吕一林译，中国劳动社会保障出版社，2004 年。

4. 贺川生：《国际品牌命名案例及品牌战略》，湖南人民出版社，2000 年。

5. 乔春阳：《品牌定位》，中山大学出版社，2004 年。

6. 张冰：《品牌命名攻略》，南方日报出版社，2003 年。

7. 余明阳、杨芳平：《品牌定位》，武汉大学出版社，2008 年。

8. 杨海军、袁建：《品牌学案例教程》，复旦大学出版社，2009 年。

9. 卫军英、任中峰：《品牌营销》，首都经济贸易大学出版社，2009 年。

10. 张金海、佘世红：《中外经典品牌案例评析》，华南理工大学出版社，2009 年。

11. 乔春洋：《品牌文化》，中山大学出版社，2005 年。

12. 朱立：《品牌文化战略研究》，经济科学出版社，2006 年。

13. 钟伟：《品牌营销策划与管理》，科学出版社，2009 年。

14. 贺爱忠：《品牌自主创新机制研究》，经济科学出版社，2008 年。

15. ［美］大卫·A.艾克等：《品牌领导》，新华出版社，2001 年。

16. 薛可：《品牌扩张：延伸与创新》，北京大学出版社，2004 年。

17. 屈云波：《品牌营销》，企业管理出版社，1996 年。

18. 余明阳、朱纪达、肖俊菘：《品牌传播学》，上海交通大学出版社，2002 年。

19. 菲利普·科特勒等：《市场营销管理》（亚洲版第二版），梅清豪译，中国人民大学出版社，2004 年。

20. ［美］斯科特·戴维斯：《品牌资产管理》，刘莹、李泽译，中国财政经济出版社，2006 年。

21. 张贤平：《服务品牌传播》，北京大学出版社，2010 年。

22. 周志民：《品牌管理》，南开大学出版社，2008 年。

23. [美] 凯文·莱恩·凯勒：《战略品牌管理》，卢泰宏、吴水龙译，中国人民大学出版社，2009 年。

24. 舒熊：《品牌命名："珠啤"永远的伤痛》，《大市场·广告导报》，2005 年第 6 期。

25. 丁松丽：《对企业品牌名称命名的思考》，《企业研究》，2008 年第 5 期。

26. 王新业：《ZIPPO，诱惑是如何炼成的》，《品牌》，2008 年第 5 期。

27. 张莹、孙明贵：《中华老字号品牌资产增值——一个创新与怀旧契合的案例分析》，《当代经济管理》，2010 年第 32 卷第 4 期。

28. 王永东：《"解百纳"之争对知识产权保护的启示》，《企业科技发展》，2010 年第 15 期。

29. 陈玮、邹立军：《红旗轿车品牌定位失误》，《中华汽摩配》，2006 年第 2 期。

30. 大宇：《红旗：从价格迷失到品牌迷惘》，《现代营销》，2006 年第 1 期。

31. 杨兴国：《红旗：品牌错位下神坛》，《理财杂志》，2008 年第 1 期。

32. 佚名：《麦当劳的品牌价值公式》，《现代企业教育》，2010 年第 1 期。

33. 肖定菊：《浅析体验经济视角下的快餐消费》，《中国商贸》，2010 年第 26 期。

34. 程耀先：《全聚德老字号的新营销》，《企业改革与管理》，2010 年第 4 期。

35. 王亚卓：《全聚德的品牌管理战略》，《连锁与特许》，2006 年第 6 期。

36. 王娜：《中华老字号的品牌管理》，《经营管理者》，2009 年第 23 期。

37. 孙一枚：《杜邦家族的变革路径》，《BUSINESS CHINA》，2008 年 2 月。

38. 骆剑峰：《一个成功的工业品品牌》，《技术经济与管理研究》，2006 年第 4 期。

39. 刘燕、祁婷婷：《招商银行：整合品牌传播策略》，《企业研究》，总第 309 期，2008 年 8 月。

40. 王佳、卢晓雁：《宜家的整合营销传播战略及其启示》，《企业经济》，2005 年第 4 期。

41. 陈睿：《"绝对"伏特加，绝对创意营销》，《广告大观综合版》，2007 年第 2 期。

42. 于娜：《星巴克经营口碑的新探索》，《广告主》，2008 年第 9 期。